本书为国家社会科学基金一般项目"20世纪前期中国美学精神对西方的影响研究"（批准号：13BZW017）的结项成果。

20世纪前期

邵志华 著

中国美学精神对西方的影响

人民出版社

责任编辑：陈建萍

图书在版编目（CIP）数据

20 世纪前期中国美学精神对西方的影响 / 邵志华 著 . — 北京：人民出版社，
　2020.7
ISBN 978 － 7 － 01 － 021737 － 6

I. ① 2… 　 II. ①邵… 　 III. ①美学思想 - 影响 - 西方国家 　 IV. ① B83

中国版本图书馆 CIP 数据核字（2020）第 012675 号

20 世纪前期中国美学精神对西方的影响

20SHIJI QIANQI ZHONGGUO MEIXUE JINGSHEN DUI XIFANG DE YINGXIANG

邵志华　著

人民出版社 出版发行

（100706　北京市东城区隆福寺街 99 号）

环球东方（北京）印务有限公司印刷　新华书店经销

2020 年 7 月第 1 版　2020 年 7 月北京第 1 次印刷
开本：710 毫米 × 1000 毫米 1/16　印张：17.25
字数：273 千字

ISBN 978 － 7 － 01 － 021737 － 6　定价：69.00 元

邮购地址 100706　北京市东城区隆福寺街 99 号
人民东方图书销售中心　电话（010）65250042　65289539

目　录

导　言

　　20 世纪前期对中国来说是获取"世界意识"的时代，在内忧外患之中，一批批先进的知识分子肩负着屈辱之印记，抱着自强之信念径直西去，寻求救国救民之良策。在思想启蒙的浪潮中，各种新知识、新学科传入中国，由此促成了中国文化由传统向现代的急剧转型。中国的近现代史，就是一部"西学东渐"的历史。

　　然而，在历史发展的长河中，文化的交流与影响从来都不是单向度的，接触与碰撞，过滤与接受，改造与交融……各民族文化在双向交流与交互影响下日臻丰富和发展，构成了一道道气象万千、瑰丽奇妙的风景线。20 世纪前期的中西文化交流，无疑是其中炫目的一道。第一次世界大战以后，出于对西方工业文明所导致灾难后果的强烈反思，近代以来就对中国文化失去兴趣的西方重将目光转向了中国，并兴起了一股多年未见的"中国热"。伴随着"西学东渐"的滚滚大潮，中国文化也源源不断地浸渗于西方文化血脉，进而汇聚成了"中学西传"的另一向道。

　　其实，在近现代"西学东渐"潮流之前的 17、18 世纪，"中学西传"曾有着辉煌的历史。那一时期，新航路的开辟促成了中国文化的大规模西传，进而掀起了席卷整个欧洲的"中国风物热"，中国思想文化也对当时西方各国的启蒙运动与社会改造起了重要的助推作用。但是近代以来，这种传播方向发生了逆转，近现代文化语境下的中西关系中，欧洲处于明显的强势地位，建立在政治、文化、宗教基础上的中西关系本质上是一种强弱关系。鸦片战争伊始，西方文化借坚船利炮之威直驱中华大地，中西文化直接正面冲撞，在以强大器物为依托的西方文化面前，中国文化节节败退，传统价值体系受到了巨大冲击。重寻中国文化之出路，成为近现代中国有识之士思考的中心问题。正是在这种内忧外患之中，不少人把目光转向西方，以师法西学开启了中国的启蒙之路。中西文化交流发生的这种本质变化，意味着文化间的交流已经突破了文化的界限，同时带有明显的不平等性与不均衡性。这种状况一直延续到中华人民共和国成立之时，构成近现代中西文化交流最鲜明独特的历史特征。

在近现代中西文化交流与碰撞的格局中，历史的天平是向西方倾斜的，然而，中西两种文化间这种激烈的冲突与碰撞，情况却是异常复杂的。就在西方文化滚滚东驱之时，一度沉寂的古老东方文化亦曾再漾涟漪，进而掀起西进的小小热潮。而这一变化正是发生在 20 世纪之初。19 世纪下半叶以降，西方资本主义工业文明得到了飞速发展，西方社会在创造了巨大物质财富的同时，也带来了精神的割裂与异化等日益严重的文明危机，并最终导致第一次世界大战的爆发。世界大战的瘟疫促使人们反思"理性万能"的正确性，重新思考西方文化的弊端。西方文化的没落、精神支柱的坍塌，使西方一些有识见的知识分子得以挣脱文化殖民主义和西方中心主义桎梏，开始平等地正视异域的精神文化成果。他们纷纷把目光转向东方，意图从古老的东方文明中寻找养料以进行西方文化之拯救。正是在这种文化背景下，与西方异质的中国文化又一次受到了西方的关注，中国哲学和文学艺术作为中国文化的重要内核又一次较大规模地传入西方世界，中国哲学所体现出的生存智慧与生命形式，以及中国文学艺术内蕴的审美品格给西方以绵绵滋养，成为西方现代性精神的一个重要组成部分。

因此，可以这样认为，在 20 世纪前期的中西文化交流中，如果说中国先进的知识分子径直西去是出于思想启蒙之初衷，那么，西方精神界的有识之士掉头东顾，启蒙，同样成为他们时代的主旋律。这委实是一个极富意味的时代话题。

这里有必要对"西方"这个概念和论题所及的时间阈限作一厘定和说明。

首先是"西方"。"西方"本来是一个地域概念，现代意义上的"西方"，则在政治、经济和文化意义上有所不同。在冷战期间，政治上的西方主要限于西欧和美国，而把东欧与苏联排斥在外，这是由体制决定的。随着冷战的结束，我们现在也把这些国家归于西方之列。而在经济上，情况则不同。比如同一个美洲，北美的美国和加拿大被称为"西方发达国家"，而墨西哥以南的全部南、北美国家，则被列入不发达的"第三世界"，当需要说明各类问题而必须划分东、西方时，拉丁美洲均成了"东方国家"的组成部分。经济上，我们同时也把日本归于西方，如西方七国集团首脑会议，就包括日本。而文化意义上的西方概念，则与政治、经济意义上的西方概念又有所不同。日本虽然经济发达，但在文化上仍隶属儒家文化圈，属于东方文化。印度虽然与加拿大、澳大利亚一样，曾经是英国殖民地和英联邦的一员，但印度有自己的本土文化，没有像加、澳那样移植西方文化传统，故也属于东方文化之列。本研究所言的"西方"，是就文化意义而言，即指欧洲与北美，实际上相当于中国当代流行的指谓。

其次是时间阈限。一般意义上，本研究所言的"20 世纪前期"，即是指 20 世纪上半叶。实际上，20 世纪前期西方社会所掀起的"中国热"，其最集中、最典型的反映是在两次世界大战期间的二三十年间，所以这里所使用的"前期"这个概念在一定程度上具有象征意义，并非严格的时间指谓。本书在论述过程中，在关涉时间范畴时，分别使用了"20 世纪上半叶""20 世纪前期""战后"（即第一次世界大战以后）等，这主要是为了论述的方便。

系统研究这一时期中国美学精神对西方的影响，具有重要的现实意义。笔者认为，主要体现在以下几个方面：

其一，客观定性评价中国文化在世界历史上的地位和作用，从而坚定民族文化自信。近代以来，中国社会的大门被西方的坚船利炮打开。在急剧的社会变革之中，不少国人把落后挨打的原因归结为中国传统文化而大加挞伐，全然忽视了古老中国文化的独具价值。直至今日，这种对于中国传统文化的虚无主义态度在当下国人的心中亦有滋长，一些人对中国文化妄自菲薄，崇洋媚外心理严重。事实上，世界各民族都有其自身的独特文化，正是民族文化的多样性共同构成了世界文化的灿烂宝库。中华民族有着 5000 多年辉煌的历史，积淀蕴含着中华民族气质和精神的中国文化宛如星河璀璨，在历史上曾对世界文化的发展产生了重要影响。虽然近代中国在物质文明方面落后了，但中国文化并没有停止对世界的贡献，20 世纪初的二三十年间，西方社会甚至还出现了一股"中国热",蕴蓄着中国文化精髓的中国美学精神更是对西方产生了重要影响。所以,我们无须妄自菲薄,而应该更加自信地开创未来。

其二,对于客观、清醒地认识"自我"和"他者"具有重要意义。对于"自我"而言,可以使我们以"他者"为参照系,对于中国文化和美学精神的独特价值有更深刻的发现。近年来,随着多元文化的蓬勃发展,"互为主观""互动认知"已成为学界的共识,因为在自己的体系中观察自己,很难发现问题。法国学者弗朗索瓦·于连(Francois Jullien)曾说过:"我们选择出发,就是选择离开,以创造远景思维的空间……所以为了解它,也为了发现它,我们不得不隔断这种熟悉,构成一种外在的观点"①。这种"外在的观点",有助于我们更深地了解和发现"自我"。正所谓"不识庐山真面目,只缘身在此山中"。同时,这种研究又是更好地了解"他者"的途径。两种文化的融合是一个非常复杂的过程,这首先在于接受方的文化选择。任何文化接受异域文化,都会排斥一部分要素而只做有选择的认同,而这种选择往往出于本土文化的需要。当人们不满于本土的文化现状时,往往会在心底油然产生一种美好的愿景与想象,并将之投射到"异域",把"异域"构造为自己的乌托邦。这里起主导作用的不一定是对方的现实,而是己方的需求。20 世纪前期的绝望年代,西方一往情深地表达出对遥远东方的渴望与赞美之情就有这样的因素。这种赞美与理解有时不一定符合实际,然而,正是这种"不合实际"为我们提供了理解对方的钥匙。

其三,对于探寻民族文化交流、碰撞和融合的基本规律具有重要意义。一种文化对另一种文化的接受不是简单的文化复制或移植,由于"接受屏幕"的不同,本土文化在接受异域文化时,通常会以与自身民族传统相和谐的方式来对它加以消化和吸收,这里必然存在着大量的误读、改造和变形。文化传播中常常会出现这种"再阐释"和"再理解"的情形。

---

① [法]弗朗索瓦·于连:《为什么我们西方人研究哲学不能绕过中国》,见乐黛云、[法]李比雄:《跨文化对话》(第 5 辑),上海文化出版社 2001 年版,第 146 页。

一种文化受益于另一种文化，正是通过这种误读、改造和变形，从中产生出了具备双方文化要素的新质。自觉研究文化传播过程中的这些误读与变异情形，对于把握文化接受与融合发展的基本规律显然具有重要意义。特别是对于新时代中国特色社会主义先进文化建设，更具有重要的启迪意义。

本书的基本思路是：由整体把握到典型个案，由"传播"到"接受"，以求宏观与微观相结合，历史与逻辑相统一。在框架内容上共分为五章和结语，各章相对独立而又有内在联系，下面略作介绍和说明。

第一章，宏观观照20世纪初西方的"中国热"。回顾中国文化影响西方的历史线索，探究20世纪初西方知识界掉头东顾的文化背景，在此基础上，具体介绍这一时期的"中学西传"镜像，并以"文化过滤"的理论视域，整体把握其间西方对中国文化接受的基本态势。

第二章，探究道家美学思想对西方的影响。从道家思想在西方思想界与文学界的接受两个维度展开，着重论述道家思想对西方文学界所产生的影响，其中分别包括对德国社会思潮的影响，对法国文学的影响，以及对美国"现代戏剧之父"尤金·奥尼尔的影响。

第三章，探究中国诗歌美学对西方的影响。整体把握中国古诗在德国、法国的传播与接受，着重探究中国诗学精神对英美意象派诗歌的划时代影响，并对美国诗人庞德、英国诗人艾略特两个影响的典型个案进行具体分析。

第四章，探究中国戏曲美学对西方的影响。整体把握中国戏曲在西方的传播与接受状貌，着重介绍梅兰芳20世纪30年代在美国与苏联的巡回演出及其产生的深远影响，论述中国戏曲美学对布莱希特的"间离效果"及梅耶荷德的"假定性"戏剧理论产生的影响。

第五章，探究中国绘画美学对西方的影响。对中西传统绘画艺术的美学差异及其文化渊源进行比较分析，论述西方绘画的现代嬗变以及中国艺术精神在其审美转向过程中的启迪意义，并具体剖析西方现代派绘画中所体现出的中国色彩。

结语部分，以肯定性的"东方主义"为理论视域，以西方人眼中的中国形象为参照系，阐述 20 世纪前期西方追寻中国文化和美学精神的本质，并全面总结这一时期中国美学精神对西方的影响意义。同时，挖掘西方对中国的文化接受对于新时代中外文化交流健康发展的启迪意义。

第一章 东方之光

——20 世纪初西方的"中国热"

"当东西方相遇" 茆 When East Meets West

> 他了解自我和他者
>
> 也就知道东方
>
> 与西方不能分离
>
> ——（德）歌德

　　在人类文化发展史上，古老的中国文化曾对西方产生过重大影响。美国著名汉学家德克·卜德（Derk Bodde）指出："中国向西方世界提供的东西远远超过了欧洲和美洲向中国提供的东西……中国所作的这些贡献对于西方文明的发展产生了巨大的影响。从公元前 200 年到公元 1800 年这两千年间，中国给予西方的远远胜过了她从西方得到的。"①当代法国著名比较文学学者艾田蒲在其名著《中国之欧洲》中强调，正是古老的中国文化养育了欧洲文化，他之所以费尽心血来描述"中国之欧洲的面貌，那是因为我们这些往往过分自得的欧洲人，有负于中国，我希望以此来答谢中国"②。

　　中国文化对西方的影响有着渊源久远的历史。"随着陆上丝绸之路的打通，悠悠的驼铃就一路回响着中华艺术的美妙音符，蕴涵着中国美学思想的丝绸、瓷器、漆器等工艺品就源源不断向西流；海上丝绸之路的畅通，声声汽笛和号角再次为西方奏响了中华艺术最震撼人心的乐章，承载着中华美学思想的各种工艺品走进了西方人的生活，进入了西方艺术家的视野"③。文艺复兴时代，令人惊叹的中国文化和文明为西方提供了一个自新与自我超越的楷模。启蒙运动中，中国文化不断为西方所利用，成为西方启蒙文化的一面

---

① ［美］德克·卜德：《中国物品传入西方考证》，见中外关系史学会编：《中外关系史译丛》（第 1 辑），上海译文出版社 1984 年版，第 211 页。

② ［法］艾田蒲：《中国之欧洲》，许钧、钱林森译，广西师范大学出版社 2008 年版，中文版"序"第 3 页。

③ 陈伟、陈正勇：《中国漆器艺术对 18 世纪法国宫廷艺术的影响》，《江西社会科学》2008 年第 10 期。

旗帜。从此，中国文化深深地渗入欧洲文明，成为其不可分割的一个组成部分。20 世纪初的二三十年间，在所谓"西方衰落"的思潮背景下，西方知识界再一次掉头东顾，以期在古老"东方之光"的追逐中寻求精神救赎与文化启示之希望。

第一节　中国文化影响西方的历史回眸

中国文化在西方世界的传播和介绍，首先应该追溯其在欧洲的传播，因为欧洲历来作为西方文化的发源地并在很长一段时间内充当了西方文化的中心。中国文化在西方流经的路线也是从欧洲逐渐扩展到北美的。在历史发展的长河中，中国文化的西传与影响大致经历了以下三次高潮。

一、第一次高潮：古希腊古罗马时期

考古资料证明，早在文明的朝霞时期，中西方就有了广泛的文化接触，而这些文化接触的主要通道就是丝绸之路。在西方人最初接触或者说了解中国文化的时候，丝绸起了最早的、极其重要的作用。

中国作为"丝"的国度，很早就开始了丝绸的生产。考古表明，"至迟在殷商时期，即 4000 年前，中国人就已经掌握了丝的秘密。在浙江吴兴钱山漾新石器时代遗址中就发现了丝带、丝线和残绢片等物"[①]。在商代的甲骨文里，已经有了丝桑帛的字样，说明丝绸的制造在那时已经具有重要意义。周、秦以后，丝织业更为发达，已开始采用简单的机织，发明了提花装置，丝绸织造技术及丝绸工艺品种越来越成熟、精湛。精美的中国丝织品是中国古代对外贸易的重点商品，从贸易之始就对欧亚大陆形成了巨大的冲击和影响。

丝绸之路是古代中国向西的交通通道。早期东方陆路通道是丝绸之路的

---

① 浙江省文物管理委员会：《吴兴钱山漾遗址第一、二次发掘报告》，《考古学报》1960年第 2 期。

前身，被称为"草原之路""毛皮之路"。这条上古时代的通道，东起黄河流域，中经蒙古草原、阿尔泰山，沿天山北麓，向西直插中亚、南俄地区。生活在中国西域的古代塞人，是这一古老通道的开拓者。[①]伴随着文明的发展，这条通道的商路性质日渐增强。中国内地的丝货等物品，越来越多地沿着这条商路西运。伴随着丝织品等古代中华器物文明成果的西传，中国的名声也随之远播。据说，希腊人很早就知道以丝而闻名的中国，他们称其为"赛里斯"（Seres），意即丝的国家。[②]并且在公元前六、七世纪时，就有希腊人到过这个"丝国之都"。公元前 5 世纪，一个叫泰西阿斯的希腊人最早提到"赛里斯"这个丝国，他曾在波斯王宫担任御医，著有《旅行记》《印度记》等，首先使"赛里斯"之名在西方传开。

公元前 138 年和前 119 年，汉武帝两次派张骞出使西域，正式开辟了陆上丝绸之路。它东起长安（今西安）和洛阳这两座古都，西抵大秦（即罗马），横贯欧亚大陆，成为古代中西方文化交流的大动脉。公元 2 世纪的古希腊天文学家和地理学家托勒密（Claudius Ptolemacus）在其《地理学》一书中，曾对这条路线作过详细论述，这是西方第一次关于丝绸之路的记载。[③]当然，丝绸之路，并不只是由中国人向西开通，西方各族人民也为自西向东凿通这条古商道作出了重要贡献。公元前 329 年至前 323 年间，马其顿王亚历山大就曾率大军东征，直达阿姆河上游叶赫什河旁的霍阐，并且进入五河流域，几乎扣近中国大门。亚历山大的东征加强了东西之间的交流，丝绸西运渐多。据托勒密《地理学》有关泰尔马林努斯（Marinus of Tyre）的记录，马其顿商人梅斯·提提阿努斯（Maës Titianus）的商业代理人，曾穿过塔里木盆地到达丝国（Land of the Seres）。称雄地中海世界的罗马人更是对丝绸之路与遥远的中国产生历久不衰的兴趣，对中国丝货的强烈需求，促使罗马人

① 据考证，塞人故地在伊犁河、楚河流域，后迁徙向锡尔河、帕米尔、塔里木、克什米尔广大地区。参见余太山：《塞种史研究》，中国社会科学出版社 1992 年版，第 36 页。

② 有学者认为，这个词的对音是"丝"或"绮"，总之与丝绸有关。英国学者赫德逊认为"赛里斯"一词来源于中国"丝"的发音，参见 ［英］赫德逊：《欧洲与中国》，王遵仲等译，中华书局 1995 年版，第 32—33 页。另有学者认为该词来源于"绮"的发音，参见沈福伟：《中西文化交流史》，上海人民出版社 1985 年版，第 28—29 页。

③ 参见张星烺编著：《中西交通史料汇编》（第 1 册），中华书局 1977 年版，第 29—35 页。

集中注意力，向东凿通丝绸之路，与中国建立直接的贸易关系。同时，穿越红海与亚丁湾，从罗马到印度的海路业已被冒险的航海员发现。公元 1 世纪中叶，一位生活在埃及的希腊人所写的《爱利托利亚海周航记》，已经记述西方商船经常往来于红海、波斯湾及印度东西沿岸。书中也提到中国，说中国所产丝绸经陆路而至大夏，或从恒河水路西运。①

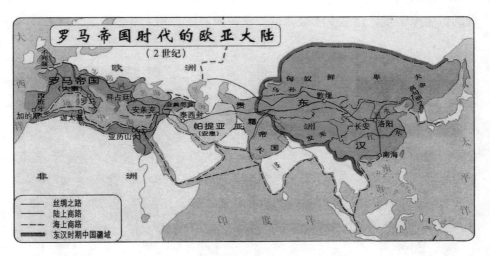

图 1-1　罗马帝国时代的欧亚大陆

正是通过这两条商路，丝绸在希腊、罗马等地传播日盛。罗马人把东方丝绸刺绣看作"光辉夺目、人巧几竭"的珍品，并以穿这种罕世珍品、饰这类精美刺绣为至上荣耀。据西方历史记载，罗马凯撒大帝酷爱中国丝绸服装，有一次他穿了一件灿烂夺目的中国丝袍出现在剧院，全场惊艳之声不绝于耳。那时，丝绸价比黄金，每磅丝料的价格高达黄金 12 两，所以丝绸服装只有王公贵族才能享受。之后，罗马人对东方丝绸的需求与日俱增。公元头几个世纪，罗马城内还为此开设了不少专售中国丝绸、刺绣的市场，"这种丝绸贸易是古代遥远而规模最大的商业。由于丝绸能够产于黄海沿岸，也由于在西班牙、高卢、不列颠的罗马上流社会存在着对它的需求，这种贸易

———————————

① 参见张星烺编著：《中西交通史料汇编》（第 1 册），中华书局 1977 年版，第 22 页。

从这种精美物品所引出的线索，就成为从太平洋到大西洋横跨整个旧世界的经济统一体的一条纽带"①。美国学者德克·卜德曾这样描述罗马时代丝绸贸易的盛况："作为中国丝绸的交换物，罗马帝国将宝石、毛纺织品、石棉和玻璃运往中国……然而所有这些物品当中，没有任何一种就其价值来看可以和丝绸相匹敌。织成半透明薄纱的丝绸衣料，可供罗马贵族夫人和小姐们缝制最时髦的服装。历史上有若干时期，当丝绸抵达目的地时，其价值要用等量的黄金来衡量，这是毫不夸张的说法。因而在公元 1 至 2 世纪，由于罗马

图 1-2　公元 552 年，查士丁尼大帝从两位僧侣手中接过藏有蚕种的竹杖

人大量使用丝绸和亚洲的奢侈品，致使罗马贸易上的入超估计不下五亿美元。"②公元 2 世纪时，中国丝绸已出现在地处罗马帝国最西面的伦敦，其风行程度甚至可与当时的洛阳相媲。及于 4 世纪，中国丝绸已普及罗马各地。

---

①　[英]赫德逊：《欧洲与中国》，王遵仲等译，中华书局 1995 年版，第 42 页。

②　[美]德克·卜德：《中国物品传入西方考证》，见中外关系史学会编：《中外关系史译丛》（第 1 辑），上海译文出版社 1984 年版，第 213 页。

罗马历史学家马塞林努斯（Amminus Marcellinus）曾言："服用丝绸，从前只限于贵族，现在已推广到各阶级，不分贵贱，甚至于最低层。"①

从以上可以看出，正是在罗马时期开通了中国和欧洲直接交往的商路，通过这些商路，中西之间进行物品和思想的交流，从而形成了以丝绸贸易为中心的中国文化与东方美学精神对西方产生的第一次重大影响。西方人正是通过这种色彩艳丽、图案精美、做工精湛的丝绸认识了东方神秘、高雅的古典美，也认识了生产这种精美工艺品的东方文明古国——中国。如赫德逊所指出的："古典时代的丝绸贸易，无论是从埃及经海路或是经塔里木盆地翻越帕米尔高原的陆路，都给欧洲带来了关于中国的新知识。"②公元5世纪罗马帝国因混乱而崩，西罗马帝国因奴隶起义与蛮族入侵而亡，与中国的联系从此中断。6世纪中叶，有关养蚕与丝织之技为东罗马帝国幸运所获，③欧洲从此有了自己的养蚕业和丝织生产，中欧之间的丝绸贸易自此衰落。

二、第二次高潮：文艺复兴时期

文艺复兴是欧洲历史上一次重大的新文化运动，它是西方进入近代社会的标志。文艺复兴时期新的社会风尚和思想文化的勃兴源于极其广泛的社会进步的累积，包括农业、手工业技术的不断改进对生产力和社会分工的推进，城市的大量涌现和资本主义萌芽的出现等，而东西方大规模交往带来的商业贸易和文化刺激则对以意大利为代表的西方文艺复兴运动起到了直接的推动作用。

① 转引自［英］赫德逊：《欧洲与中国》，王遵仲等译，中华书局1995年版，第50页。

② ［英］赫德逊：《欧洲与中国》，王遵仲等译，中华书局1995年版，第26页。

③ 据西方文献记载，当时中国的丝绸中转贸易被波斯人所垄断，查士丁尼一世不愿向波斯人购买丝绸，于是两位来自印度的僧侣，在皇帝的重金许诺下，将蚕种偷偷地藏匿于空心手杖，从产丝之地"赛林达"运到拜占庭。此事发生在6世纪中叶，产丝之地"赛林达"，有人认为就是赛里斯，有人认为是已经学会了养蚕缫丝技术的中国西域。这个故事西方资料中有两处记载。一为赛萨雷的普罗科波所著的《哥特人的战争》，书中记载将蚕种偷运到拜占庭的是两位印度僧侣。二为拜占庭的泰奥法纳的记载，从事偷运的是一个波斯人。分别见［法］戈岱司编：《希腊拉丁作家远东古文献辑录》，耿昇译，中华书局1987年版，第96、116页。

欧洲中世纪时期，10—11世纪，古罗马文明几近完全没落，教会的权力大幅增长，封建社会内部封建主、教会与市民之间的矛盾日益突出。统治阶级为转嫁内部矛盾，发动了旨在打击"异教徒"、拯救"圣地"耶路撒冷的"十字军东征"，这场军事行动前后共发动了9次，历时近200年（1096—1291）。十字军在东征过程中掠夺的大量东方财富，都通过作为东西方货贸桥头堡的意大利而扩散至欧洲，从而使当时的意大利实现了经济的初步繁荣。另外，13世纪蒙古人崛起后，随即发动了横扫亚欧大陆的远征，建立起地跨两大洲的庞大帝国，客观上再次打通了从中国到地中海东岸的陆上贸易通路，为东西方的商贸和交流带来了极大生机。东西交通除不知名的商人教士以及随从军队以外，有名人物见于记载，以及历史上欧人为谋利或好奇而来东方者不计其数。其中就有东罗马、西罗马以及日耳曼、法兰西的游历家、商人、教士或大使前往蒙古大汗都城的。我国学者张星烺对此描述说："迄于元代，混一欧亚。东起太平洋，西至多瑙河、波罗的海、地中海，南至印度洋，北迄北冰洋，皆隶版图。幅员之广，古今未有。通蒙古语，即可由欧洲至中国，毫无阻障。驿站遍于全国，故交通尤为便捷。东罗马、西罗马及日耳曼之游历家、商贾、教士、工程师等，皆得东来，贸易内地，自由传教，挂名仕版。东西两大文明，以前皆独立发生，不相闻问，彼此无关者，至此乃实行接触。"①

这一时期，中西文化交流十分活跃。一方面，民间的交往十分频繁，商贾往来络绎不绝；另一方面，元朝与欧洲诸国以及罗马教廷保持着正式的官方接触。元朝曾多次派使臣出访欧洲，受到教廷以及英法等国王室的热情接待，许多欧洲国家也多次派遣使臣、教士、商人东来，直接与中国建立联系，其中以基督教的传教士为多。"欧洲尤其意大利的教士、商人、外交使者、游客、工程师等不断地东来，对于中国——Cathay——文化的认识，已使欧洲人耳目一新，唤起了中古文化的不少迷梦"②。在元代来华的欧洲人士中，最著名和影响最大的是马可·波罗。1271年，马可·波罗随父

①　张星烺编著：《中西交通史料汇编》（第2册），中华书局1977年版，第1—2页。
②　朱谦之：《中国哲学对欧洲的影响》，河北人民出版社1999年版，第20页。

亲和叔叔来到中国，并于 1275 年受忽必烈接见而留下任职。他在中国生活了 17 年，足迹遍布中国。其《马可·波罗游记》第一次向欧洲介绍了亚洲的地理概念，也首次向西方系统介绍了中国的辉煌文化。在这部书中，马可·波罗从 10 个方面描绘了中国文明，分别是：财富的充裕、人口的繁盛、生活的舒适、政治

图 1-3　忽必烈接见马可·波罗

的开明、物产的丰富、工商业的发达、便捷的交通、纸币的通行、石炭的使用、建筑的华丽等。除了这 10 项外，马可·波罗还向欧洲人介绍了中国对于宗教的宽容、伦理道德（如孝顺父母）与和谐的人际关系等。《马可·波罗游记》"实在更真切地给文艺复兴时期的欧洲人创造了一个模范的文明世界"，"唤起了一部分欧洲人之美的与物质的生活之愿望"，"给欧洲人以理想的黄金国"[①]。马可·波罗以及其他来华的商人、教士、旅行家等，把他们的所见所闻介绍给欧洲，同时，中国和欧洲之间频繁的贸易往来和文化交流，使大量中国文明传播到欧洲，从而给欧洲的文艺复兴提供了重要的物质条件。中国文明直接或间接地为欧洲文艺复兴提供了有利技术条件的，当首数中国的几种发明。美国学者卡特（T. F. Carte）在《中国印刷术的发明和它的西传》一书中，曾指出四大发明，即造纸、印刷术、火药、罗盘针均对欧洲的文艺复兴时代有很大影响，而此四大发明均以中国人为重要地位。

西传的中国文化除了给欧洲的文艺复兴提供了物质基础条件以外，在文学艺术方面也对之产生了重要影响。例如《马可·波罗游记》就为当时欧洲

---

① 朱谦之：《中国哲学对欧洲的影响》，河北人民出版社 1999 年版，第 21、24—25 页。

的文艺界提供了许多丰富的中国题材。《游记》中所述之人名及契丹、汗八里之类，在文艺复兴时期的重要作家里面时常发现。14世纪末，英国散文家约翰·曼德维尔（John Mandeville）在其虚构小说《东方见闻录》中述及蒙古和契丹的知识，并将中国文化抬得很高，欧洲文学视其为赞美中国的先驱。意大利散文家薄伽丘（Giovanni Boccaccio）举世闻名的作品《十日谈》对欧洲的影响很大，这部作品第十第三个故事中，采用了"契丹"题材，描写契丹国的一个贵族是如此宽宏大量，以至于不但在东方，甚至西方各地都盛传他的大名。当时出色的宫廷诗人普雅多（Matteo Maria Boiardo）在其名作《恋爱的奥兰度》中写到一位青年英雄罗兰，他在欧洲没有合适的配偶相匹，想念契丹女子，巧遇了契丹女王安琪莉茄。作品因其描写的生动在当时有很大影响。文艺复兴极盛时代的诗人阿利俄斯托（Lodovico Ariosto）的杰作《疯狂的奥兰度》续普雅多《恋爱的奥兰度》，描写了奥兰度与安琪莉茄的恋爱和种种轶事。欧洲文艺复兴时期英国的莎士比亚、法国的拉伯雷和马尔罗也都在其作品中提到中国。

此外，在绘画艺术方面，文艺复兴也曾明显受到中国的影响。中国宋元时期的艺术就影响了14世纪的意大利艺术，尤其是锡耶纳画的新生。意大利学者波西纳甚至认为："只有中国艺术可视为意大利14世纪画派的新的艺术表现的主要渊源。"[①] 他举出的典型例证就是在这一时期意大利艺术家的人物画中，出现了中国13世纪南宋画家梁楷的画技。中国元代绘画中画家题款的做法，也被锡耶纳画家们所模仿。意大利锡耶纳早期大画家萨塞塔制作的方济各画像，充满着中国的佛教精神。14世纪意大利画家对超自然力量的表现也十分明显地反映了对中国模式的模仿，中国许多宗教主题对文艺复兴时期基督教艺术中的魔鬼和地狱表现产生了重要影响。如意大利绘画中的云中之龙，就明显受中国宋代大儒画家陈容作品的影响。意大利佛罗伦萨画派14世纪中期最著名画家奥尔卡尼亚（Andrea Orcagna）的《死神的胜利》中所画的魔鬼，也酷似中国的龙。一个个充塞着中国佛

---

① 转引自〔法〕艾田蒲：《中国之欧洲》（上），许钧、钱林森译，广西师范大学出版社2008年版，第92页。

教的地狱的魔鬼，也常见于文艺复兴时期画家的画作中。"如果说拜占庭的伟大在于它在 10 个世纪中将众多外来的东西熔铸成'一体的金属'（拜占庭艺术）的话，那么 14 世纪的伟大则在于它是那么完美地消化吸收了中国的龙和佛教中的地狱，并从中创造出了极为天主教化的魔鬼和堪称基督教特征之最的地狱"①。

三、第三次高潮：17、18 世纪

中国文化对西方影响的第三次高潮，应该说，开始于 16 世纪，最集中地体现在 17、18 世纪。这一时期，由于新航路的开辟，中西文化的交流达到了又一个新的高潮，中国文化的大规模西传盛极一时，进而掀起了席卷欧洲的"中国风"。

15—16 世纪以后，西欧开始了资本主义发展的原始积累阶段。为了获得充裕的东方商品，积累更多的货币资本，欧洲各国，特别是西班牙、葡萄牙、荷兰、英国等国家开始另觅通往东方的海上交通线。1492 年，哥伦布在西班牙国王的资助下，横渡大西洋，开辟了北美航线。据说哥伦布深受《马可·波罗游记》的影响，他的目标是中国，只不过走了相反的路线而到达美洲。1498 年，达·伽马率领葡萄牙远航队绕过好望角，横渡印度洋，翌年更抵印度西海岸。1522 年，麦哲伦第一次完成环球航行。由于新航路的开辟，从 16 世纪中期开始，欧洲各国的殖民者、旅行家、商人、传教士纷纷东来，踏上了中华帝国的神秘国土。

这一时期，欧洲各国的对华贸易都有相当的规模。中国丰饶的物产，如丝绸、刺绣、瓷器、漆器以及其他工艺美术品等大量输入欧洲，中国艺术的新奇、精致、柔和、纤巧等特色无不令欧洲人耳目一新，对他们的日常生活和审美情趣，都产生了很大的影响。由于中国瓷器、丝织、刺绣等工艺品在欧洲大量流传，在与东方美术工艺的广泛接触中，欧洲尽力接受中国的影

---

① ［法］艾田蒲：《中国之欧洲》（上），许钧、钱林森译，广西师范大学出版社 2008 年版，第 101 页。

图 1-4   18 世纪英国生产的中国风瓷碟

响，在当时的上层社会中出现了以采用中国物品、模仿中国式样为时尚的"中国趣味"或称"中国风格"（Chinoiserie），其结果遂酝酿成 17、18 世纪间风行于德、法诸国的"洛可可"（Rococo）运动与 18 世纪欧洲的中国园林运动。"中国商品像是拨开了蒙在欧洲人艺术和审美之眼上的一层雾障，像是为欧洲人指引出生活的快乐之门，因此而大受欢迎"①。17 世纪末 18 世纪初，中国丝绸成为英国的流行时尚，连当时的安妮女王在公众场合都总要穿上中国丝绸制品。那时欧洲的上流社会都酷爱中国的瓷器，如法王路易十四就是中国瓷器的狂热爱好者，他一生都热衷于对中国艺术品及欧洲仿制品的收藏，那一时期法国流行的中国趣味首先就是受到 17 世纪法国宫廷习气的促动。"对于中国风的迷恋——换言之，欧洲人将中国风格应用到家具、陶瓷、纺织设计等各个方面的奇思妙想——在整个 17—18 世纪都层出不穷"②。中国趣味还从起初对家具、瓷器、丝绸、壁纸等工艺品和日常用品的仿制，发展到后来的室内装饰与园林设计，进而诞生了风靡一时的中国风园林。这一时期中国工艺品在欧洲的风行对欧洲的绘画艺术也产生重要影响。许多画家模仿中国山水人物画风，追求色调淡雅、飘逸闲适的情趣，并且多采用中国墨法，显示出洛可可时代绘画的特色。实际上在洛可可时代，正如赫德逊所说："十八世纪的丰富多彩的中国艺术模型展现在欧洲的眼前，于是我们就看到每个艺术家都在选择适合于自己目的的东

---

① 张国刚、吴莉苇：《启蒙时代欧洲的中国观》，上海古籍出版社 2006 年版，第 353 页。

② [美] J. J. 克拉克：《东方启蒙：东西方思想的遭遇》，于闽梅、曾祥波译，上海人民出版社 2011 年版，第 75 页。

西。"①

中国文化在近代欧洲的传播最为重要的意义，是它对启蒙运动的直接和巨大的影响。"中国美术工艺影响法国宫廷的中国趣味，但更重要的是唤起了欧洲一般社会以一种假想中快乐的人生观，给欧洲的思想革命铺平了道路"②。如果说中国美术工艺的影响主要由于通商，那么思想文化之影响则在通商之外，即主要由于传教士的传教和著述。这一时期入华传教士大规模地介绍西方宗教和科学，形成了近代中国的"西学东渐"，而同时经传教士之手，中国的哲学、文学艺术也被大量介绍到欧洲社会，形成"中学西传"。这些传教士对中华文明有

图 1-5 洛可可时期画家弗朗索瓦·布歇的中国风作品

图 1-6 法国 Cassan 的中国式凉亭

着特别高的评价，如中国的儒家哲学、文学、制度，并就试图皈依的当地人的信仰和学见向欧洲发回详尽、系统的报告。他们翻译了一些经典的儒家典籍，并以《中国贤哲孔子》（*Confucius Sinarum Philosophus*）为名在

---

① [英] 赫德逊：《欧洲与中国》，王遵仲等译，中华书局 1995 年版，第 265 页。

② 朱谦之：《中国哲学对欧洲的影响》，河北人民出版社 1999 年版，第 58 页。

巴黎出版。17 世纪后半期，这些报告和翻译在欧洲广泛传播，其传输到西方的观念对该时期欧洲人的思想产生了深刻影响，从而进入启蒙时期的意识形态讨论之中。"就像耶稣会士以自身的心态来看儒家一样，许多启蒙思想家也用启蒙观念来阐释儒家思想，从而表现出他们自己试图改造欧洲成为乌托邦的一种政治哲学观念"①。当时对中国哲学产生过持久兴趣的启蒙思想家有：蒙田（Montaigne）、沃尔夫（Wolff）②、莱布尼茨、伏尔泰、孟德斯鸠、狄德罗、爱尔维修（Helvétius）③、魁奈（Quesnay）④ 以及亚当·斯密（Adam Smith）等。他们对东方的哲学、国家行为、教育体系都十分着迷，以各种方式将东方作为自身的纠谬之镜，以此审视欧洲哲学、制度的不足。在文学艺术领域，对欧洲影响最大的当数我国元杂剧《赵氏孤儿》。《赵氏孤儿》在启蒙时代传入欧洲，引起了翻译家、批评家和艺术家的巨大兴趣，一时译作、评介、仿作、改作蜂起。特别是著名启蒙哲学家伏尔泰改编的《中国孤儿》，在巴黎上演和出版以后更是广为人知，对欧洲其他国家产生了影响。在伏尔泰看来，当时的中国是一个值得效仿的道德世界，他改编剧本的目的就是强调道德的力量，借以表现启蒙思想家的理想境界，希望引起一种道德的影响，以实现人格的更高层次上的完善。

关于当时欧洲的"中国热"，有学者这样指出："不管怎样，18 世纪总是欧洲最倾慕中国的时代。中国工艺品导致了欧洲巴罗克风格之后的洛可可风格，中国建筑使英法各国进入了所谓'园林时代'；中国的陶瓷、绘画、

① ［美］J. J. 克拉克：《东方启蒙：东西方思想的遭遇》，于闽梅、曾祥波译，上海人民出版社 2011 年版，第 75 页。

② 沃尔夫（Wolff，1679—1754），莱布尼茨唯心论哲学的德国继承者，官能心理学的系统化人物。著有《关于人类各种理解能力及其在认识真理时正确应用的一些理性思想》（1712）、《经验心理学》（1732）、《理性心理学》（1734）等。

③ 爱尔维修（Helvétius，1715—1771），法国启蒙思想家，唯物主义哲学家。与狄德罗、霍尔巴赫等人一起参加了《百科全书》的编辑工作，著有《论精神》（1758）、《论人的理智能力和教育》（1773）。

④ 魁奈（Quesnay，1694—1774），法国重农学派的代表人物。他认为中国哲学、美学高于古希腊，甚至提倡按照中国模式改革法国王权，被称为"欧洲的孔夫子"。

地毯、壁饰遍及各地，直接、间接地推动了西方工业革命；更重要的是当时欧洲新思潮——自然神论从中国宗教生活与伦理准则的自然感受中找到了认同"①。总之，17、18 世纪是中西文化对话最好的也是一个最为重要的时期，从此，中国文化深深地渗入了欧洲文明，成为其不可分割的一个组成部分。

近代以来，欧洲由于产业革命推动了社会经济的发达，发展起先进的科学技术和工业文明，并逐渐确立起资本主义的经济制度和政治制度，同时带动了文化的发展。而中国无论是国力还是文化发展，都已远远落后于西方，并成了西方各国殖民侵略的对象。中国在失去自身光环的同时，中西文化交流的态势也发生了变化，即由此前主要的"东学西渐"转变为"西学东渐"。当然，文化的交流总是双向的，这一阶段在西方文化滚滚东进的同时，中国文化仍在继续传向西方。但与以往不同的是，这种文化的输出是处于一种被迫的状态之中，"就像一个被强盗强暴的姑娘，虽然生下的孩子是无辜的并依然可爱，但强盗留下的印记却是姑娘心里永远的痛"②。一战以后，在所谓的"西方衰落"的阴霾下，对中国文化已然失去兴趣的西方重将视线移向中国，对中国文化产生了浓厚的兴趣，甚至再次掀起了一股小小的"中国热"，虽然其热度尚不能与 17、18 世纪相提并论。至此，西方对中国文化愈来愈采取为我所用的审慎接受态度，时至今日，这种趋势方兴未艾。

第二节 "西方的没落"与东方文化的追寻

一、工业文明扩张与"西方的没落"

战后西方"中国热"的产生是有着深刻的历史和文化背景的。20 世纪初，

---

① 乐黛云：《世界文化总体对话中的中国形象》，见［美］史景迁：《文化类同与文化利用》，廖世奇、彭小樵译，北京大学出版社 1990 年版，第 2 页。

② 陈伟：《文艺美学的理论与历史》，上海三联书店 2006 年版，第 261 页。

德国最负盛名的汉学家卫礼贤（Richard Wilhelm，1873—1930）① 对此曾有过精辟论述。

卫礼贤在其《东方之光》（1921）一文的开头就写道，"近几个世纪以来，正当东亚文化界在个别领域仍自行其是，谨慎地回避步步进逼的西方国家，并以各种方式在内心乃至表面对西方文化采取抵触态度时，我们西方人却越来越多地转向东方，自觉接受东方的宗教与文化题材。这种情况甚至发展到如此地步：许多人失望地疏远自己的过去，到东方去寻求全部福祉，这股东方潮在我们整个精神生活中都能觉察得到"②。接下去，卫礼贤回顾了从十字军东征开始的东西文化交流史。他认为，他所处时代的这种东方文化热绝非一种突如其来的流行风尚，而是具有深刻的文化背景的。他说："当以积极主动为特征的欧洲思想在军事上达到军国主义顶点并开始出现转折时，总是从东方传来一种镇静、内敛因而作用有效的思想倾向……今天，我们好像正处在一个类似关头，因为在世界大战后，欧洲具有扩张性的物质主义思想虽然还完全继续着军事上的发泄，但正面临着一次思想倾向的根本变化。这一次是远东给我们送来了完善的有益的思潮。"③ 卫礼贤的这席话是对的。自《马可·波罗游记》在欧洲人心中埋下了一个虚幻的中国梦以来，以后的数百年中，遥远而古老的东方一直被西方看作非我的"神话"而存在，当西方社会出现困境与危机时，作为"他者"的东方异域往往被幻想为幸福之天堂和智慧之乐园，被赋予许多"乌托邦"的精神理想寄托。第一次世界大战以后，西方社会对中国文化表现出的极大兴趣正是这种理想寄托的再次闪光，

---

① 卫礼贤，本名理查·威廉，因酷爱中国文化而自取中文名卫礼贤，取字希圣。1899年，随着《中德胶奥租界条约》的签订，他以德国同善会传教士的身份来到中国青岛。中国文化的博大精深令他叹服，他一改传教初衷，毅然踏上汉学研究的学术之路，在中国前后生活达 25 年之久。在华期间，他潜心研究中国文化，积极向德国、欧洲乃至整个西方世界译介中国经典著作，并著有多部评说中国文化的专著，如《中国生活智慧》《孔子的生平与事迹》《老子和道家》《中国灵魂》。卫礼贤作为 20 世纪初伟大的汉学家，在沟通中西两大文明间作出了卓越贡献，影响遍及德语国家乃至整个欧洲知识界，被誉为"两个世界的使者"。

② ［德］卫礼贤：《东方之光》，见《东方之光——卫礼贤论中国文化》，蒋锐编译，外语教学与研究出版社 2007 年版，第 205 页。

③ ［德］卫礼贤：《东方之光》，见《东方之光——卫礼贤论中国文化》，蒋锐编译，外语教学与研究出版社 2007 年版，第 206 页。

其根本坐标在于对西方扩张主义工业文明的一种精神救赎。

自 19 世纪下半叶西方资本主义进入垄断阶段以来，以"大烟囱"为标志的资本主义工业文明为人类社会的发展带来了极大的进步，创造了经济发展的巨大奇迹。西方世界在获得前所未有物质享受的同时，却带来了人的"异化"这种空前的精神危机，造成了物质主义对人的精神的极大戕害。美国思想史家斯图亚特·休斯（H. Stuart Hughes）在其《意识与社会》一书中就曾对 19 世纪末 20 世纪初西方一些杰出思想家所流露的对西方文明的信心危机进行了描述。随着工业社会种种弊端和危害的滋生，西方社会所面临的文明危机日益严重，西方人陷入了强烈的迷惘之中。"人们还没来得及细细品味自己作为自然及世界征服者的荣耀，突然发现，自己的创造物——现代工业文明——已成了一个疯狂的魔鬼，把人变成了由它任意摆弄欺凌的玩物"[①]。第一次世界大战的爆发，打破了西方人自身优越的神话，将他们从进步的醉梦中彻底惊醒。几乎所有的知识分子都开始失望，西方人普遍觉得自己的文化已经"没落"或"衰败"了。日本《新公报》杂志对此曾刊文描述："虽有一部分之思想家哲人大声疾呼指责现世纪所留社会之缺陷，打破机械的商工的文明之害，提倡创造的活泼的文明，然其呼声不能彻于倨傲自肆热中于富之征服者耳底。多以一种空言梦想视之，盖此等众人囚居于经济的军国主义，沉醉于资本的侵略主义，迷惘于皮相的民生主义，彷徨于病的文明之桎梏中。虽声嘶力竭未足以醒其酣梦也。自夫大战勃发，而若辈迟迟之美睡始为之打破。欧洲文明大缺陷遂暴露于人人之眼前，自根底而崩溃矣。"[②]

当时影响最大也最能反映战后西方人对西方文化失望之感的，是德国哲学家斯宾格勒（Oswald Spengler，1880—1936）的《西方的没落》一书。作品完成于第一次世界大战期间，发表于 1918 年。美国当代学者李维（Levy）认为："该书的主要论题，即是提供西方文化目前危机的理论。"而这种理论的总基调"则是浪漫主义的、悲观主义的、'世纪末'的"[③]。在《西方的没落》一书中，斯宾格勒提出了著名的历史文化轮回观，即认为任何文化都

---

① 卫茂平：《中国对德国文学影响史述》，上海外语教育出版社 1996 年版，第 357 页。

② 君实译：《新欧洲文明思潮之归趋及基础》，《东方杂志》第十六卷第五号。

③ ［美］李维：《哲学与现代世界》，谭振球译，志文出版社 1986 年版，第 168、178 页。

有其发生、发展、兴盛和衰落的过程。他指出:"每一种文化各有自己的观念,自己的情欲,自己的生活、愿望和感情,自己的死亡⋯⋯在这里,文化、民族、语言、真理、神、风光等等,有如橡树与石松,花朵、枝条与树叶,从盛开又到衰老。——但是没有衰老的'人类'。每一种文化都有它的自我表现的新的可能,从发生到成熟,再到衰老,永不复返。"①他认为西方文化虽然还活着,但它早已度过富有创造力的春天,在创造性消失、享乐主义盛行中走向了冬天,走向了无可挽回的没落。"每一个活生生的文化,最后都会达到其内在与外在的完成状态,达到其终结——这便是所有的所谓历史的'没落'的意义。在这些没落之中,古典文化的没落,是我们知道得非常清楚和完整的;而另一个在过程与寿命上,完全可与古典文化等量齐观的没落,即是——西方的没落"②。斯宾格勒认为,从其时的观点来看,"(西方)日渐缓缓倾坠的没落之路,已是清晰可见了⋯⋯古典文化死亡了,如我们行将面临的命运一样,但它死得无知无觉⋯⋯但是我们自己知道我们的历史,在我们的面前所出现的是一种最终的精神危机,行将席卷整个的西欧和美洲"③。

《西方的没落》一书问世后随即引起了强烈反响,不到半年时间,便卖了 9 万多册,并被译为数种语言,被认为是"20 世纪前半个世纪中社会科学、历史哲学与德意志哲学的一部最有影响力、争论最多,也最能持久的大作"④。《西方的没落》一书的风行,与 19 世纪下半叶以来经由一战而推向高潮的悲观厌世情绪有明显而直接的关联。德国哲学家卡西勒(Cassirer Ernst,1874—1945)就指出:"斯宾格勒成功的原因,宁在其题目,而不在其内容。《西方的没落》这题目是个电火花,点燃了他的读者们的幻想而发出火焰。这书出版于 1918 年 6 月,正值第一次世界大战的末端。在这个时间里,我们的受到赞美的西方文明中,有些事物腐烂了。斯宾格勒的书,在

---

① [德] 斯宾格勒:《西方的没落》,齐世荣等译,商务印书馆 1963 年版,第 39 页。此译本只译了原书的第二卷。

② [德] 斯宾格勒:《西方的没落》,陈晓林译,黑龙江教育出版社 1988 年版,第 97 页。

③ [德] 斯宾格勒:《西方的没落》,陈晓林译,黑龙江教育出版社 1988 年版,第 313 页。

④ 刘述先:《文化哲学》,黑龙江教育出版社 1988 年版,第 1 页。

尖锐得当的方式下，表现了这样一个一般性的不安。"① 卫礼贤更是明确昭示："当前，西方文化正经受着一场危机，这场危机在世界大战后由其表现出来。斯宾格勒谈论西方的没落绝不是偶然的，西方的没落已是当代的普遍感觉。"② 刘述先也认为，是"现代这一支自诩进步的西方文化突然面临了空前未有的浩劫危机，使西方人不能不由内心醒觉'西方是否没落'这个沉重的大问题，而开始震惊于斯宾格勒发出的悲壮呼声！也是今日内心凄伤战栗、饱受现代战争祸害和心灵疾病侵袭的人类，亟望知道未来的命运所做的一种最后的努力，使他们发狂地吞下斯宾格勒为他们准备的许多动人心魄的描述与结论"！③

二、"东方文化救世论"思潮的兴起

第一次世界大战之后，欧洲人普遍感到西方文化已经日薄西山，整个社会笼罩于"世纪末"的悲凉气氛之中。西方文化应该何去何从？这一问题成了战后西方思想界关切的焦点。当时活跃在西方思想界的有两股思潮：一是马克思主义科学社会主义思潮，在俄国"十月革命"的影响下，当时在德国、法国、英国、匈牙利、意大利等国家都发生过无产阶级领导的社会主义运动。二是"东方文化救世论"思潮。其理论观点主要是，西方文化已然崩坏并正走向死亡，而古老的东方文化则是富有生机、内蕴活力的文化，鉴于此，西方必须从东方文化中探发宝藏，以觅寻西方文化救赎之良方。正如奈方（Nathorp）所指出的："今日奄奄一息的西方，重新面向涌现神灵的阳光之处，人类及人所有的关于上帝和神灵弘伟梦想的真正诞生之地——东方。"④

---

① ［德］卡西勒：《国家之神话》，转引自刘述先：《文化哲学》，黑龙江人民出版社 1988 年版，第 1—2 页。

② ［德］卫礼贤：《东方思想对西方复兴的意义》，见《东方之光——卫礼贤论中国文化》，蒋锐编译，外语教学与研究出版社 2007 年版，第 218 页。

③ 刘述先：《文化哲学》，黑龙江教育出版社 1988 年版，第 2 页。

④ 转引自 ［德］利奇温：《十八世纪中国与欧洲文化的接触》，朱杰勤译，商务印书馆 1962 年版，第 3 页。

在《西方的没落》一书中，针对行将席卷西方的精神危机，斯宾格勒就直言，西方要向中国学习，借由东方智慧救治西方现代文明之弊。他说："19世纪所理解的那种'古代—中古—近代'的历史架构，只包含一组极其明显的关系之选样，但是如今古老的中国及墨西哥的历史，都已开始对我们施予一种精微巧妙的，尤其属于心智方面的影响。我们在这些历史中，正听到生命本身的最终必然；我们经由此等另外的生命过程，正学着去了解我们，了解我们是什么、必定成为什么以及将来会成为什么。这是研究我们的未来的伟大学校。"①斯宾格勒在书中并没有集中某一章节对中国进行专门探讨，但他对中国历史文化的阐扬却贯穿整本书始终，从中我们可以窥见其对中国所投以的关注。

1919年，法国作家罗曼·罗兰（Romain Rolland，1866—1944）致信泰戈尔说："大战之惨祸，已明白昭示欧洲文化弊病深重，非吸取东方文化之精髓，熔东西文化于一炉，不足以言自存。"②面对几于"崩坏"的欧洲文明，当时英国哲人高秉德对东方文明极为叹美，并对中国文明尤为敬崇，他"居恒指摘欧洲文明之弊害，于多数欧洲人向所冷视轻蔑之中国文明，则极力提倡，以为最宜学步。其新著《产业上之自由》一书之主旨就在于尚赞中国文明并欲使今后之欧洲取中国文明所有精神的特质之优越部分，以施行之"。他料想这一定会成为欧洲战后思想界的重大问题，并认为，"素有偏质的文明之目之欧洲待此问题解决之后，其新文明之光必能自东洋吸收一半而入新时期"③。梁启超曾于1918年至1919年间赴欧考察，他在《欧游心影录》中曾对当时欧洲的这股"东方文化救世论"思潮作过描述。说当时到欧洲后，目之所及凄惨破败，皆为"阴沉沉一片秋气"，耳之所闻皆是西方"文明灭绝"、满腹"怀疑"与"失望"的"世纪末"悲凉论调。西方人与他闲谈时，言辞中莫不体现出对古老中国文明的艳羡，甚或期待"中国文明之救拔"。他起初认为，这些话是"有心奚落"他，"后来到处听惯了，才知道他们许多先觉之士，着实怀抱无限忧危，总觉得他们那些物质文明是制造社会险象

---

①　[德]斯宾格勒：《西方的没落》，陈晓林译，黑龙江教育出版社1988年版，第346页。

②　转引自郑大华：《民国思想史论》，社会科学文献出版社2006年版，第34页。

③　君实译：《新欧洲文明思潮之归趋及基础》，《东方杂志》第十六卷第五号。

的种子，倒不如这世外桃源的中国还有办法，这就是欧洲多数人心理的一斑了"①。日本内崎博士也曾于欧战结束后不久游历欧美，他注意到，其时饱受战乱之害的西方诸国，目光"现皆集中于中国，盖以其为世界之乐土也"，他不无自信地认为，"人类一切困难，将借东方人以为解决"②。

　　这一时期不少西方人士怀着对中国文化的向往不远万里来到中国，并自觉地公开提出从中国文化中汲取养料的主张。如英国著名哲学家罗素（Bertrand Russell, 1872—1970）曾于1919年至1921年间应邀来华讲学，他在《中国问题》一书中这样写道："我的心中充满了疑惑的痛苦，西方文明的希望日益苍白。正是带着这样一种心境，我开始了我的中国之行，去找寻新的希望。"③《中国问题》集中体现了罗素对中国的思考与关怀，他认为，中国虽然在经济发展上远落后于西方，但却可以视为"一个艺术家的国度"。中国文化崇尚知识、艺术、人生乐趣、友谊或温情，具有其本身"内在的价值"，而这却是西方文化所缺少的。"中国人能自由地追求符合人道的目标，而不是追求西方民族所迷恋的战争、掠夺和毁灭"④，与此相反，"欧洲人的人生观却推崇竞争、开发、永无平静、永不知足以及破坏"⑤，其最终的结果就是带来毁灭。因而，罗素主张中西方要相互学习、相互镜鉴，中国要向西方学习科学，而西方则尤其要学习中国文化的生命方式与生存之道，从而走出各自的文化困境。他甚至认为，"中国人摸索出的生活方式已沿袭数千年，若能被全世界采纳，地球上肯定会比现在有更多的欢乐祥和……若不借鉴被我们轻视的东方智慧，则我们的文明就没有指望了"⑥。

　　在这股"东方文化救世论"思潮中，德国思想家卫礼贤更是对自身的文化传统进行了深刻检视和反省，并躬身投入对中国古老文化的执着探索，努力寻求拯救西方没落的东方智慧，在中国和德国乃至中国与欧洲之间构架了

---

　　① 梁启超：《梁启超游记——欧游心影录　新大陆游记》，东方出版社2012年版，第19—20页。

　　② ［日］内崎：《东西两洋文化之比较观》，《东方杂志》第十八卷第九号。

　　③ ［英］罗素：《中国问题》，秦悦译，学林出版社1996年版，第10页。

　　④ ［英］罗素：《中国问题》，秦悦译，学林出版社1996年版，第6页。

　　⑤ ［英］罗素：《中国问题》，秦悦译，学林出版社1996年版，第7页。

　　⑥ ［英］罗素：《中国问题》，秦悦译，学林出版社1996年版，第7—8页。

一座文化之桥。在《中国文化哲学与世界政治展望》（1928）一文中，卫礼贤描述了近现代以来西方扩张主义文明对其他古老文明的戕毁，同时也看到随着一战的爆发欧洲本身所陷入的混乱。他指出："……欧洲本身已陷入了混乱。假如不是已经出现某种相应气氛的话，那么西方国家没落的说法就不会产生这么巨大的影响。恰恰是欧洲文化圈成员中最优秀、最具精神影响力的人物，已经成为欧洲文化的最尖锐批评者。人们从欧洲文化的技术方法中感觉到了这种没落，感觉到了世界的分隔，它将人们封闭在一个个机器轰鸣、自以为是的孤岛上。在这种理智计算的冷漠中，人们感到不寒而栗，而与这种冷漠交替出现的，只有不加约束的火热激情。人们厌倦了科学，开始寻找智慧。"卫礼贤认为，在所有还能流传到现在的人类文化中，有两种特殊文化似乎可资借鉴和帮助：一是印度文化，二是中国文化。而印度智慧虽然有助于非同寻常的内心体验，但它严重束缚了作为欧洲人生存需要的积极主动性，所以，"人们继续往东方寻找并把中国智慧看作救星，是毫不奇怪的"①。卫礼贤通过自己对中西文化的深刻理解，准确地把握了东西方文化"内倾——主体探索"与"外倾——客体研究"的不同特点，且最终在沉静的东方精神中为欧洲的文化拯救指明了方向，"对欧洲来说，出路将在于：发挥让我们所需要的自省的作用，除了外在因素——物、技术、机构——之外，还要让内在因素——人、生活艺术、有机组织——重新成为关注的焦点。这就是我们所必需的东方之光"②。

在另一篇有关中国的著述《东方与西方》（1931）中，卫礼贤着力描述了西方工业文明对东方农业文明的征服过程，认为工业化乃是危及整个人类生存的心腹大患。而古老的中国文化是"建立在宇宙和星象观基础上的宗教产物"，其持续发生的变化"受符合自然法则的道的约束"，这是一种"富有生命力的文化有机体"。在中国人的世界观中，人与物是自然和谐的，每个人都在统一的世界有机体中占有一席之地。卫礼贤从中国的丰富历史遗产中

---

① ［德］卫礼贤：《中国文化哲学与世界政治展望》，见《东方之光——卫礼贤论中国文化》，蒋锐编译，外语教学与研究出版社 2007 年版，第 229、230 页。

② ［德］卫礼贤：《东方之光》，见《东方之光——卫礼贤论中国文化》，蒋锐编译，外语教学与研究出版社 2007 年版，第 212 页。

看到了可资西方深入思考的有益因子，他认为中国虽不应成为西方的时髦，"我们必须追溯到自己的内心深处，回到我们生命所发源的源头。但中国能够告诉我们，除了各种行为和影响之外，还有哪些深化和丰富现实存在的可能性；它还可以告诉我们，怎样才能找到宁静和自信，借此我们便可以获得由内而外对事物发生影响的力量，而不是使我们在对成就的追求中失去外部世界"①。

在《东方思想对西方复兴的意义》（1931）一文中，卫礼贤从社会层面又一次阐释了东西方文明的殊异，认为东方社会是"一个巨大的人类有机体"，西方社会是"一个严密的国家机械体"，他从中国存在了数千年的文明进程中看到了东亚文化中所存在的一种强大的生命力，并明确提出东方思想对于西方的启示意义。一是能够坚定西方"爱"的人生核心。卫礼贤认为基督教所宣布的爱是最神圣、最终的东西，"是我们的最高财富，实际上就是我们的生命"，而"这种元素也深深植根于东亚文化。老子说，'我有三宝，持而宝之：一曰慈，二曰俭，三曰不敢为天下先。'（《道德经·六十七章》）仁，即爱，也是孔子的核心观点……"他认为这种爱在东亚并不是某种模糊不清的东西，而是一种区分幸福层次的有机物。二是可以从东方思想中的有机生命观汲取启发。卫礼贤认为西方文化的弊端在于更多关注机械的东西，而东亚人更多关注有机的东西。"当我们因机械论和客观性过于单调的潮流而失望时，当这种潮流并未如我们所期望的那样充实我们的生活时，我们曾明确希望从自己的文化中培育各种面向有机论的结合点，因为我们确信这种倾向长期以来已在东方证明其生命力。我们同样希望获得启发，重新赋予处于机器和技术成就对立面的人以自己的权利，因为人应当成为物的主人，而不是物统治人"。他认为，"如果西方从东方思想中接受了这些启示，那么东方思想就的确能够有助于西方思想的复兴"②。不仅如此，在当时"西方没落"的危机下，受压抑和受阻碍的西方思想也将得到复兴、深化和充实。

---

① [德] 卫礼贤：《东方与西方》，见《东方之光——卫礼贤论中国文化》，蒋锐编译，外语教学与研究出版社 2007 年版，第 216 页。

② [德] 卫礼贤：《东方思想对西方复兴的意义》，见《东方之光——卫礼贤论中国文化》，蒋锐编译，外语教学与研究出版社 2007 年版，第 227 页。

对于 20 世纪初欧洲东向的这股思潮，卫礼贤表示了充分的肯定，并极力促成这个过程。但他并不提倡"全盘东化"或是"简单照搬东方思想"，而是强调在东方思想的烛照启示之下，有机地发展自己拥有的财富源泉，充分彰显了其作为精神思想家的智慧与理性。

受"东方文化救世论"思潮的推动，西方社会对东方古老文明的向往再掀波澜，而其明显的主流则是对中国文化的关注，从而在两次世界大战间的二三十年内掀起了一股小小的"中国热"。在当时西方出现的这股中学热潮中，德国的热度可谓最高。之所以如此，乃因德国作为世界大战的发动者也是战败者，其所遭受的灾难最重也最渴望改变，"就第一次世界大战结束后的形势来讲，恰恰是德国，而不是其他哪个欧洲国家，更强烈地感到有'修正方向'的内在要求"①。这一时期，以儒家、道家著作为代表的中国古代经典被大量译介到西方，中国的唐诗宋词、古典小说和戏曲文学在德、法、英、美等国得到了大规模翻译出版。除了文学之外，中国哲学、历史、宗教、语言、文字、艺术等其他有关中国文化的书籍也得到了广泛传播。与此同时，西方文化界出现了一批直接受中国文化和美学思想的启发进行创作的诗人、文学家、艺术家和哲学家。另外，有的国家还专门设立了一些汉学研究机构和学术组织，如德国法兰克福大学的中国学院、法国巴黎大学的汉学高级研究所等。30 年代，德国汉学家鲍润生（Franz Xaver Biallas，1873—1936）还在北京创办了学术杂志《华裔学志》，该杂志在北京一共出了 13 期，用英、法、德文发表了大量颇有见地的学术论文，后该刊曾迁到日本、美国，1972 年后才回德国本土出刊。其间，一批有影响的汉学大师脱颖而出。如德国的卫礼贤、弗朗茨·库恩（Franz Kuhn，1884—1961）、埃伦施泰因（Albert Ehrenstein，1886—1950），法国的爱德华·沙畹（Emmanuel-èdouard Chavannes，1865—1918）②、法国汉学研究的机关刊物《通报》创始人亨利·柯蒂埃（Henri Cordier，1849—1925）、中国上古史专家马伯乐（Henri Mas-

----

① 卫茂平：《中国对德国文学影响史述》，上海外语教育出版社 1996 年版，第 330 页。
② 爱德华·沙畹是学术界公认的 19 世纪末 20 世纪初世界上最有成就的汉学大师，同时他也是世界上最早整理研究敦煌与新疆文物的学者之一，被视为法国敦煌学研究的先驱者，继他之后成为法国汉学与敦煌学大师的伯希和与马伯乐都出自其门下。

pero，1883—1945）、著名社会学家葛兰言（Marcel Granet，1884—1940）、西方敦煌学奠基者伯希和（Paul Pelliot，1878—1945），英国的亚瑟·韦利（Arthur Waley，1888—1966）、翟理斯（Herbert Allen Giles，1845—1935）等。这些汉学大师致力于中国文化典籍的翻译和研究，为西方了解和把握中国文化和美学精神作出了重要贡献。

第三节　"中学西传"与西方的文化过滤

一、20 世纪前期的"中学西传"

对于战后西方涌现出的这股中学西传热潮，卫礼贤曾有过这样的描述："当时翻译过来、后来又被淡忘了的所有书籍都被重新找了出来，重新从法语或英语'原文'译成德语，在德国也形成一股强大的中国文化热。人们都为那些来自古代中国的美好思想感到振奋，不仅翻译那些中国热时期的作品，也翻译那些试图把西方化的中国与我们拉近的科学著作。无论如何，这种在中国已被抛弃的思想，现在却开始对欧洲产生影响。"[①]德国思想家恩斯特（Paul Ernst，1866—1933）在《中国诗》（1929）中也有提及："很久以来我感到，在中国文化中已经解决了一些问题，而我们今天还必须为此费尽心力。所以我读了一些有关中国和中国文学的冷僻东西。今天，欧洲的崩溃已经显而易见，关于崩溃原因的认识已到处可见，越来越多的东西得到翻译和介绍。"[②]

首先是以儒家、道家著作为代表的中国古代哲学经典的译介。此前已译出的《论语》《道德经》《孟子》等，其间重新进行了新译；此前只有节译本的《荀子》《墨子》，现在有了全译本；此前未有译介的《庄子》《列子》《吕

---

① ［德］卫礼贤：《中国文化的危机》，见《东方之光——卫礼贤论中国文化》，蒋锐编译，外语教学与研究出版社 2007 年版，第 66 页。

② 转引自卫茂平：《中国对德国文学影响史述》，上海外语教育出版社 1996 年版，第 355 页。

氏春秋》等，其间始有翻译。这一时期，卫礼贤对中国古代经典特别是道家经典的译介贡献最大。其所译介的代表性成果有：《论语》（1910）、《道德经》（1911）、《列子》（一名《冲虚真经》，1912）、《庄子》（一名《南华真经》，1912）、《易经》（1914）、《孟子》（1916）、《大学》（1920）、《吕氏春秋》（1928）、《太乙金华宗旨》（1929）、《礼记》（1930）等十多种。他的译著影响很大，被黑塞誉为当时为数不多的几桩伟大事业之一。他的主要译著一版再版，并且被译成多种文字，流传欧洲，为战后的西方人提供了精神食粮。当时许多文坛大家像德布林（Alfred Doeblin，1878—1957）、黑塞（Hermann Hesse，1877—1962），著名的心理学家荣格（Carl Gustav Jung，1875—1961）等都曾受到他思想的点染。1923 年，德瓦尔（W. Dewall）称赞他道："凡是从孔子和老子的著作中找到了寄托的人，都会敬重这位天才的翻译家。"[①]荣格曾在 1930 年 5 月 10 日卫礼贤的悼念集会上发表题为《纪念理查·威廉》的讲话，他真诚地讲道："威廉毕生的工作对我具有如此巨大的重要性，因为它大大澄清和确证了我在努力缓解欧洲人的精神痛苦时所一直寻找、追求、思考和致力的许多东西。"[②]

　　这一时期，中国古典小说也得到大量翻译和出版。当时中国古典小说的西译以《水浒传》最为丰富。流传较广、影响较大的是美国女作家赛珍珠（Pearl S. Buck，1892—1973）的七十回全译本，书名《四海之内皆兄弟》，1933 年于纽约及伦敦分别刊印，并于 1937 年再版。赛珍珠认为，《水浒传》这个名字对于中国人来说，能够马上激起对于悠久历史的回忆，然而，译成英文，就几乎没有任何意义，还会使人产生对这本书不公正的印象。于是，她取了孔子的一句名言"四海之内皆兄弟"作书名，力图传达出这群好汉所特有的精神风貌。她在序言中写道："《水浒传》这部著作始终是伟大的，并且满含着全人类的意义，尽管它问世以来已经过去了几个世纪。"[③]在此前后

---

　　①　转引自宋柏年主编：《中国古典文学在国外》，北京语言学院出版社 1994 年版，第 63 页。

　　②　［瑞士］荣格：《心理学与文学》，冯川、苏克译，生活·读书·新知三联书店 1987 年版，第 258 页。

　　③　转引自王丽娜编著：《中国古典小说戏曲名著在国外》，学林出版社 1988 年版，第 62 页。

还出现了不少《水浒传》节译本，主要有：德国汉学家埃伦施泰因翻译的《强盗与士兵：中国小说》（1927）、德国汉学家弗兰茨·库恩根据一百二十回《水浒传》翻译的《梁山泊强盗》（1934）、英国汉学家杰弗里·邓洛普（Geoffrey Dunlop）根据埃伦施泰因的德文本转译的《强盗与士兵：中国小说》（1929）、杰克逊（J. N. Jackson）翻译的《水浒》（1937）等。《三国演义》全文英译本于1925年由英国人邓罗（C. H. Brewitt-Taylor）翻译出版，在西方影响较大。在此前后，《三国演义》的英文节译本分别有杰米森（C. A. Jamieson）译《诸葛亮与箭》（1923）、帕克译《三国志：赤壁鏖兵》（1925）。这一时期《西游记》的西文译本较多，影响较大的有英译本理查德（Timothy Richard）的《圣僧天国之行》（1913）、海斯（Helen M.Hayes）的《佛教徒的天路历程：西游记》（1930）、韦利的《猴》（1942、1943），法译本有莫朗的《猴与猪：神魔历险记》（1924）。在这些译本中，韦利的译本影响最大，《猴》之译名在西方颇为通行。其间，《红楼梦》在西方也有较高评价，各国较重要的百科全书均列有该书专条。《红楼梦》的第一部英文全译本由王良志翻译，1927年于美国纽约出版。1929年，纽约出版了王际真的《红楼梦》英文节译本。1932年，库恩翻译出版了《红楼梦》德文节译本，共50章，在欧洲有广泛影响。除了四大古典名著，中国的其他一些古典小说作品均有多种文字的全译本或节译本。德国汉学家库恩在这方面的贡献最大，除了《水浒传》《三国演义》《红楼梦》，中国古代其他名著如《金瓶梅》《聊斋志异》《儒林外史》《好逑传》《镜花缘》《今古奇观》《儿女英雄传》等，库恩均全译或节译过。其译作有50余种，后又被转译成欧洲及欧洲以外的18种语言，这对于中国文化在欧洲的传播，对于欧洲人进一步了解中国文学具有深远意义。

这一时期，中国古典诗歌也得到了进一步广泛译介。其中英译本数量最多，如庞德的《神州集》（1915）、弗莱契（John Gould Fletcher）的《中国诗歌精华》（1918）与《中国诗歌精华续编》（1919）、韦利的《中国诗170首》（1918）、《中国古诗选译续集》（1919）、《诗经》（1937）、艾米·洛威尔（Amy Lowell）和弗洛伦斯·艾斯珂（Florence Ayscough）合译的《松花笺》（1921）、惠特尔（J. Whitall）翻译的《中国抒情诗》（1923）、翟理思与韦利合译的《中国古诗选》（1936），等等。当时美国还兴起了一股"中国诗运动"，从中国古典诗歌中觅寻到了现代知音。这一时期的法文译本大都为中国留学生所译，杰出的有梁宗岱的《陶潜诗选》（1930）、徐仲年的《中国诗文选》（1933）、何如的《唐诗百首》（1935）、罗大冈的《唐人绝句百首》（1947）等。德文译本有奥托·豪塞尔（Otto Hauser）的《中国汉唐宋诗选》（1917）与《中国诗作》（1921）、格润斯坦（Grünstein）的《白居易诗选》（1923）、弗莱舍尔（Fleisher）的《瓷亭：中国抒情诗模式》（1927）等。在中国古典诗歌的翻译方面，德国汉学家查赫（Erwin Von Zach）作出了重要贡献。查赫迷恋中国古典诗歌，尤其钟爱李白、杜甫、韩愈，曾把李、杜、韩的许多诗歌译成了德文。除李、杜、韩的诗歌，查赫还译有司马相如、张华、陶渊明、白居易、李商隐、苏东坡等大诗人的作品，并曾把《昭明文选》中的大部分作品译成了德文，为《文选》的西文翻译奠定了基础。

　　中国古典戏曲这一时期被译介到西方的数量也颇丰。从唐代元稹的《莺莺传》（《会真记》），到元代王实甫的《西厢记》，以及马致远、关汉卿、郑光祖、李行道的一些著名剧本，再到明代汤显祖，清代孔尚任、洪昇的一些作品等，都有多种译本。以《莺莺传》和《西厢记》为例。《莺莺传》英译本就有 5 种，分别由 Leo T. Y、福纳罗（C de Fornaro）、熊式一（Hsiung S.I.）、叶女士（爱德华兹，Evange-line Dora Edwards）和王际真所译，相继出版于 1920 年、1929 年、1935 年、1937 年、1944 年。《莺莺传》法译本有莫朗和徐仲年的两种，分别出版于 1921 年、1933 年，德译本有卫礼贤翻译的《会真记》。《西厢记》的英译本有熊式一和哈特（Henry H. Hart）的两种，前一种译本出版于 1935 年，后一种译本于 1936 年由加利福尼亚、伦敦相继出版。《西厢记》的法文译本分别为莫朗、徐仲年和陈宝吉所译，1928 年、1933 年、1934 年相继出版。德文译本由汉学家洪涛生（Vincenz Hundhausen）翻译，于 1926 年首版，后曾多次再版。在中国戏剧艺术的研究方面，其间亦有不少成果问世。如布斯（Kate Buss）的《中国戏剧研究》（1922）、朱克（A. E. Zucker）的《中国戏剧》（1925）、阿林顿（Charles Arlington）的《古今中国戏曲概论》（1930）、普佩（Camille Poupeye）的《中国戏剧》（1933）、埃克斯（Erkes E.）的《中国唐代的戏剧》（1936）等。

　　除了中国古代经典与文学的译介，这一时期西方还出版了一大批研究介绍中国历史、文化、哲学、宗教、艺术等方面的著作。历史、文化方面的有考狄（Henri Cordier）的《中国通史》（4 卷，1920）、佛兰克（Otto Franke）的《中国通史》（5 卷，1930—1952）、赖德烈（Kenneth Scott Latourette）的《中国人：他们的历史与文化》（1934）、葛兰言（Marcel Granet）的《中国的文明》（1926、1929、1930 英译本）、马斯伯乐（Henri Maspero）的《中国古代史》（1927）、卫礼贤的《中国文化史》（1928）等。哲学、宗教方面有佛尔阁（Alfred Forke）的《中国哲学史》（3 卷，1927—1938），海克曼（H. Hackmann）的《中国哲学》（1927），葛兰言的《中国人的宗教》（1923）与《中国思想论》（1934），卫礼贤的《老子与道教》（1925）、《孔子与儒教》（1928）与《中国哲学》（1929），戴遂良（Léon Wieger）的《历史文献：儒释道》（1930），韦利的《中国古代三大思想方式》（1939、1940）等。其中佛尔阁的三卷本巨著材料丰富，注释详尽，代表了当时德国的汉学研究水平，一直为后人所推崇。正如德国汉学家福赫伯（Herbert Franke）所认为的："佛氏的著作取材宏富，又对原文严加考辨分析，一些不太出名的思想家和作者也没有被忽视，故长期以来它都是西文著述中有关中国哲学史的最便利、完备的参考书。可以称得上是一部后人难以企及的哲学史著作。"① 艺术方面，有韦利的《中国艺术中的哲学》（1920），福开森（John Calvin Ferguson）的《中国艺术大纲》（1919）和《中国绘画》（1927），葛兰言的《古代中国之舞蹈与传说》（2 卷，1925），喜仁龙（Osvald Siren）的《5 至 14 世纪的中国雕塑》（4 卷，1925）、《中国早期美术史》（4 卷，1929—1930）、《早期中国绘画史》（2 卷，1933）、《晚期中国绘画史》（2 卷，1938）和系列美术文集《中国人论绘画美术》（1936），等等。

具有崭新美学特质的中国新文学，自其呱呱坠地之始，不少作品也被译介到西方。其中译介最多的当推鲁迅的作品，鲁迅的《阿 Q 正传》影响最大。在向法国推介中国现代文学方面，中国留学生敬隐渔作出了重要贡献。1926 年，敬隐渔用法文翻译了《阿 Q 正传》，这是最早介绍到法国的第一篇中国新文学作品，它可以说是我国新文学在法国传播的先导。罗曼·罗兰高度评

---

① 转引自张国刚：《德国的汉学研究》，中华书局 1994 年版，第 54 页。

价了该译作，他在写给敬隐渔的信中说："这是一篇明确的富于讽刺的现实主义杰作……阿Q的可怜形象将长久地留在人们的记忆里。"① 罗曼·罗兰一生仰慕东方文明，致力于遇合东方贤智，"通过《阿Q正传》的法译本，罗曼·罗兰找到了鲁迅这样一个他所热爱的当代'中国天才'，而在黑暗中苦斗的鲁迅则以自己不朽的艺术，'添上了一位海外知音'"②。继1926年的译本以后，敬隐渔又编译了《中国当代短篇小说家作品选》，1929年在巴黎出版。这部译著是法国出版的中国新文学最早的译本，除收入已发表的《阿Q正传》外，还新译了鲁迅的《孔乙己》和《故乡》，同时收入了茅盾、郁达夫、冰心、落华生、陈炜谟和敬隐渔本人等作家的6篇作品。该译本后被米尔斯（E. H. F. Mills）译成英文，书名《阿Q的悲剧及其他当代中国短篇小说》，于1930年和1931年在英国和美国出版，在英美流传广泛。1926年，美国新泽西州出生的华侨梁社乾（George Kin Leung）翻译出版了《阿Q正传》，这是《阿Q正传》最早的英译本，该译本于1927年、1929年和1933年再版。埃德加·斯诺（Edgar Snow）也是中国现代文学的热心译介者，他于1936年用英文编译了《活着的中国》，里面选编了鲁迅、茅盾、郭沫若、巴金、柔石、郁达夫、沈从文、丁玲、萧军、萧乾、张天翼、沙汀、孙席珍等人的作品。就在梁社乾和敬隐渔翻译《阿Q正传》之后不久，俄苏作家瓦西里耶夫（中文名王希礼）开始将《阿Q正传》译为俄文，他在写给曹靖华的信中称鲁迅是"中国的一位伟大真诚的'国民作家'！他是社会心灵的照相师，是民众生活的记录者……他不只是一个中国的作家，他是一个世界的作家"！③1929年，该书在列宁格勒出版，同书还收入鲁迅的其他短篇小说《孔乙己》《故乡》《社戏》等7篇。同年，莫斯科出版了俄苏学者科金的《阿Q正传》译本，并出版了《当代中国中短篇小说集》，收入鲁迅、郁

① 　罗大冈：《论罗曼·罗兰》，上海文艺出版社1979年版，第417页。

② 　王宁等：《中国文化对欧洲的影响》，河北人民出版社1999年版，第81页。

③ 　戈宝权：《〈阿Q正传〉在国外》，人民文学出版社1981年版，第8页。曹靖华，著名翻译家、散文家，《铁流》等小说的译者，著有《花》《春城飞花》等。王希礼在翻译的过程中，曾经请曹靖华写信给鲁迅，请鲁迅为他写一篇序文和提供自传。于是鲁迅于1925年5月29日写成了《俄文译本〈阿Q正传〉序及著者自叙传略》，但这个译本直到1929年方由列宁格勒激浪出版社出版。

达夫、滕固、蹇先艾等人的小说。

战后西方出现的中国热潮，也改变了国人对中国文化的悲观情绪，不少人开始积极主动地向西方传播中国文化。早在第一次世界大战期间，学贯中西的"晚清怪杰"辜鸿铭便出版了英文著作《中国人的精神》，旨在"证明中国文明的价值，说明研究中国人、中国书籍和文学，即研究中国文明，不仅仅是汉学家们的事，而且它将有助于解决当今世界所面临的困难，从而把欧洲文明从毁灭中拯救出来"①。该书以中国文化为参照，批评了西方文化的功利主义特性，主张用中国传统的儒家思想解决西方社会存在的问题，出版后在西方社会引起巨大反响，并被译成德、法等多种文字。进入20、30年代后，随着中西交流的日益频繁，更多中国人自觉向西方传播中国文化。许多中国留学生在西方求学的同时，积极从事中国文化与文学的译介与研究工作。在戏剧界，京剧表演艺术家梅兰芳于1930年率团到美国巡回演出，并于1935年率团出访苏联；另一位京剧表演艺术家程砚秋30年代也曾去法、德、意、瑞士等国考察和交流演出，这些出访对西方剧坛产生了深远影响。在美术界，张大千、徐悲鸿、刘海粟等艺术大师于20、30年代在西方多国举办个人画展，让西方领略东方艺术之魅力。在这一时期向西方传播中国文化的中国人中，要特别提及的是林语堂。他除了用英文进行大量关于中国题材的文学创作外，②还用英文编译了大量的中国古代经典名作，如《论语》《大学》《中庸》《老子》，在向西方弘扬孔孟哲学和老庄哲学方面成绩斐然。

二、文化过滤：西方的审慎接受

以上回顾了第一次世界大战后的二三十年间，中国传统文化西传的基本概貌。纵观这一时期西方对中国文化的接受，他们并不是全盘接受或照单移

---

① 黄兴涛编：《辜鸿铭文集》（下），海南出版社1996年版，第8页。

② 据不完全统计，林语堂的英文创作近40部，其中 *My Country and My People*（《吾国与吾民》），*The Importance of Living*（《生活的艺术》），*Moment in Peking*（《京华烟云》）等先后名列美国畅销书榜，有的被译为世界十五六国文字。

植，而是比较客观审慎地接受能够为其所需的部分，带有浓烈的文化过滤倾向。卫礼贤在《东方与西方》一文中这样写道："如果我们中国学社要努力扩大东西之间的思想交流的话，我们就不应停留于表面现象。我们必须问问自己，中国和东方以之为基础的最深厚力量是什么？那里的哪些光芒可以照亮西方及其发展？鉴于中国古老文化形态所发生的变革，我们更要问一问，从中将会产生什么？"①卫礼贤的这种发问反映了当时西方对中国文化接受的普遍态度。

那么，当时西方看重的到底是中国文化的哪些部分、哪些内容呢？首先可以笼统地说，他们所看重的是为其所需并能为其所用的部分。具体而言，主要有以下几个方面：

首先是中国的道家思想，这是当时西方对中国最为关注的部分。凭借对自然、对科技理性的主观把握，资本主义工业文明在创造了丰富的物质财富的同时，也给人们带来了"异化"的精神危机，并由此引发了战后西方至深的厌世情绪。对于科技理性的检讨反省，对于和平宁逸的生命期盼，汇聚为西方世界普遍共生的心灵生态。"当时的知识分子都希望能找到一种与自然、与个人内心相和谐的新的世界和新的生活"②。正是在这样的背景下，追求虚静无为、崇尚自然归真的道家思想为西方社会所空前关注。道家思想认为，物之真是无法为人外在的刻意追求所把握的，而唯有深入其中的自然体验和非言语的意会能通达它，即所谓"道可道，非常道"。道家思想的这种无为精神，显然直接否定了人们对科技理性的信念，而引起了战后西方文化艺术界的广泛兴趣。瑞士心理学家荣格在读了卫礼贤翻译的《太乙金华宗旨》和《易经》之后，受之启发表现出了对不可言说的心理共生现象的极大兴趣。海德格尔对《道德经》的兴趣也集中体现在对不可言说之真、对"无"的关注上。绘画中的所谓超现实主义、抽象表现主义等手法，都意欲表现那无法操纵和不可言说的意会活动。在文学界，老子已然成为当时许多作家的精神支柱，道家思想也作为其文学母题而被集中申述。从德国表现主义一

---

① ［德］卫礼贤：《东方与西方》，见《东方之光——卫礼贤论中国文化》，蒋锐编译，外语教学与研究出版社 2007 年版，第 213 页。

② ［德］顾彬：《关于"异"的研究》，曹卫东编译，北京大学出版社 1997 年版，第 30 页。

拨作家、德国"浪漫派骑士"黑塞以及戏剧大师布莱希特（Bertolt Brecht，1898—1956），到法国作家克洛岱尔（Paul Claudel，1868—1955）、圣-琼·佩斯（Saint-John Perse，1887—1975）、亨利·米修（Henri Michaux，1899—1984），再到大洋彼岸美国新诗运动中的一些诗人，道家的自然虚静、无为遁世等思想无不得到他们的共鸣，并在他们的作品中得到不同程度的体现。美国剧作家尤金·奥尼尔（Eugene O'Neill，1888—1953）更是在中国的道家思想中找到了心灵的栖息之所，并将他加州的小楼命名为"大道别墅"。

其次，西方感兴趣的是中国的古诗。这主要是因为，中国历来以诗著称，被誉为"诗的国度"。因此，相较于中国古典小说，中国古诗更集中地反映了中国文化和美学精神的精髓。同时，以追求重返自然、忘情物外为写作宗旨的许多中国古诗，在抚慰现代人焦灼的心灵方面，与道家思想起着相似的作用。因此，随着"老子热"，当时西方文坛还引发了一股"唐诗热"，这在德国文学界有着最为充分的反映。在众多唐代诗人中，李白最受当时德国作家的钟爱。这是由于他同许多表现主义作家一样，具有一种狂放不羁、蔑视权威的气质，更多地反映了普遍人性。除了李诗，最受欢迎的就是《诗经》与白居易的诗作。这一方面是由于它们的语言都较为通俗，容易翻译，但更主要的还是在于这些诗歌所反映的主题。如《诗经》的不少诗歌带有不同程度的社会批评倾向，而白居易生活在唐朝乱世，人民受尽了战争带来的痛苦，白居易在诗歌创作中反对吟花弄草，提倡批判现实，其忧国忧民之心很符合当时知识界的口味。犹太诗人埃伦施泰因就从中看出了革命的因素，他的诗集《中国控诉》（1924）实际上就来自他改译的《诗经》和白居易的一些旧作，加上两首杜甫的诗《兵车行》和《石壕吏》，体现了明显的选题倾向。当时陶渊明的诗也受到欢迎，陶诗多体现恬静自然、淡泊高远的情怀和超凡脱俗、物我两忘的境界，受到欢迎可谓情理之事。遨游于中国古诗的海洋，当时西方不少知识界人士，或是在迷茫与绝望中觅寻到了自己的精神慰藉，或是看到了一种独特的美学观念而加以汲取。在那个时代，中国古诗还在北美新大陆刮起旋风，意象派对中国古诗的推崇、翻译和模仿，几乎成了一种风尚。与德国不同的是，中国诗歌在北美受欢迎主要不是在于思想，而是在于艺术风格方面。中国古诗生动简练、意象鲜明的简约美学，成为意象派诗人与矫揉造作、无病呻吟的维多利亚诗风相抗衡的依据。

西方过滤的中国文化的第三个重要方面，就是中国艺术中的"写意"观念。社会存在决定社会意识，在那个政治经济都发生了革命性变化的年代，艺术作为反映政治和经济生活的手段，也在发生着翻天覆地的变化。人们需要一种新的艺术表现来反映日益变化的社会生活，所以，这一时期，西方艺术无论在内容还是在形式上都在发生着巨大变革。"春江水暖鸭先知"，西方的艺术家们仿佛预知到即将到来的新世纪，西方固有的思想传统会遭遇巨大的挑战，在尚未进入20世纪之时，无论是在戏剧还是在绘画领域，早就开始突破写实传统的局限，从内部孕育着对自身的超越，从而进入了现代艺术的探索时期。果然，历史的步伐刚跨入20世纪，出于对西方现实的不满和迷惘，西方艺术家为摆脱传统的束缚，探索新的艺术表现方式，必然转向与他们自身文化传统相异的东方世界去寻找出路。这样，作为中国文化精髓的写意美学必然受到他们的日益关注。戏曲领域，1930年梅兰芳率团访美巡回演出的巨大成功，让美国观众充分体会到了中国戏曲的虚拟化、程式化所带来的艺术魅力，中国戏曲艺术的美学精神自此不断为美国剧坛所借鉴，成为他们为打破现实主义模式所作出的努力的一部分。梅兰芳1935年的访苏演出更是点燃了德国戏剧大师布莱希特"间离效果"的理论火花，推助了欧洲传统亚里士多德戏剧的革新。绘画领域，中国古代艺术瑰宝在近代因战乱和社会动荡大量流落海外，这些艺术品以其鲜明形象展示了内在的思想特征和艺术观念，对当时追求革故鼎新的西方文化艺术界产生了极大冲击。随着中西文化艺术交流的日益频繁，中国艺术的写意观念进一步为西方认同和借鉴，从而于无声处为西方现代艺术提供了营养。

这一时期，以中国古代经典和文学艺术为代表的中国文化的西传，促成了凝聚于其中的中国美学精神对西方产生了深远影响，成为西方现代主义思潮的一个重要的组成部分。

第二章　青牛西去

——老庄道家哲学智慧之体悟

　　在当代世界所有令人吃惊的变化之中，没有再比下述事件更让人摸不着头脑的了，那就是西方发达国家正从这个星球最古老的哲学体系中去吸收一些最为古老的观念。

——（俄）雅各布森

　　美学问题从根本上来说乃是一种哲学问题。因此，研究中国美学精神对西方的影响，首要的问题，即是研究中国哲学思想对他们的影响。

　　积淀着东方智慧的中国哲学精神，自东西方文化相遇碰撞之时，就在西方文化的发展过程中起过重要作用。这是因为，人类的各种文化交流都在一定程度上带有各自价值观的印记，包括商品贸易的交往也是如此，因为任何商品本身都带有一种实用哲学和生活学说。这一点是被当代法国比较文学大师艾田蒲首肯了的。艾田蒲在谈到古代丝绸贸易时就写道："当罗马妇女一旦披上了由丝儿人（即中国人，作者按）制造的丝披巾，她们就分享了那些东方人的价值观。""当一个中国人畅饮法国葡萄酒时，他便分享了法国的价值观，而当罗马妇女身着中国丝绸衣装时，她们也就打上了中国的价值标记。""丝绸无疑给西方人提供了一个有关这一华丽物质之本质的真正的哲学问题"[①]。在欧洲启蒙运动中，作为中国文化主体形态之一的儒家思想，成为启蒙思想家们进行反对封建专制和宗教神学的一种思想武器。

　　如果说 20 世纪以前，中国哲学思想对西方的影响主要是儒家思想，那么，20 世纪以来，老庄道家思想则更多地为西方所青睐，成为影响西方的主潮。美国学者 J. J. 克拉克曾这样指出："中国道家思想作为极其重要的东方哲学，可以被视为激荡着西方心灵的最后一股浪潮。"[②]虽然早在耶稣会士

---

　　① ［法］艾田蒲：《中国之欧洲》（上），许钧、钱林森译，广西师范大学出版社 2008 年版，第 7、8 页。

　　② ［美］J. J. 克拉克：《东方启蒙：东西方思想的遭遇》，于闽梅、曾祥波译，上海人民出版社 2011 年版，第 146 页。

第一次到中国之前，它在西方就已经为人所知，但是，启蒙时代把它理所当然地排斥为大众迷信，认为它没有包含任何能启发现代西方人心灵的东西而抛弃了它。然而，随着理雅各、翟理思和卫礼贤等人的早期翻译，道家思想在 20 世纪初开始从遮蔽中走出，在关于心灵和自然的激进的新概念中起着至关重要的作用。在 20 世纪初的二三十年间，西方知识界甚至掀起了一阵不小的"道家热"，对道家思想的关注，成了这一时期西方的"中国热"最典型、最集中的体现。瑞士心理学家荣格这样说："在我看来，对道的追求，对生活意义的追求，似乎已成了一种集体现象，其范围远远超过了人们通常所认识到的。"① 卫礼贤也曾描述过这一时期老子哲学对西方的巨大影响，"就在我们产生西方走向没落的感觉时，东方却放射出越来越夺目的光芒。拯救的新思想从四面八方涌向我们：泰戈尔从印度来，作为带来福音的人受到热烈欢迎；人们也对中国有很多期待，特别是老子哲学影响巨大，与这一哲学相关的不满者和追随者越来越多……人们开始倾听东方的思想"②。

那么，这种凝聚着东方智慧的中国哲学精神，是如何给予西方思想文化界以浸染和滋养的？它到底对这些文化先贤的人生和思想产生了什么样的冲击和影响？他们在接触中国思想的过程中，又怎样因各自不同的个性而呈现出不同的接受特征？这些即是本章所要探讨的问题。

第一节　道家思想在西方思想界的接受

第一次世界大战以后，西方对中国的老庄道家思想表现出前所未有的热情，这种格局既为接受方自身的特点所决定，又为文化传播中的外在因素所制约。

我们知道，在中国文化西传的过程中，耶稣会传教士起了重要的中介桥梁

---

① ［瑞士］荣格：《心理学与文学》，冯川、苏克译，生活·读书·新知三联书店 1987年版，第 255 页。

② ［德］卫礼贤：《东方思想对西方复兴的意义》，见《东方之光——卫礼贤论中国文化》，蒋锐编译，外语教学与研究出版社 2007 年版，第 218 页。

作用。他们在向中国传教的同时，也把中国文化大量介绍到西方。中国道家学说的西传差不多与儒家学说同时并进，但由于儒家文化从根本上而言是"治国理政"的道德文化和伦理文化，这为耶稣会传教士所青睐。17、18 世纪，儒家学说被耶稣会传教士引入欧洲，加之儒家文化的理性和伦理精神，与资产阶级推翻中世纪封建神权统治的政治需求相适应，于是，它便适逢其会，成为那时启蒙思想家们批判神学、张扬理性的战旗，对欧洲启蒙运动产生了推波助澜的作用。由于耶稣会传教士的亲儒排道政策，其时，道家思想鲜受关注。

　　而 19 世纪末 20 世纪初以来，时代语境的变化导致接受者的取舍视域也随之发生改变。工业文明对生态的破坏，个人私欲的横流，政治乌托邦的崩溃所造成的精神真空，尤其是大战造成的深重灾难，使得西方人深感西方文化的"没落"。对于主体操纵理性的强烈检讨，对于和平宁静与返璞归真的生存期盼，成为当时西方人所共有的心理指向。我是谁？世界是什么？我从哪儿来？到哪儿去？什么是智慧和道德？我应该怎样生活？这一系列的形而上的生命叩问，一起摆到了西方精神界人士的面前，引起他们的长思。正是在这种背景下，作为一种"精神科学"和生存智慧的道家思想，便为西方文化界竞相采集，借以酿制一剂能疗治时代百病的灵丹妙药。德国学者利奇温曾探究了这一问题，为"道家热"的产生找出了三个主要原因。第一，老子学说以虚静为道。"虔笃的道家，收视返听，以天地之心为心。一个经过机械时代的喧扰竞夺的人，需要宁静与恬息，就从老子之'道'，学得如何克服外物。"第二，老子的无为而无不为思想，倡言的乃是一种"远为奋发的东西"，是"一种责任"，能够激励"断然属于精干和有进取心类型的人物"。但是他也承认，老子的无为思想，"对于天性趋向于极端的青年人，它含有一种危险性"，它会引起"好静恶动的心理，用来对抗当代的积极的'活动主义'"。第三，老子哲学中"回到自然"的呼声，同是那时青年运动的口号之一。"在他们看来，老子是顺乎自然的先觉之一，他们对于作为十九世纪特色的人类文化及道德提高的不断进步，已经失去信心；他们宁愿回到原始的状态"①。利

---

① ［德］利奇温：《十八世纪中国与欧洲文化的接触》，朱杰勤译，商务印书馆 1962 年版，第 5—7 页。

奇温的分析产生于老子哲学在德国精神界方兴未艾的 20 世纪 20 年代，所以，别具一种科学的纪实价值。

早在 16 世纪，老子的《道德经》就在西方有了节译，从 19 世纪 60 年代到 20 世纪初，西方出现了第一次大量翻译《道德经》的浪潮。① 特别是 20 世纪初卫礼贤对道家学说的译介，为德国精神界注入了有益的营养，并为德国盛极一时的"道家热"奠定了基础。黑塞这样描述道："中国的老子，之前两千年在欧洲无人知晓，在过去十五年里有了欧洲各种语言的翻译本，《道德经》几乎成为时尚书籍。德国方面，卫礼贤做了大量翻译，将中国古典文学和哲学介绍过来，数量之多史无前例。正当中国政治力量被削弱，被列强当做只需细心分配的势力范围时，中国古老的智慧和艺术不但进入欧洲的博物馆和图书馆，也进入追求精神生活的青年的心。在过去十年里，对于被战争搅动得不知所措的德国好学的青年，影响最大的除了托斯妥耶夫斯基就是老子。"② 德国学者利奇温也写道："《道德经》变为当代一代人沟通东西的桥梁……这些译本当然不都是完全由原文译出的，但他们的重要不在于作为文字上的杰作，而是在于它用'东方老人'（老子）的名义，表述了当代的信仰。"③

老子"被视为一位伟大的先觉人物"④，首先为西方的思想界所广为接受，韦伯、斯宾格勒、海德格尔、荣格等不少杰出的思想家，纷纷巡礼于古老东方的哲学殿堂。

韦伯是 20 世纪世界人文学科界少有的一位杰出人物，其贡献不仅在社

---

① 译者有查尔姆斯（John Chalmers / 英文，1868）、普兰科纳（Reinhold v. Plänckner / 德文，1870）、施特劳斯（Victor v. Strauss / 德文，1870）、巴尔弗（F. H. Balfour / 英文，1884）、阿尔莱（C. de Harlez / 法文，1891）、理雅各（James Legge / 英文，1891）、卡鲁斯（Paul Carus / 英文，1898）、科勒尔（Joseph Kohler / 德文，1908）、翟理思（Lionel Giles / 英文，1909）、格利尔（Julius Grill / 德文，1910）和卫礼贤（Richard Wilhelm / 德文，1911）。

② ［德］黑塞：《论中国思想》，见［德］孚克·米歇尔斯编选：《黑塞之中国》，谢莹莹译，人民文学出版社 2011 年版，第 107—108 页。

③ ［德］利奇温：《十八世纪中国与欧洲文化的接触》，朱杰勤译，商务印书馆 1962 年版，第 5 页。

④ ［德］利奇温：《十八世纪中国与欧洲文化的接触》，朱杰勤译，商务印书馆 1962 年版，第 5 页。

会学、政治经济学方面，影响还波及历史学和宗教社会学等许多领域。他著述的《儒教和道教》（1920）一书，通过对中国文化心理的深入探讨，为西方当时中国文化精神的研究开拓了一种视角。在书中，韦伯从宗教的类型化比较出发，阐述了他对中国文化心理的研究成果。他根据救赎方式的不同，将世界宗教分为禁欲主义和神秘主义两大类。他认为，前者是西方宗教的特点，它以入世的态度，通过自我控制达到救赎的目标。后者是东方宗教的特点，它以出世的态度，通过冥思默想进入天人合一，获得自身的救赎。他指出，佛教的"涅槃"、道家的"无为"、儒家的"仁义"，无不引导人们关心内在的超越。韦伯在书中探讨了儒教观念中的理性和非理性因素，认为儒教精神中不敬鬼神、不畏死亡等观念所表现出来的是一种现世的乐观主义态度，具有一定的理性主义色彩，同时，由于儒教中畏天命的观念，加上其现世中掺杂的某些玄乎其玄的巫术因素，又可以将其归为神秘主义之列。这种论断有一定道理，但其论证似乎略显牵强。论及道教的神秘主义特性，其论证显然更令人信服。他认为："老子把道纳入典型的神秘主义者寻神关系之中，道是一个永恒不变的元素，因而是绝对价值，它表征作为万物神性（the god-head）的秩序，因而这是一个无所不包的、一切存在的永恒不变总体象征的观念。简言之，这是神圣的唯一者，人们只能像一切冥想的神秘主义者那样，使自己弃绝对空虚世界的关心和热情，直至从一切活动中摆脱出来才能得道。"① 在韦伯看来，道家思想中的"清静无为""绝圣弃智""绝仁弃义"等观念与儒教的理性主义相反，完全是非理性的。而其"小国寡民"的理想社会，又同儒教的"大同"世界有很大相似之处，因为它们都试图以一种价值理性来规范人们的现世行为。《儒教和道教》对中国哲学思想的理解体现了德国知识界对中国认识的深入，虽然韦伯在书中并未呼唤人们到东方文化中去寻求治世良方，但此书的问世无疑激起了德国乃至欧洲的知识界对中国和中国文化更深层次探讨的兴趣。

斯宾格勒没有像韦伯那样专门集中讨论中国文化，但他的代表作《西方

---

① 引自苏国勋：《理性化及其限制——韦伯思想引论》，上海人民出版社 1988 年版，第178 页。

的没落》则有不少有关中国文化的评论。他在该书中主张从"道"来把握中国文化，他在该书的"导言"部分首先提及的即是极富中国文化特色的"道"："中国人的收藏癖虽则色调不同，但更炽热。在中国，出门旅行的人无不孜孜追寻'古迹'和无法移译的'道'，道是中国人生存的基本法则，它的全部意义来自一种深邃的历史感情。"①斯宾格勒这里关心的显然不是作为物质本原而是指作为变化规律的"道"，这和他致力于探索不同文化形态的发展规律是一致的。他还在书中详细论述了他所理解的"道"："天和地就中国的醒觉意识来看是大宇宙的两半，彼此间并无矛盾，而是互为对方之影象。在这幅图景中，既无枚斋式的二元论，也无浮士德式的积极力量的单位。变化发生于阴和阳两种要素自发的相互作用之中，这二者被设想为周期的而非两极的。因此，人具有两种灵魂，一种是鬼，它与阴、尘世、黑暗、寒冷相适应，且与肉体相分离；另一种是神，它是崇高、光明且永恒的。除此以外，在人的周围还有属于这两类的无数的灵魂……所有这一切都集中在一个最根本的'道'字里边。在人体内部阴和阳之间的冲突就是他生命之中的道，在他外面由大群精灵交织而成的经纬则是自然的道。世界具有道，因之它具有节奏、韵律和周期性。"②老子所说的道是一超越时空、凌驾于一切之上的宇宙本体，但斯宾格勒在这里真正感兴趣的似乎不是统一的道之本体，而是进一步指道所包含的对立两极，即受阴阳变化所制约的世间万物相辅相成的两个方面。可以看出，斯宾格勒是极为熟悉中国的"阴阳之道"的。

在对宇宙社会的具体分析中，斯宾格勒也运用了上述的阴阳原理。他在该书第二卷第十章"国家"的开头这样写道："我们称之为生活的宇宙长流的一种深不可测的秘密是，它们分成两性。在固着于土地的植物界的存在川流中，宇宙长流就在试图彼此分开，如同开花植物的象征所指示给我们的——分成一种本身就是这个存在的东西和一种使这个存在延续下去的东西。动物是自由的，是一个大世界——宇宙——中的若干小世界，它们作为小宇宙隔离开来，且与大宇宙对立，并且，当动物世界展开它的历史时，阳

_____

① ［德］斯宾格勒：《西方的没落》，齐世荣等译，商务印书馆1963年版，第29页。

② ［德］斯宾格勒：《西方的没落》，齐世荣等译，商务印书馆1963年版，第470—471页。

性和阴性的双重存在的双重方向就日益明确地表现出来了。"①老子的阴阳学说，来源于华夏先民关于天有昼夜、季有寒暑、人分男女、畜分雌雄等原始认识。这是一种从自然界变迁和人类生活经验中概括出来的哲学思维。《道德经》一书正是由此出发，列举了六七十对相互对立的概念，借此展示了从人生到宇宙的一系列对立统一关系。斯宾格勒以上的论述也是用了这一方法。接着这段话，他继续写道："阴性更为接近宇宙，它更深刻地生根在大地中，而且它直接卷入了自然的伟大的循环节奏中。阳性是比较自由的，更有动物性，更为易感——就感觉和理解等等而论——更为觉醒，更为紧张……男性生动地体验命运，而且领悟因果律，即领悟已成的因果逻辑。反之，女性本身就是命运、时间和方式的有机逻辑，正是因为这个缘故，因果律的原则对她是永远陌生的。"②与韦伯不一样，斯宾格勒在这里不仅讨论了中国的道家思想，而且将之实际运用到了自己的理论分析之中。

另外，斯宾格勒在讨论中国历史文化的同时，还论及中国的自然审美观和文艺美学观，认为它们体现了"道"的意趣。他在谈及埃及文化时写道："然而另有一种文化……这就是有着深邃方向感的道的原则的中国文化。埃及人走完了那用一坚定的必然性预定的路途，而中国人则徜徉过自己的世界；所以，中国人不是由带有平滑石壁的峡谷，而是由亲切可人的自然本身引向神祇和祖坟。没有任何其他地方，风景成为建筑艺术如此真实的题材。"③在援引了菲舍尔《中国风景画》中有关中国园林建筑的文字后，他接着写道："庙宇不是单个建筑物，而是一种格局。其中有山丘、河流、树木、花草以及确定形状和安排妥当的石头。它们同大门、围墙、桥梁和房屋一样重要。这是一种独一无二的文化。在这种文化中，园艺是一种具有伟大风格的宗教艺术。还有一些园林，它们反映了某些佛教教派的本质。只有从风景的建筑艺术出发，才能解释建筑物的艺术。这种建筑物平面展开，强调作为

---

①　[德] 斯宾格勒：《西方的没落》，齐世荣等译，商务印书馆 1963 年版，第 528 页。

②　[德] 斯宾格勒：《西方的没落》，齐世荣等译，商务印书馆 1963 年版，第 528 页。

③　Spengler, *Der Untergang des Abendlandes, Umrisse einer Morphologie der Weltgeschichte*, 1972, S. 244. 译文引自卫茂平：《中国对德国文学影响史述》，上海外语教育出版社 1996 年版，第 345 页。

真正表达载体的屋顶。正如迂回曲折的小径穿过大门，越过桥梁，绕过山丘和围墙后到达终点，就是绘画也把观察者从一个细节引向另一个细节，而埃及人的浮雕则专横地把观察者引向一个严定的方向。"①在这些论述中，斯宾格勒用"徜徉"一词精妙地点出了"道"的一种境界，这是一种超然物外、闲逸悠然的理想追求。而中国园林建筑与自然环境和谐统一、浑然一体的佳妙境界，所体现的正是"道"的审美情趣。这一点，斯宾格勒是有着深刻领悟的。他还将"道"的"徜徉"原则引入对中国绘画的观照，"中国灵魂'徜徉'于世界：这是东亚绘画透视的意义所在，它的会聚点在图画中间，而不在深处……中国透视法同中国技术一样，缺乏方向动力，所以我想称其为……一种东亚道的透视法，它在图画中显示出一种引人注目的不会误解的世界感情"②。中国绘画讲究神韵、意境、虚实等要旨，斯宾格勒肯定了中国传统绘画的要义，认为这正是求得与"道"同一的神韵，以及它作为一种独具特色的艺术形式的地位。作者从画中感受到那"引人注目的不会误解的世界感情"，恰好说明了他对中国绘画写意图貌、气韵生动的诗意境界的体悟。

20 世纪最重要的哲学家之一海德格尔也与道家思想有着共鸣。这集中体现在其对不可言说之真、对无的关注上。海德格尔认为，存在非实物，不能被认识，因为它非有，而只能被体验，它地地道道是一种"超越"。而这里所说的"超越"就是指从"有"到"无"的超越，"无"与在者一样，都存在着。这里我们不免看出，海德格尔的"贵无"思想与中国道家思想有着不谋而合之处。《道德经·一章》言："无，名天地之始；有，名万物之母。故常无，欲以观其妙；常有，欲以观其徼。此两者，同出而异名，同谓之玄。"在道家看来，"无"与"有"是相依相存的对立统一体，所谓"同出而异名"。德国学者赖因哈德·梅依（Reinhard May）曾在《来自东方之光：处

① Spengler, *Der Untergang des Abendlandes, Umrisse einer Morphologie der Weltgeschichte*, 1972, S. 244—245. 译文引自卫茂平：《中国对德国文学影响史述》，上海外语教育出版社 1996 年版，第 345—346 页。

② Spengler, *Der Untergang des Abendlandes, Umrisse einer Morphologie der Weltgeschichte*, 1972, S. 397. 译文引自卫茂平：《中国对德国文学影响史述》，上海外语教育出版社 1996 年版，第 346 页。

于东亚思想影响下的海德格尔著作》一书中列举出海德格尔的文字与道家文本大量的相似之处，通过把海德格尔著述的部分行文与老庄的德文版相对照比较，他发现海德格尔有时几乎是逐字逐句地挪用了道家的主要观念。这种文本对照的一个例子如：海德格尔在《物》一文中曾有"物的物性……物不再被允许成为物"①句，而该句出自《庄子》第二十二章："物物者非物。"在《物》这篇文章中，海德格尔称容器的物性在于其空无（Leere）："器皿的物性因素绝不在于它由以构成的质料，而在于有容纳作用的虚空。"②梅依认为这一思想出自《道德经·十一章》。梅依的看法不无道理，将"无"置于无限与可能之二维进行哲学思索，海德格尔与道家思想确乎存在共鸣。

至于海德格尔的思想是否确实受到中国道家思想的影响，至今在学术界尚未有定论。然而一个可以确定的事实是，海德格尔曾经认真阅读过《道德经》《庄子》。1930 年秋季的一个晚上，他在德国北部的不来梅作了题为《真理的本质》的演讲。演讲结束之后的交流中，当话题涉及"一个人是否能将自己放到他者的地位上去"时，他当即找来一本《庄子》译本，并将《秋水》中的一段朗读给大家听，以佐证自己的思想，这充分说明海德格尔是很熟悉老庄思想的。海德格尔还与中国学者萧师毅合作翻译了《道德经》，对此，德国学者波格勒（Otto Pöggeler）认为："虽然这次对老子的翻译没有进行很久，它却是一个要使西方哲学的源头与伟大的东方传统中的一个源头相遭遇的努力。这次经历在一个关键的形势中改变了海德格尔的语言，并给了他的思想一个新的方向。"③这里我们还可提及一个事实，海德格尔在其工作间所挂的一幅中文书法作品就出自《道德经·十五章》："孰能浊以静之？徐清。孰能安以久之？徐生。"从中我们可以看出，海德格尔对老子的推崇之情。

曾与弗洛伊德分庭抗礼的瑞士心理学家荣格，则将道家思想引入其"集体无意识"之研究中。荣格早年与弗洛伊德在心理学领域并驾齐驱，关系甚

---

① ［德］海德格尔：《物》，见孙周兴选编：《海德格尔选集》（下），上海三联书店 1996 年版，第 1171 页。

② ［德］海德格尔：《物》，见孙周兴选编：《海德格尔选集》（下），上海三联书店 1996 年版，第 1169 页。

③ 转引自林可济：《海德格尔何以赞赏老庄哲学》，《中共福建省委党校学报》2004 年第 3 期。

洽，后因不同意弗洛伊德以性欲作为精神病病因的主张，与他分道扬镳。弗洛伊德认为，无意识主要来自个人早期，尤其是童年时期受到压抑的心理内容。而荣格不同意此看法，他认为无意识是有着普遍内容与形式的先天存在，而非后天所获，他称之为"集体无意识"。但是，在很长一段时间内，荣格对自己研究的合理性把握不大，因为他的结论不仅对学院派心理学意味着离经叛道，而且也越过了医学及纯个人心理学的界限。正在他陷入困境之时，他收到了卫礼贤寄给他的德译中国道家经文《太乙金华宗旨》。《太乙金华宗旨》是清代流传民间"假扶鸾所造的道书"[①]中的一种，它虽在中国道家经文中影响不大，但却使荣格有相见恨晚之感。这主要是中国的道家经文为他的心理分析思想提供了佐证。荣格首先对之感叹不已的是中国人观察事物的基本方法。他认为，西方人把东方的"知识"视为模糊的信仰，甚至迷信，这完全是一种误解。他认为这种东方的精神比西方的理智更高明，因为它不仅包括理智，而且还包括情感。正是在中国这种经验综合型思维方式中，荣格看到了消释自己心头困惑的依据。因为，他的集体无意识思想也是一种"经验的"概念，它无法用西方传统的理性分析型思维进行有力论证。

另外，荣格还在宣扬阴阳互补、与道合真的内丹之法中，找到了与自己心理分析方法的契合处。根据道家静功学说，道是万物的本原，而由它产生的一切都不是永恒的。而人体也同是一个非静止永恒的、阴阳互制互补的小宇宙系统。得道的途径就是取得阴阳的动态平衡，这对荣格也具有很大的启发。在他看来，无意识和意识的关系，犹如阴和阳的关系。他认为，意识及自觉的意志越是强烈和自主，无意识就越多地被挤入次要地位，在这种情况下，就会出现各种精神错乱现象。其实质是无意识对意识的反抗。意识增强的最后结果，则是人的全面崩溃，而解决的方法就在于取得意识和无意识的动态平衡。在进行内丹修炼过程中，道家把《易经》的卦象引入了自己的理论系统，以记录阴阳消长的变化，标志内丹运行的轨道。这似乎也给荣格留下了很深的印象。作为心理学家，他早就发现，许多无意识现象不能用因果原理进行解释，因为它们之间存在的是对应关系。对此，他使用了"同步原

---

① 任继愈：《中国道教史》，上海人民出版社 1990 年版，第 580 页。

理"这个术语。也正是在《易经》中，他欣喜地发现了这个原理。他说："我
所关心的只是这样一个令人吃惊的事实，即瞬间中隐藏着的性质，竟然在这
卦象中变得明了起来。这种由《易经》使之变得明白的事件之间的相互关
系，基本上类似于我们在星相学中的发现。在那里，出生的时刻与钱币的落
地相吻合，星座与卦象相吻合，对生辰数据的星相学解释与卦象的卦辞相吻
合。"① 一方面，荣格对中国智慧满怀服膺之情；另一方面，他也保持了冷静
和理性，他告诫欧洲，不要过分模仿中国而失去自己的本原。他写道："不
幸的是，我们时代的精神乞丐太容易接受东方人的手掌，不加考虑地摹仿其
种种方式。这是一种危险。"② 面对当时极富吸引力的中国文化，荣格表现出
了热情，也表现出了冷静，这是极不简单的。他深知，一种文化不能完全抛
弃自己的传统而投入另一种文化。这样的后果只能是自我毁灭。荣格的中国
知识主要归功于同卫礼贤的认识与往来，他写道："威廉的毕生工作对我具
有如此巨大的重要性，因为它大大地澄清和确证了我在努力缓解欧洲人的精
神痛苦时所一直寻找、追求、思考和致力的许多东西。"③ 可以看出，这既是
他对卫礼贤表示的谢意，同时也是对自己接受中国思想的自白，更是对西方
当代心理学受东方思想滋润的肯定。

第二节　道家思想与德国表现主义文学

表现主义是 20 世纪初至 30 年代流行于欧美一些国家的现代文艺流派。
它强调个人情感，反对机械模仿，要求艺术要能表现人的本质和深藏内部的
灵魂，注重以夸张和变形的手法表达艺术家的内在情感。表现主义最先出现

---

① ［瑞士］荣格：《心理学与文学》，冯川、苏克译，生活·读书·新知三联书店 1987
年版，第 252 页。

② ［瑞士］荣格：《心理学与文学》，冯川、苏克译，生活·读书·新知三联书店 1987
年版，第 253 页。

③ ［瑞士］荣格：《心理学与文学》，冯川、苏克译，生活·读书·新知三联书店 1987
年版，第 258 页。

在绘画领域，是与自然主义和印象主义的一种逆动，后来更进一步扩展到戏剧、文学、音乐、建筑、电影等领域。德国表现主义文学盛行于第一次世界大战前后，一直持续到 20 年代中期，文学史上一般把 1910—1925 年这段时间看作德国表现主义时期。德国表现主义的一个重要特点是，它不仅仅局限于美学范畴，而是带有普遍的革命理想，并发展成为一个社会政治运动。这个变化的分水岭是第一次世界大战。德国表现主义文学虽然不是第一次世界大战的产物，但后者却给前者提供了一个特定的社会历史背景。当时，德国的年轻一代作家目睹了战争给人们带来的深重灾难，感到人类正面临深刻的危机并受到严重的威胁。他们在失落和迷惘中希望能找寻到一条新的出路，表现主义正顺应了他们的愿望和憧憬，因而在战后经历了它的繁荣。道家思想在表现主义文学中的出现，也是这种人文心态的反映。

一、德布林探索"无为"人生

表现主义大师德布林（Alfred Doeblin，1878—1957）热衷于中国文化，并对老庄思想充满崇敬之情。受卫礼贤及布伯（Martin Buber，1878—1965）[①] 翻译的中文典籍尤其是道家典籍的影响[②]，1915 年，他完成了长篇小说名作《王伦三跳》。该作被誉为"第一部表现主义长篇小说"，1916 年获"冯塔纳文学奖"。《王伦三跳》描写了主人公王伦经由命运的三次跳转，最终以自焚结束自己的生命而皈依"无为"的故事。作品以中国乾隆年间的历史为背景，以道家"无为"思想为基础，并对之进行了形象的演绎和诠释。

主人公王伦生于山东一渔民家庭，他生性聪明机智，但整天游手好闲，

---

① 布伯，20 世纪西方伟大的宗教哲学家，曾翻译了《庄子语录和寓言》（1910）以及《中国神怪和爱情故事》（1911）两书，在德国知识界被誉为中国专家。

② 德布林在解释《王伦三跳》的写作经过时说："当我写一部'中国'小说时，几次去柏林民俗博物馆，读了一大批中国的游记和描写风俗的书……对我这个连欧洲也不了解的人来说，中国关我什么事，除了老子。"足见他对老子的倾心程度。参见卫茂平：《中国对德国文学影响史述》，上海外语教育出版社 1996 年版，第 371 页。

耽于偷盗欺骗，后在济南府被一和尚以智收服。但有一天，他目睹了他的一位正直邻居苏阔因在清廷叛乱之际受到了莫须有的牵连而惨遭杀害，他义愤填膺，打官杀府，在杀死凶手后逃离济南府，潜入南孤山。在南孤山中，他结识了隐遁的佛教徒马诺。王伦聆听马诺的布道，在观音像前大彻大悟。佛说要放下屠刀，不可妄开杀戒；佛又说唯臣服命运方可至极乐之境。王伦遂弃绝抗争之念，奉行道家"无为"学说。他的"无为"思想感召了山中一大批无业游民，他们组成了一个杂糅佛道于一体的"无为教"，王伦被众人推为首领。"无为教"的队伍日益壮大，不免引起当局的警觉，为了保障团体的安全，王伦只身启程去寻求民间颇具势力的"白莲教"的荫庇。

　　"无为教"暂由马诺负责。部分出于对"无为"的不同解释，部分出于权欲和性欲，马诺在"无为教"中分裂出一个"破瓜帝国"，自封为"皇帝"。"破瓜帝国"伤风败俗的行径激怒了崇奉儒家正统伦理的朝廷，马诺率领的这一"无为教"的支派最终受到朝廷的清剿。王伦归来后不愿看着他们死于屠刀下，在劝说马诺解散组织以避免更惨重流血伤亡的努力失败后，王伦遂于无奈中走了极端，他亲自在水中投毒，毒死了"破瓜帝国"全体成员。由于这次集体屠杀，王伦深深陷入了"无为"准则的矛盾中。他万念俱灰，离开"无为教"，在一渔村过起了隐姓埋名的生活。然而，朝廷对"无为教"的征讨并未因"破瓜帝国"的覆灭而停止，面对铁血强权，在同伴的恳求以及责任感的促使下，王伦重回"无为教"，率领教徒与"白莲教"两相应和投入了反清复明的斗争中，最后兵败临清城。他在又一次皈依无为信念后，自焚身亡。

　　所谓王伦三跳，是指他的三次重大生活转折。第一次是他在南孤山中悟道，否定武力作为，向往无为而治的自然状态；第二次是他脱离教派，隐居渔村，回到以前的平常生活中去，表面上达到真正的无为；第三次是他弃家抛妻，举义旗、抖锋芒，并最终自焚进入无为的理想境界——西方极乐世界。

　　显然，《王伦三跳》是兼具史实与虚构的文学创作，有一股扑面而来的历史气息。小说中王伦这一人物以及中国明清年间的两大民间宗教组织无为教和白莲教都见诸中国史册。[①] 浓郁的历史氛围只是小说的外部框架，而其中包容的核心则是"无为"二字。如果我们把王伦三跳的意义归结一下就会发现，整部小说实际上是老子无为思想的辩证衍化。具体地说，是《道德经》第二十九章内容的诗意阐释。全书借一篇献词开门见山地点明了作家对道家哲理的关注。在这篇献予"智慧老人"列子的引子中，德布林援引了《列子·天瑞篇》中烝就舜"道可得而有乎"这一问题的一段答语："故行不知所往，处不知所持，食不知所以。天地强阳，气也，又胡可得而有邪？"这句话的意思是说天地运动乃一气回转，人不应固执自我，而应顺其自然。作家以此段语录为全书撮要，进而浓墨书写，让自己笔端的人物道出了对无为境界的种种神往与困惑。

　　小说中的王伦，是在进入南孤山后，首次接触了道家思想的。那里，在形形色色的游民中流传着一段话："将欲取天下而为之，吾见其不得已。天下神器，不可为也。为者败之，执者失之。"该段语出《道德经·二十九章》，它对有为之举提出了警告，认为至道不可强求，因为这有违自然之道，非但不会成功，而且必然失败。这种"天道自然"的观点，与德布林上引列子的话是一致的。

　　德布林在小说中，不仅消化了道家哲学思想，并且还借用了道家典籍中的意象。如老子在《道德经》中常借"弱水"的形象来生发"反者道之动，弱者道之用"（《道德经·四十章》）的哲思。如"上善若水，水善利万物而不争，处众人之所恶，故几于道"（《道德经·八章》）。"天下莫柔弱于水，而攻坚强者莫之能胜"（《道德经·七十八章》）。德布林也抓住了这个中心意象。王伦说："无为，犹如清水般柔弱、顺从。"他还说："惟其柔弱，我们才能比任何人都刚强。相信我，没人能打败我们；我们将折弯每一根尖刺。"以后马诺也说："不反抗，像清水那样柔弱、顺从。"这里关于水的比喻显然来自道

---

　　① 清代思想家魏源所撰《圣武记》卷八"乾隆临清靖贼记"中有如下记载："乾隆三十九年（1774），兖州府寿张奸民王伦以清水邪教运气治病，教拳勇，往来山东，号召无赖亡命，徒党日众，羡临清之富庶。……二十有三日，舒赫德军抵临清。……音济图既歼北窜千贼于塔湾，迹还兵搜王伦于城中大宅，毁墙入，手禽之。为十余贼所夺，贼登楼纵火死。"见魏源：《圣武记》（下），中华书局1984年版，第373—374页。

家哲学的直接影响。柔弱是"道"之作用的发挥和表现，而"道"之运行变化的规律则是对立面的相互循环转化，故柔能变刚，弱能变强。再如，小说第四章中，德布林还借一位"教师爷"之口说："古语说，以柔弱对付命运是人的唯一胜利；我们必须在道的前面恢复理智，向它偎依：犹如孩子。"这种把赤子的纯真柔和代表道及无为的做法，更是屡见于老子的《道德经》："专气致柔，能婴儿乎？"（第十章）"我独泊兮其未兆，如婴儿之未孩"（第二十章）。"常德不离，复归于婴儿"（第二十八章）。"圣人皆孩之"（第四十九章）。总之，纵观整部作品，道家的"无为"和"柔弱胜刚强"思想充盈其中。

就像老子采用以有为之弊论证无为之利的反证法一样，德布林除了援引道家典籍中主张无为的正面论点之外，也摘录了论证的反面论据。小说中提及的一则庄子寓言便是一例，讲的是一个"畏影恶迹"的愚人的故事。这则故事的蓝本是《庄子·杂篇·渔父》："人有畏影恶迹而去之走者，举足愈数，而迹愈多；去愈疾，而影不离身；自以为尚迟，疾走不休，绝力而死。不知处阴以休影，处静以息迹……"故事讽刺了背弃自然的愚蠢有为，讲人一旦有了机心，便易为欲所驱使，告诫人们应含藏己意，合同于物，唯有守静去欲，才能不为物累。

德布林在小说中不时引用道家语录，在更多情况下则是把道家思想融会贯通于故事的叙述与情节的展开中。但作品人物对道家的"无为"信仰既有崇信，又有怀疑，更有误读。就主人公王伦而言，他是小说中"无为教"的创始人，然而他那以三次跳跃为象征的人生恰是无为与有为的大悖论。他刚布道完毕，就在南孤山聚众立教，并接受众人拥托当上"无为教"的首领，从皈依无为的第一刻起就已违忤了无为；他劝说人们要听天由命，却又启程出山，处心积虑地去谋求"白莲教"的庇护；他要求众人弃绝杀生之念，远离暴力，却亲手葬送了"破瓜帝国"的全体成员，且时刻剑欲出鞘，最终又亡命于屠场厮杀。再看马诺，他连普陀山的佛门净地都觉得过于嘈杂，只身带着一尊千手观音来到荒山僻野，乞求平静。与生性暴躁的王伦相比，他似乎更具无为之本性。初看确乎如此，面对部下受到强盗袭击，他禁止人们反抗，甚至开除了几个试图救助同伴的教徒。但在遭到清军的血洗并失去两百多个兄弟姐妹后，他也开始怀疑无为原则，不得不认识到，无为不是导向西方极乐世界，而是引上断头台。尽管如此，他煽动不满的百姓反抗朝廷，自己要以无为作为进入天堂的门砖，却让别人有为，以助自己实现愿望，显示了他那无为的虚伪性。最令人瞠目结舌的是马诺在教中引入了"神圣卖淫"。他的这一举措似乎有刻意歪解无为的嫌疑。他过分强调了顺从自然人性，尤其是人的性欲本能。他美化集体纵欲，将此视为阴阳和合。老子说："万物负阴而抱阳，冲气以为和。"（《道德经·四十二章》）马诺将此附会为仅指男女两性之事，这完全歪解了老子的原意。在老子处，阴阳这一对概念涵涉的内容远在此之上。而且，无为的真正内涵之一正是"不欲"。用老子的话说，就是"咎莫大于欲得"（《道德经·四十六章》）。由此，马诺不仅玷污了一个宗教组织的神圣性，而且激怒了唯儒家伦理是尊的乾隆王朝，"无为教"因此遭到血腥镇压实属咎由自取。

　　道家哲思在《王伦三跳》中被误读，这未免令人深感遗憾，但无论如何，德布林对老子是倾心与崇敬的，他对无为的探讨，其态度是真诚的。毕竟德布林是从浮士德式抗争命运、不断进取的西方传统文化的视角，来审视迥然相异的文化背景下的哲学产物，在此过程中产生疑问和误读在所难免，我们不必过于苛责。小说体现了表现主义文学流派挑战传统权威、反对工业文明、揭露社会弊病及鞭挞人性丑陋等创作主旨，而更主要的是塑造了王伦这样一个特殊的"新人"。他力图把宗教与政治、理想与现实于无为的准则下统一起来，实现自己得到拯救的愿望。但他的努力是失败的，其结局具有悲剧色彩。这是作家不知出路为何的困惑，也是无为哲学面对人世的无奈，而道家清幽的无为之境正是以它那可望而不可即的美妙与神秘时时撩拨着现代人焦灼的心灵。德布林"展示了老子学说的圣典，许多人通过他第一次受到了老子学说的浸润，并把他的小说当作一种宗教启示加以接受"①。

二、托勒尔及其《群众与人》

　　德布林小说中的中国思想卓然可见，而另一位表现主义剧作家托勒尔

---

　　①　卫茂平：《中国对德国文学影响史述》，上海外语教育出版社1996年版，第380页。

（Ernst Toller，1893—1939）的剧本《群众与人》（1921）与老子的思想也有暗合之处。托勒尔生于犹太富商家庭，第一次世界大战爆发时，他正在法国攻读法学。或许是想借此证明自己对德国的归属关系，他赶回德国，志愿参战。然而一年后受伤从前线返回，这个狂热的爱国者变成了反战人士。他先在海德堡组织和平团体，后又任巴伐利亚苏维埃共和国的领导人，并指挥一支红军部队。他知道，实现共和必须使用革命暴力，但又不赞成任何流血事件。矛盾的结果是 1919 年兵败入狱。《群众与人》即是他在狱中反省的产物。

剧中主人公松尼亚赞同造反和革命，但反对暴力流血。为了民众的利益，她领导群众，举行罢工，以迫使当局结束战争。面对剧中一无名氏号召以暴力革命推翻统治者，她被迫让步。最后她幡然悔悟，重新回到自己非暴力的立场，但为时已晚，被捕入狱。在狱中她问看守："那么我必然会有罪？"看守回答："每个人活着自己的生活。每个人死着自己的死。人，像树木和花草，有命中注定的早就铸成的形式，在成长中开放，在衰老中摧毁自己。"①生死在这里成了命运的安排，个人不应费力抗争。俯就命运，超越生死，这才是生命的终极意义。松尼亚领悟了这一生命的真谛，对人们通过暴力流血解救自己表示拒绝，最终很坦然地走向死亡。临终，松尼亚对无名氏说："你昨天活着，今天活着，明天你死了，但我将永远存在。从周期到周期，从转变到转变，有一天我会更纯洁，更无罪会是人类。"②作品中虽然没有引用道家语录，却深深耦合了老子的"无为"与不息的生命轮回之思。尤其是主人公松尼亚在"无为"和"有为"间的犹豫及几次生命的抉择，与德布林笔下的王伦有极大的相似之处。他们都经历了人生的跳跃，最后在无为中寻得自己的归宿。托勒尔家中的藏书曾有老子的《道德经》，应该说，他对中国的道家思想还是颇为熟悉的。

托勒尔于 1924 年获释，1933 年后同大多数反法西斯作家一样，被迫流亡。他先后在瑞士、法国逗留，后去美国纽约定居。他在《群众与人》一剧

---

① ［德］托勒尔：《群众与人》，杨业治、孙凤城译，见袁可嘉：《外国现代派作品选》第一册（下），上海文艺出版社 1980 年版，第 538 页。

② ［德］托勒尔：《群众与人》，杨业治、孙凤城译，见袁可嘉：《外国现代派作品选》第一册（下），上海文艺出版社 1980 年版，第 538 页。

中提出的问题，即政治目的是否能以道德手段解决，个人在群众革命中是否可以牺牲自己的道德准则，终身未获解决。而老子哲学也未能助他真正超然物外。他最后在法西斯最为猖獗的 1939 年，与自己剧中的主人公松尼亚一样，以自觉选择死亡结束了悲怆的一生。

三、克拉邦德与道家思想

在众多中国文化的爱好者中，克拉邦德（Klabund，1890—1928）显得尤为醒目。他不仅对中国唐诗和中国戏剧的改编兴趣浓厚（这部分内容将在后两章分别论述），而且还是一位道家思想的倾慕者，并将其视为自己的精神依托。

万物同源、生死同一的道家学说曾帮助他克服了生活中的巨大危机。1918 年，克拉邦德在个人生活中遭受了不幸，他的妻子由于难产去世。自此，他终日沉浸于悲伤忧郁之中，《道德经》一书此时成了他的精神慰藉。对于"道"所给予的抚慰，他在给朋友的一封信中写道："倘若我不是道的信徒……我早就绝望了。倘若我不知道，灵魂是星星和太阳，而此两者又不仅仅是视觉的对象，我就不会知道，个体灵魂同整体灵魂一样不朽不灭，倘若如此，我早已把子弹射入自己的头颅了。"①可见道家哲学不仅在协助人们探索拯救社会上，而且还在抚慰个人感情生活上起着作用。

克拉邦德于 1919 年出版了以老子哲学为核心的诗集《三声》。《三声》之书名即与《道德经》的内容密切相关。《道德经·十四章》有这样一段话："视之不见名曰夷，听之不闻名曰希，搏之不得名曰微。此三者，不可致诘，故混而为一。"所谓"夷、希、微"，指的是"道"之感官无法把握的特性。但德国学者温迪施曼（Carl J. H. Windischmann）却对此产生了误读，认为"夷、希、微"原是一种三迭（三的统一），它组成了神圣的名称 IHW（夷、希、微）的内容。不谙汉语的克拉邦德则接过了温迪施曼穿凿生造的说法，并将之演

---

① 转引自卫茂平、马佳欣等：《异域的召唤——德国作家与中国文化》，宁夏人民出版社 2002 年版，第 222 页。

化成所谓的"三声理论"。克拉邦德认为"三"神圣而神秘，是天、地、人，是我、你、他。并且，他还联想到了音乐，也即"声"在中国古代的神圣作用，认为是音乐把天地和人的社会，即帝国统一了起来。这也即是《三声》书名的来源。

在该书的结构安排上，克拉邦德也遵循了"三"的原则。作品分为三章，分别为"希尔维亚或预言""科埃利阿或实现"及"夷、希、微"。前两章中的不少诗句主要赞美道家的无为法则。如第一章中的一首诗这样开始：

> 我诅咒行动，
>
> 它毁灭了这个世界。
>
> 我要有为：善
>
> 成了恶。
>
> 我想有为：正确
>
> 成了错误。
>
> 诅咒善行者，
>
> 他们成了恶行者，
>
> 因为行动本身有害无益。①

第三章则交融着更深的道之辙迹。这一章又分为三个部分，分别以"我""你""他"为题。第一部分中，内容包括社会控诉和对人民的呼唤，在"道"的精神中开启一种新生活。第二部分中，道不仅仅是统御自然界大宇宙的法则，也是支配人类社会小世界的规律。克拉邦德深晓道之无所不在，当他笔下的一位姑娘对她的恋人说"我要和你生个孩子后"，克拉邦德援引了《道德经·六章》中的话，赞美"玄牝"这个万物的始源："谷神不死，是谓玄牝。玄牝之门，是谓天地根。绵绵若存，用之不勤。"第三部分，是对《三声》一书思想的总结：

---

① Schuster, *China und Japan in der deutschen Literatur 1890—1925*, Bern: Francke, 1977, S. 152. 译文引自卫茂平：《中国对德国文学影响史述》，上海外语教育出版社 1996 年版，第 389 页。

夷——希——微：

这个神圣的名字或神圣的三声。

它被呼唤为夷——希——微。

夷——希——微：

这是耶和华（Je-ho-va）

夷——希——微：

这是神圣的三位一体：圣父，圣子和圣灵。

神人，人神，人也是三位，成为了上帝：

印度人的菩萨

犹太人的耶稣

中国人的老子。

但老子是他们中的第一位。

在老子身上他首次见到：自己。

然后才是菩萨。

然后才是耶稣。[1]

　　这里，克拉邦德置老子于耶稣之上，足见他对这位中国哲人的倾慕。道家学说令他几近痴迷，写罢《三声》一书的当年，他还在卫礼贤译本的基础上改编了《道德经》。《道德经》一书的思想本就深奥难解，然而克拉邦德在改编中还刻意雕琢，玩起了汉语几乎无法复现的音韵游戏，让人难以称道。关于老子，克拉邦德尚著有叙事诗《老子》，描写了老子的出世，其中不乏自己的发挥，别开生面的是他为老子物色了一位女仆母亲，写了老子的出生。鉴于对中国文化思想的极度钟情，克拉邦德自诩为"老中国人"。

　　表现主义文学在 20 世纪 20 年代中叶以后逐渐退居一隅，但作为一场声势浩大的文学运动，它自然不会倏忽即逝，其余波还荡漾在一些文人墨客的

_____

　　[1] Schuster, *China und Japan in der deutschen Literatur 1890－1925*, Bern: Francke, 1977, S. 153. 译文引自卫茂平：《中国对德国文学影响史述》，上海外语教育出版社 1996 年版，第 390 页。

笔端。早年以表现主义诗歌创作开始文学生涯的卡萨克（Hermann Kasack，1896—1966）在其半百之年写就的小说《大河后面的城市》（1947）还明显带有这一派的遗风余韵。因而，这部诞生于二战废墟之上的作品被评论界称为表现主义的"最后一条支脉"。小说讲述的是主人公罗伯特对冥府的一次造访。罗伯特是位东方学家，一天，他应邀前往大河后面的城市，从事档案管理和编年史工作，那里断瓦残垣，废墟一片。他在那里看到了不少荒诞离奇的景象。在遇到死去的情人安娜后，罗伯特才发现自己处于死亡之城，这是界于生死的中间地带，是"死亡之国的前庭"。他后来返回人间，但这里已是满目凄凉，与冥府无异。最后，他再次越过大河，进入那似曾相识的死亡之国。尽管小说情节离奇，描写怪诞，然而战争的残酷、人世的虚无等示意不难看出，战后德国人民对死者的怀念及对历史的追思。这部作品中，东方具有举足轻重的地位。小说所安排的 33 位"世界卫士"除了荷马、苏格拉底、莎士比亚、叔本华、歌德等西方名人外，还有中国哲人和诗圣：老子、孔子、庄子、李白、孟子、墨子、朱熹等。纵观整部小说，可以看出中国道家思想，诸如两极对立统一、变易循环、自然顺道等哲学理念贯穿整部作品的始终，对东方精神的探寻可以说是小说的旨趣所在。可见，《大河后面的城市》既是德国战后文人的一次深刻剖白，也是寻找东方智慧荫庇的又一次精神朝圣。关于中国，卡萨克还写有《艺术中的中国》（1941）一文，文章谈及音乐、绘画、诗歌、哲学等各方面，在对中西文化进行比较的基础上，讨论了中国思想文化的种种特点。其中，在阴阳母题统帅下的对立统一思想则是贯通全书的主题。可见，《大河后面的城市》一书中的中国思想，在这篇文章中已显端倪。

可以看出，在这一时期的德国表现主义文学中，道家思想的影响是广泛而深刻的。上文我们提到，道家思想在德国文学中的出现，是出于德国社会在第一次世界大战后文化重建的精神需要。他们从古老的东方思想中找到了与新的社会文化心理相契合的因子。表现主义就其本质而言是唯心主义的，它关注灵魂的自由，怀疑看得见的外部事物即客观现实的真实性，认为唯有主观体验才是真实的，具有非理性和神秘主义的色彩。这一点上，它与道家思想有着相似的思想基础，所以两者的一拍即合也就不难理解。当然，表现主义对道家思想中的神秘主义的认识与借鉴并非其终极目的，正如我们反复提及的，是德国战后文化重塑过程中的一种精神运动，然而这并不意味着要让中国文化来接替本土文化，究其实质是对中国文化的美学意味的一种追求。就西方的文化传统而言，理性主义一直是其主流思想。理性被认为是万能的，并由此产生了科学和精神自由，造就了近代西方的进步和工业文明。理性的胜利造就了西方人的文化优越感，从而形成了以西方中心主义为基础的本位文化心理。而道家思想中的非理性和神秘主义色彩与西方传统的理性主义则是相悖的，这就决定了它对德国文化不能产生持续的、根本性的影响。随着 20 年代中期德国社会的逐步稳定和国家经济的巩固，一度被德国知识分子怀疑的理性主义逐渐得到了回归，东方的这种神秘主义思想就不可避免地招致了西方强大的本位文化心理的疏离，表现主义运动也就失去了其冲击力而走向了衰微。

第三节　道家思想与布莱希特、黑塞

一、布莱希特的老庄情愫

布莱希特是 20 世纪德国最负盛名的戏剧大师和诗人。他一生经历了两次世界大战，由于反对纳粹政权而长期流亡国外。在长达 15 年的流亡生活中，创作了大量作品。布莱希特对中国文化的爱好和对中国的执着感情，使其思想和创作与中国文化结下难解之缘，其作品闪烁着鲜明的中国哲学、伦理和美学的光芒。布莱希特对中国古典哲学有着浓厚兴趣，他对孔子、老子、庄子、墨子都做过研究。目前学界普遍认为，对布莱希特影响最大的中国哲人是墨子，这有误读之嫌。事实上，若论布莱希特最为关注的中国哲人，就其整个创作而言，并非墨子，而推老庄。

早在 1920 年，布莱希特就与德国表现主义作家克拉邦德结识，这是他与中国关系的重要环节之一。克拉邦德改编的《灰阑记》所体现的中国文化让布莱希特感触颇深，这引发了他学习中国文化的极大热情。就在这一年，他在友人瓦尔绍尔的推荐下研读了《道德经》，并对老子哲学产生了浓厚兴趣，这也是他以后进一步接触中国文化思想的重要前提。布莱希特把自己的流亡比作老子出关，在流亡的日子里，他的床头总是挂着一幅中国画，上面画的就是老子。布莱希特称画上的老人为"怀疑者"，意即将老子视为他的精神支柱与效法的榜样。关于老子，他于 1938 年写了长诗《老子西出关著〈道德经〉的传说》，突出体现了其对老子哲学的关注。对于老子思想的继承者庄子，布莱希特也十分熟悉。他曾在故事《怪人》中写过这样一段话："这位中国哲学家（即庄子）在壮年时已写下一部十万言书。其中十分之九是引文。这类书我们这里已无人能写，因为缺少精神。"这段话的材料实际上是来自卫礼贤《庄子》译著的前言，其中有："他写下了一部包括有十万字以上的书，其大部分由引文和寓言组成。"① 相较于墨子，老庄思想对布莱希特的影响要广泛深刻得多，纵览布莱希特的作品，无论是诗歌、散文还是剧作，都可看到老庄思想的润泽和影响。

（一）守弱曰强：老子的处世哲学

老子思想中，对布莱希特影响最大的是其"以柔弱胜刚强"之要义。老子学说贵生贵柔，认为守柔处弱才是真正的强大。《道德经·五十二章》就明白指出"守弱曰强"。《道德经·七十六章》讲人之所以能生乃因身体柔弱，死后成僵尸才归以坚强，草木皆同。这是"守弱曰强"的形象诠释。《道德经·七十八章》讲水能攻坚是因其性柔弱，亦同此理。老子以弱胜强的辩证法思想在布莱希特的小说、诗歌、戏剧等不少作品中屡有反映。

布莱希特有一篇名为《反对暴力的措施》的小说，其内容梗概是：考伊讷是个思想者。有一天他公开表示反对暴力。结果话音未落转身就看见了"暴力"。"暴力"问他刚才所言，考伊讷见风使舵，忙改口说他对暴力表示赞成。面对学生的质问，他表示这样做是因"没有脊梁骨来让人打断"的不得已手段。他还给学生讲了这样一则故事以替自己辩护：有个名叫艾格的人会讲"不"。可有一天，家里来了个享有许多国家特权的密探，艾格慑于权

---

①　卫茂平：《中国对德国文学影响史述》，上海外语教育出版社 1996 年版，第 477 页。

势，为他提供食宿七年，但却一言不发。七年时间过去，密探终于一命呜呼。艾格先生遂卷铺盖扔人，将自家整理一新，并长出了一口气，说了声："不。"这则故事中考伊讷先生见风使舵，他面对"暴力"不讲原则的行为虽有贪生怕死之嫌，但不妨美其名曰求生策略。这似乎得益于老子的一句"坚强者死之徒，柔弱者生之徒"（《道德经·七十六章》）的教诲。考伊讷为了替自己辩护而讲的一则关于艾格的故事，其要旨也如出一辙。布莱希特在短短的一则故事中，把老子"坚强处下，柔弱处上"（《道德经·七十六章》）的道理巧妙地处理了两次。作为特殊境遇中以图来日的一种策略，布莱希特对老子的这一观点显然是肯定多于否定的。

老子以弱胜强的辩证法思想在布莱希特的其他许多作品中得以体现。如诗歌《为格林树晨祷》（1921）中的一些诗句：

> 您为生存进行了艰苦卓绝的斗争，
> 兀鹰也对您表示"关心"。
> 而我却深知：正是因为您顺从，
> 今天早晨您才依旧昂首挺胸。①

诗中的树刚经历了一场风暴的袭击，正因为有柔弱的形体，能够随风摇摆，才得以在第二天依旧"昂首挺胸"。布莱希特早期剧作之一是《在密集的城市中》（1921—1923）。故事发生在芝加哥，主题是现代人的孤独、异化及人际关系的商品化。主人公施林克原是个中国人，名叫王仁，曾在扬子江畔摇船为生。他现在虽然远离家乡，剧作还是不断强调了他的黄皮肤及吃米饭的习惯。剧中人物间有一段对话。约翰："自我见到你以来，我只看到软弱，此外什么也没有。走吧，离开我们。他们为什么不该把这家具搬走？"加尔加："我曾读到，弱水能把它连同整个大山卷走。"布莱希特此处涉及的显然同样是老子"柔弱胜刚强"的思想。

在长诗《老子西出关著〈道德经〉的传说》中，布莱希特突出表现了

---

① ［德］布莱希特：《布莱希特诗选》，阳天译，湖南人民出版社 1987 年版，第 7 页。

他对老子思想的关注。老子出关的故事是这样的：老子在晚年由于怜惜同情穷人而受到恶势力迫害，被逼逃亡出关，面对残酷的生存现实，老子于亡命途中大悟"天之道"和"人之道"之不同，并相信"弱水终能战胜顽石，善良终能战胜邪恶""天下莫柔弱于水，而攻坚强者莫之能胜"（《道德经·七十八章》），写下了流芳百世的《道德经》。这段故事见载于多种《道德经》德译本，故布莱希特较为熟悉。布莱希特 1933 年起流亡国外，该诗写于丹麦。很明显，布莱希特写老子流亡而著《道德经》，实际上即是借以明志。其命运与老子极为相似，他重忆老子"流亡"之身世，想必有同病相怜之感，而老子柔弱胜刚强的思想也为他提供了胜利的希望。诗中"运动中的弱水 / 会逐渐制服强大的石头"句就是这一思想的流露，表现了他战胜法西斯的乐观主义战斗精神。当然，在这首诗歌中，布莱希特不囿于材料，而是作了想象性发挥，强调了老子的虚怀若谷。《道德经》中有："致虚极，守静笃。"（《十六章》）老子在生活体验中，看到纷繁万物终要返本，即由动返静。所以他反对喧嚣的人事，追求原初的静逸。布莱希特的诗作对老子形象的刻画与老子"清虚以自守，卑弱以自持"的处世态度甚符。

布莱希特还创作了名剧《伽利略传》（1938），他对伽利略这个人物进行了重新塑造，并以此表达出他所赞誉的老子哲学。剧中人物伽利略在宗教法庭上认罪，宣布放弃自己的学说。他对科学的笃诚信仰虽因其"变节"而受到了质疑，但最终得到了他的高足安德雷亚的理解，并将之视为一种更高层次的"新的伦理学"。安德雷亚说："您在敌人面前把真理隐藏起来。在伦理学的范畴，您也超出我们几百年。"①面对宗教法庭的淫威，伽利略没有反抗，而是忍辱负重、委曲求全。仔细琢磨伽利略的行为，可以看出，这很可能是老子的守柔处弱思想在布莱希特作品中的又一次变体。正如有论者所言："伽利略在宗教裁判上的背叛行为，正是老子'贵柔'的思想在布莱希特作品的一次变奏。"②

---

① ［德］布莱希特：《伽利略传》，见《布莱希特戏剧选》（下），潘子立译，人民文学出版社 1980 年版，第 126 页。

② 陈世雄：《布莱希特与中国传统文化》，《福建艺术》2000 年第 6 期。

（二）有用之患：庄子的人生智慧

庄子哲学与老子哲学一脉相承，但也有其独到之处。特点之一，就是把老子哲学中一系列相反相成的辩证法命题推向了极端，成为正反相同、万物齐一的相对论。其中忘乎物我、不分人己的境界，往往是通过无为持平、静心坐忘等来实现的。布莱希特从青年时代就投身社会，其创作具有鲜明的入世特点。他显然看出了庄子哲学中超脱人世、游离现实的思维倾向，并就这点表示了拒绝。但并不意味着他对庄子的全盘否定，他虽不喜庄子理论的超然人事，却在自己的创作中借鉴了庄子寓言中的个别母题，从而使他的一些剧作闪烁着庄子思想的火花。

对布莱希特的艺术思维给予诸多启示的是庄子的"无用之用"，尤其是"有用之患"思想。这在其剧作《四川好人》和《大胆妈妈和她的孩子们》中有鲜明体现。《四川好人》（1940）是一部富有哲理的寓言剧，充满虚构幻想的情节。该剧讲了三个神仙从天而降，在中国四川寻找好人。但因这个世界已经世风日下，神仙们四处碰壁，遍寻不着。最后，他们找到了妓女沈黛。沈黛殷勤接待，神仙给了她一千银圆以示答谢，并鼓励她继续做一个好人。沈黛拿到这笔钱后从良开了一家烟店。小店开张不久，亲朋好友、街坊邻居的索要，所爱之人的欺骗，使她濒临破产。走投无路的沈黛不得已扮成严厉苛刻的表哥霍达，才得以重振生意。剧中替神仙和沈黛牵线的是卖水人老王。老王卑下委顺，颇有老子"弱水"之特性。一天，他梦遇神仙，向他们讲述自己的一次奇遇。说他在一间和尚遗弃的茅屋中偶得一书，书中记载了这么一件事："在松县

图 2-1　布莱希特剧作《四川好人》剧照

有个地方叫做荆棘坪。坪上长着古梓树、柏树、桑树……这些树，围粗一两尺的，平民百姓砍去做狗笼；围粗三四尺的，乡绅老财砍去做棺材；围粗七八尺的，达官贵人砍去造别墅、做横梁。哪一棵也甭想尽其天年，全都夭折在斧锯之下。这就是有用之材的厄运。"① 该故事其实出自《庄子·人间世》里的寓言："宋有荆氏者，宜楸、柏、桑，其拱把而上者，求狙猴之杙者斩之；三围、四围，求高名之丽者斩之；七围、八围，贵人富商之家求樿傍者斩之。故未终其天年，而中道已夭于斧斤。此材之患也。"庄子哲学的要义之一是说，人最好不为世用才能终其天年，否则厄运难逃。就在这则寓言中，还有这么一句话："人皆知有用之用，而莫知无用之用也。"在这句话之前，另有一个小故事，讲一个身患残疾的名叫"疏"的人，因为身体畸形而躲过了兵役，这就是无用之用的实例。而布莱希特所引用的这个寓言视角与庄子却相反，谈有用之材，中道难遇。剧中人物沈黛虽是烟花女子，却有菩萨心肠，是神仙在凡世觅寻到的唯一好人。然而，沈黛在生活中却到处碰壁，被迫卖掉烟店，还失去了爱情。借助庄子的这则寓言，有用之患的思想得到了曲折表达。

在戏剧《四川好人》问世之前，布莱希特就完成了剧作《大胆妈妈和她的孩子们》（1939）。在为大胆妈妈那坎坷的遭际深深震撼的同时，我们也感受到了辛酸的人生背后那深沉的哲理之光。大胆妈妈是个携儿带女、拖着大篷车随军做生意的女人。她爱子甚深，但又贪图赢利，误入战争魔穴，最后却落得白发人送黑发人的结局。在先后失去了亲子爱女之后，孑然一身的大胆妈妈揣着一颗沥血之心继续在战争的魔鞭下匍匐前行。追思剧中人走向毁灭的道路，不难发现，《四川好人》中出现的"有用之患"思想在此剧中即展露了端倪。这首先含蓄地体现在大胆妈妈三个孩子的命运中。大胆妈妈有三个孩子，他们都有着纯良的品性：大儿子哀里夫聪明勇敢，二儿子施伐兹卡司憨厚老实，女儿卡特琳善良纯朴。但这不足以告慰饱经沧桑的母亲，相反，她认为这都是招致灾难的"可怕的特性"② 。她这种基于对世事洞察之上

① ［德］布莱希特：《四川好人》，黄永凡译，中国戏剧出版社 1985 年版，第 96 页。

② ［德］布莱希特：《大胆妈妈和她的孩子们》，见《布莱希特戏剧选》（上），孙凤城译，人民文学出版社 1980 年版，第 292 页。

的忧虑最终变成了现实，三个孩子均如"有用之材"那样，身遭厄运。剧中大胆妈妈另有一段台词，我们可以领略到她由艰难困苦铸就而成的人生智慧。一天，哑女卡特琳受到欺侮破了相，怕留下疤痕，大胆妈妈安慰说："不会留下疤来的，即使有疤我也并不在乎。那些专门讨男人欢喜的人的命是最苦的了。她们为男人玩弄，直到她们死掉……这就像那些长得笔直挺秀的树木，它们常常会被砍去当屋梁用，那些长得曲曲扭扭的树反而可以安安稳稳地欢度年华。所以留了个伤疤还真是福气呢。"① 女儿额头上留下伤疤，在大胆妈妈眼里却有"塞翁失马，焉知非福"的道理。而她关于树木的比喻，则隐约流露出与庄子寓言的亲缘关系。只不过较之《四川好人》中显眼的长篇摘引，这里含蓄了许多。与前剧所引内容相比，大胆妈妈的上述言语中又多了一层含义，除了讲有用之患之外，还讲了无用之材得以尽其天年。对一段寓言变化复用，足见布莱希特对庄子的钟情与专注。此外，布莱希特还从西方传统文化中旁征博引，以印证东方哲理。剧中的一位厨师就有一段唱词，唱词中讲了"智慧的所罗门""勇敢的凯撒""正直的苏格拉底""圣徒马丁"等"好人"，但他们最后都不得善报。这里，布莱希特再次让一段中国古代寓言放射出现代批评的光辉。

二、黑塞与道家思想

黑塞是德国后浪漫主义文学的杰出代表，素有"浪漫派最后的骑士"之雅号，1946 年荣膺诺贝尔文学奖，在德国文坛享有崇高声誉。黑塞一生钟情于东方文化，他读过大量中国书籍，写过许多文章评介中国文化，从中国古代文化中，他不断找寻精神慰藉，汲取创作养料，他甚至视中国文化为精神的"故乡"。而在中国文化中，黑塞谈得最多、对他影响也最大的，则是以老庄为代表的道家思想。道家思想不仅影响其生活和思维方式，还广泛浸润其文学创作，成为他构建自身文学审美观的重要精神依据。

---

① [德]布莱希特：《大胆妈妈和她的孩子们》，见《布莱希特戏剧选》（上），孙凤城译，人民文学出版社 1980 年版，第 349 页。

（一）中国文化的浸染

黑塞出生于德国南部的一个小城，他的外祖父及父亲在印度传教多年，母亲也长期居住在印度。家庭环境的熏陶影响，使得黑塞自幼便感染了来自东方异域的气息。他最先接触的是印度崇尚苦行的佛教，其后通过卫礼贤的译著，接触了大量中国典籍。他曾在自己的家庭图书室里建立了一个"中国角"，并在多篇文章中提及。该角落专门摆放东方书籍的德译本，其中收藏的中国书籍可谓包罗万象，包括《诗经》《论语》《道德经》《庄子》《易经》《孟子》《吕氏春秋》《东周列国志》《中国抒情诗》《中国民间传说》《聊斋志异》《今古奇观》《水浒》等，可见其对中国文化的浓厚兴趣。在"烽火连三月"的岁月里，"中国角"曾对他起了精神避难所的作用。他曾在《关于中国的思考》（1921）一文中这样描述："我走到我图书室的中国之角，一个美好、和平、幸福的角落，在这些古老的书籍中经常能够发现适于当今的东西，这真是非常奇怪。在那可怕的战争年代，我多少次在这儿找到予我慰藉予我支撑的思想啊！"[①]

黑塞在所有东方文化中，事实上最偏爱中国。从 1907 年发表第一篇书评《论〈中国的笛子〉》开始，至 1961 年的诗歌《禅院的小和尚》问世，一生从未停止对中国文化的研读与撰写，范围更是涉及文学、音乐、哲学、宗教、艺术等多领域。尽管他直接塑造中国形象的作品不多，但中国因素却是他许多著作的重要内容。在中国文化中，黑塞谈得最多、对他影响最大的则是道家思想。第一次世界大战前后，德国风行一股"老子热"，并波及整个欧洲。黑塞对此这样描述道："中国的老子，之前两千年在欧洲无人知晓，在过去十五年里有了欧洲各种语言的翻译本，《道德经》几乎成为时尚书籍。德国方面，卫礼贤做了大量翻译，将中国古典文学和哲学介绍过来，数量之多史无前例……中国古老的智慧和艺术不但进入欧洲的博物馆和图书馆，也进入追求精神生活的青年的心。在过去十年里，对于被战争搅动得不知所措的德国好学的青年，影响最大的除了托斯妥耶夫斯

---

① 　[德]孚克·米歇尔斯编选：《黑塞之中国》，谢莹莹译，人民文学出版社 2011 年版，第 102 页。

基就是老子。"① 黑塞是当时这股老子热的助推者之一，他对老子的钟爱，我们可从他的私人藏书窥见一斑，在他的"中国角"中，《道德经》德译本数量最多，有十二种以上的不同版本，其中包括林语堂辑录的《老子》的转译本。②

早在 1907 年，他父亲就把中国哲人老子推介给了黑塞。黑塞还较早接触了亚历山大·乌拉尔（Alexander Ular）以及尤利乌斯·格里尔（Julius Grill）不同的《道德经》译本。尤利乌斯·格里尔 19 世纪 70 年代中期在黑塞故乡卡尔夫镇当牧师，与黑塞家关系良好，他于 1910 年翻译出版过评注本《老子道德经》。黑塞为之写过书评《东方智慧》在《慕尼黑报》发表，书评对老子的价值给予了充分肯定："著名的东方哲学家中，无一人的伦理观像老子那样与我们西方雅利安人的伦理观如此接近。印度那钻牛角尖的避世哲学近来有不少人研究，与之相比，中国的智慧实际单纯得多，与西方变质的奇思异想的旁门左道相比，我们深感羞愧，这位古代中国哲人的思想更加清楚地认识到根本价值，更加有的放矢地为人类的发展做出有益的贡献，而我们许多西方人的哲学已经远离本能，成为无序的专门家哲学了。"③

在道家哲学中，黑塞除了阅读和研究过老子的《道德经》外，还仔细研读了道家哲学的另一代表人物庄子的作品，其中包括犹太哲学家马丁·布贝尔（Martin Buber，1878—1965）编选的《庄子的言论和寓言》（1910）和卫礼贤翻译的《庄子》（即《南华真经》，1912）。在 1912 年发表的报刊评论中，黑塞毫不掩饰对庄子的喜爱之情："马丁·布伯尔两年前编辑出版了一本小册子《庄子之言论与寓言》，当时我们心存感激，对于了解中国精神，那是一个绝佳的贡献，其文学上和思想上的深度深深触动了我们……如今，对中国古典素有研究的行家、以作风严谨工作细致著称的翻译家卫礼贤，出版了未加删减的《庄子》……我所读过的中国思想家的著作中，《庄子》最引人

① ［德］孚克·米歇尔斯编选：《黑塞之中国》，谢莹莹译，人民文学出版社 2011 年版，第 107—108 页。

② 张弘、余匡复：《黑塞与东西方文化的整合》，华东师范大学出版社 2010 年版，第 8 页。

③ ［德］孚克·米歇尔斯编选：《黑塞之中国》，谢莹莹译，人民文学出版社 2011 年版，第 121 页。

入胜。"①

在所接触的大量中国文化典籍中，黑塞自视《道德经》和《庄子》为最重要，对此他曾明确表示，"对我重要的东方书籍有：《薄伽梵歌》、《佛经》、德森的《吠檀多经》、《吠陀的六十奥义书》。奥登贝格的《佛陀传记》、《道德经》（所有的德语译本我都读）、《论语》、《庄子》。"② 他还直言老子对他的启发影响："长期以来，老子成了启发我的重要人物。"③ 在其自传里，他甚至进一步指出："在西方哲学家中，对我影响最大的有柏拉图、斯宾诺莎、叔本华和尼采，还有历史学家 J．布克哈德对我也有影响。但他们对我的影响都不及印度和中国的哲学对我的影响那么大。"④ 黑塞这里所说的"中国的哲学"，指的就是以老庄为代表的中国道家思想。

（二）黑塞作品中的道家色彩

黑塞在古代中国的徜徉与他对印度哲学的研究是并行不悖的，在他看来，中国智慧与印度思想相辅相成，构成了他理想的东方世界。这一东方精神世界又与他身处其间的西方一极互为补充和参照。黑塞的思想体系融汇了这两大文化形态，他在 1937 年的一封信中这样写道："我内心充溢着对秘密的感悟，这种感觉时而来自佛陀，时而源自《圣经》，时而由老庄激发，时而又由歌德或其他诗人点拨而来。"⑤ 中国的古老智慧，尤其是以老庄为代表的道家思想不时触发着其创作灵魂，从而使其作品闪烁着东方之"道"的智慧光芒。

---

① ［德］孚克·米歇尔斯编选：《黑塞之中国》，谢莹莹译，人民文学出版社 2011 年版，第 126—127 页。

② ［德］孚克·米歇尔斯编选：《黑塞之中国》，谢莹莹译，人民文学出版社 2011 年版，第 106 页。

③ ［德］孚克·米歇尔斯编选：《黑塞之中国》，谢莹莹译，人民文学出版社 2011 年版，第 105 页。

④ ［德］黑塞：《黑塞自传》，黄道生、孙叔林译，见刘硕良主编：《诺贝尔文学奖作家传略》（上），漓江出版社 2013 年版，第 173 页。

⑤ 转引自卫茂平等：《异域的召唤——德国作家与中国文化》，宁夏人民出版社 2002 年版，第 244 页。

1. 万物源道的人生悟境

道家思想的核心与最高范畴是"道"，在哲学本体上，"道"是宇宙本原与万物之始，世界万物都起源于"道"。"有物混成，先天地生。寂兮寥兮，独立不改，周行而不殆，可以为天下母。吾不知其名，字之曰道。"（《道德经·二十五章》）"道者，万物之奥。"（《道德经·六十二章》）此"独立不改、周行不殆"之"道"产生天地万物，"道生一，一生二，二生三，三生万物"（《道德经·四十二章》）。道又分为天道与人道，道家认为人与天地共同滋养万物，主张天人并生、物我同一，崇尚"天人合一"的人生化境，即所谓"天地与我并生，而万物与我为一"（《庄子·齐物论》）。

黑塞对道家思想的接受首先是从"道"的哲学本体上去把握的。他在早年推介老子时就明确指出老子之"道"是"一切存在的根源"和一种"哲学体系"①。黑塞对"道"之本体论的把握，给其认识世界、理解人生提供了另一扇门户。在其早期小说《克林格梭尔的最后之夏》中，黑塞借杜甫（实为黑塞的化身）为李白（克林格梭尔以李白自居）的赠诗为传声筒，表达了自己的心声：

> 生命之树的绿叶凋零
> 一片接着一片。
> 噢，彩色绚丽的世界，
> 你怎能令人百看不厌，
> 怎能令人乐而忘返，
> 怎能令人如痴如醉！
> 今天花儿还怒放盛开，
> 不久便凋落枯萎。
> 很快，风儿也呼呼地
> 吹过我棕色的坟茔，

---

① ［德］孚克·米歇尔斯编选：《黑塞之中国》，谢莹莹译，人民文学出版社 2011 年版，第 118 页。

> 吹过小小的婴儿，
>
> 那母亲正俯身呵护。
>
> 我愿再望入她的双眸，
>
> 她的目光是我的星星，
>
> 世上的一切都可以消散，
>
> 一切都要死亡，也乐意死亡。
>
> 唯独永恒的母亲永存，
>
> 我们全都来自于她，
>
> 在那飘忽的空气之中，
>
> 她用嬉戏的手指，
>
> 写下了我们的名字。①

诗人慨叹韶光易逝，一切都趋于消散和死亡，而"唯独永恒的母亲永存"，从这产生万物的"永恒之母"之形象，我们可以明显看出道家思想的色彩和中国式黑塞的存在。黑塞关心个人内心与外在世界的和谐统一，也即个人内心之"得道"，进而将本体论之"道"引入个人的精神世界。在其东方题材小说《悉达多》中，悉达多的人生导师和精神向导老船夫瓦苏代瓦本即是与大自然浑然一体的"自然人"，他热爱世间万物，深谙万物统一之道，并教化悉达多用心灵倾听生命之河的声音而悟道，自己最终归隐山林，与自然融为一体，从中我们可以看到一位欧洲式老子的形象。人与自然的统一以及"万物同一"是《悉达多》这部小说所表达的核心思想，而这正是中国传统道家思想的深刻体现。正如黑塞自己所言，这部小说虽启程于印度的婆罗门和佛陀，却结束于中国之"道"。

2. 对立统一的辩证思维

对立统一是道家哲学思想重要的组成部分。老子认为，任何事物都有自己的对立面，它们相反相成，互为因果，因此他提倡从对立矛盾中探索事物

---

① ［德］黑塞：《婚约：黑塞中短篇小说选》，张佩芬、王克澄等译，上海译文出版社2006 年版，第 477—478 页。

的发展规律。老子的对立统一思想深深浸润了黑塞，他在 1954 年给一个读者写道："对于我这样一个既受基督教——新教教育，又受到印度和中国训练的人来说，不存在世界的两分和人的对立。对我来说，超越矛盾和矛盾后的统一是首要的信条。我当然不否认这种可能，即建立'积极'和'沉思'这种模式……是存在着积极和沉思，但他们后面是统一。对我来说，真正活跃和在可能情况下可作范例的，是还有两种对立的信条。"①

对立统一思想不仅是黑塞思维方法的一个基本特色，也是其创作的基本出发点和一以贯之的主脉。在其小说创作中，事物矛盾的展现常通过人物进行布局，许多情况下都有一对主人公出现，他们分别代表着事物的两极。但黑塞不局限于展现两极的对立，更崇奉矛盾的统一，这在他的作品特别是中晚期作品中表现得尤为突出。作品中彼此对立的人物最后都成为朋友，彼此能在对方身上找到自己的另一半，两人有机交融，互为一体。在其代表作《荒原狼》中，主人公哈勒尔这个逃到城市里的"荒原狼"是一个人兽一体的人，他内心有人性，也有兽性，他憎恨自己的不纯粹，痛苦于灵魂中无休止的人与狼的厮杀，苦苦找寻存在的意义，他代表了精神王国。黑塞在刻画哈勒尔这个形象的同时，还塑造了一个对极，即风尘女子赫尔米娜。赫尔米娜浑浑噩噩，沉湎于感官享受和情欲之乐，她代表着自然王国。两人相辅相成，彼此互补，正像姑娘所说："我需要你，正像你需要我一样……你需要我，好去学会跳舞，学会大笑，学会生活。我需要你，并不是为了今天，而是为了以后。"② 赫尔米娜的这番剖析，正是道出了两极互为参照、互为补充的思想。另一名篇《纳尔齐斯与歌尔德蒙》塑造了两个修道士，主人公纳尔齐斯与歌尔德蒙是相互对立的两极，前者按父性原则生活，崇尚理性；后者按母性原则生活，耽于爱欲。两者虽性格迥异，代表的精神截然相反，但彼此又不可或缺，相互补充，都在对方身上发现了自我。故事表层是两个人的经历，深层其实是一个人的独白，两者就是一个人。这里，黑塞通过两个人物形象作比喻，表明自己追求的一种理想的人生境界，那就是精

---

① 转引自卫茂平：《中国对德国文学影响史述》，上海外语教育出版社 1996 年版，第 437 页。

② ［德］黑塞：《荒原狼》，赵登荣、倪诚恩译，上海译文出版社 1992 年版，第 101 页。

神与情感、知识与爱情、理性与感性的和谐统一，这样的人生境况才是完美的。黑塞在其他作品中多有这种两极思维的彰显，成为其创作的重要美学特色。

3. 上善若水的处世态度

守弱是道家立身处世的原则。老子认为，事物在弱小时生机勃勃，一旦发展壮大就近于死亡。"故坚强者死之徒，柔弱者生之徒。"(《道德经·七十六章》) 而天下最柔弱的东西，老子认为就是水，水具滋养万物之品性，但它却甘于平静，不与万物争利争荣。水的这种"不争"品性，老子认为最接近于得"道"。"上善若水，水善利万物而不争，处众人之所恶，故几于道。"(《道德经·八章》)

黑塞在其作品中塑造了许多具有"水"之品格的圣人形象。小说《悉达多》中，古印度贵族青年悉达多英俊聪慧，为了追求心灵的安宁而放弃锦衣玉食的生活，孤身一人离家周游开启求道之旅。在历经人生之苦与自我的迷失后，他抛弃世俗的一切来到水边，在绝望的刹那听到了生命之河声音的永恒，最终领悟了世间万物的本质而得"道"。这里的河水实际上具有丰富的象征意义，它象征着老子所谓的同一之"道"。悉达多甘当一位服务于人的船夫，毕生摆渡普济众生，以谦逊和大爱服人，最终被奉为圣贤。老子云："江海所以能为百谷王者，以其善下之，故能为百谷王。"(《道德经·六十六章》) 悉达多虽是一个印度形象，但他甘处卑下，以柔克刚，其思想和行为更似古代中国圣贤。正如黑塞在给斯蒂芬·茨威格的一封信中所言："我的圣人穿的是印度服装，但是他的智慧却更接近老子，而不是乔答摩……我经常汲取这一源泉以丰富自己。"①《东方之旅》的主要人物雷欧也具有水之品性，他低调谦逊、不为人先、甘为人梯的品质很符合道家的"圣人"思想。雷欧虽是盟会这个团体的领袖，但却以仆从的身份出现在团体中，他平和自然，处处帮助他人，尽显低调内敛的风格，深受盟会所有成员的爱戴。他还从事过指甲修剪、足部按摩、康复护理以及药草疗养等诸多服务工作，正如老子所谓的"上善若水"。他的领导理念是"统治等同于服务"，不用过多的

---

① 张佩芬：《从〈席特哈尔塔〉看黑塞的东方思想》，《外国文学评论》1987 年第 3 期。

言辞说教，而是通过身体力行予以引导，这与道家"圣人处无为之事，行不言之教"（《道德经·二章》）之思想也非常吻合。

4.循环齐一的生死之道

道家思想认为，生与死是齐一的，二者相互依存、相互转化。"方生方死，方死方生"（《庄子·齐物论》）"生也死之徒，死也生之始。孰知其纪？人之生，气之聚也。聚则为生，散则为死。若死生为徒，吾又何患？故万物一也。"（《庄子·知北游》）在道家看来，"生死"只是一种自然现象，恰如黑夜与白昼相互交替，死亡并非结束，而是新生的开始，故要淡然处之，乐生乐死。

黑塞在苦闷彷徨的中年时期深受道家生死观的影响。这表现在他的中篇小说《克林格梭尔的最后之夏》中。这篇小说是一曲个人与社会的没落与新生之歌，在第五篇章《下沉》中，黑塞通过人物对话，转述了道家的"生死相依"思想。当亚美尼亚占星家言及西方的"下沉"并不存在，只是"存在于人的头脑里"的"假象世界"后，克林格梭尔似乎明白了什么，答道："你是一个来自东方的使者……你到了这里，因为这里正在开始自己的终结，因为你在这里闻到了下沉的气味，而我们乐意下沉，你懂么，我们乐意死，我们不反抗。"[1] 而那个亚洲人笑着接着说道："你倒不如说，我们乐意新生。""在你看来是下沉，在我看来也许却是新生呢。"[2] 这里黑塞借一位"东方使者"之口，表达了他独特的"西方没落"思想，在他看来，没落不等于毁灭，而可能是一个新的开始。1941 年，黑塞在长期的病痛折磨之后创作了诗歌《阶段》，该诗把生命描述为一个过程，这个过程的各阶段都是循环轮回，生生不息。所有的事物都会有死亡的一天，"正像花儿都要枯萎，青春都要让位于老年，一生的各个阶段，各种智慧、各种德行也都有它的盛时，不能保持永远"[3]。然而"死亡"并不意味着"结束"，而是一种"新生"

---

① ［德］黑塞：《婚约：黑塞中短篇小说选》，张佩芬、王克澄等译，上海译文出版社 2006 年版，第 371 页。

② ［德］黑塞：《朝圣者之歌：黑塞诗歌散文集》，谢莹莹编，中国广播电视出版社 2000 年版，第 372 页。

③ ［德］黑塞：《黑塞抒情诗选》，钱春绮译，百花文艺出版社 1989 年版，第 234 页。

的开始。对于事物的消亡，我们无须过于悲伤，而应时刻准备"告别过去，迎接新的开始"。诗的结尾这样呼唤道："哪怕死亡的时刻会把我们重新送往那些新的空间，生活也不会停止向我们召唤……好吧，心啊，告别吧，保持壮健！"① 从《阶段》这首诗中，再次看到其受到了庄子的"死生如昼夜"（《庄子·至乐》）的生死循环观之影响。

除了上述几方面以外，道家的其他精神智慧也给黑塞留下了影响的痕迹。《东方之旅》叙述一传奇式的朝圣活动，小说开始时写道："我同意悉达多——我们这位来自东方的智友，他有一次说：'文字不能够把思想表达得很好。每件事情都立刻变得有点儿不同，有点儿歪曲，有点儿愚蠢。然而，对于一个人具有价值和智慧的事物，对于另一个人却似乎是毫无意义，这也令我高兴，并且似乎是理所当然的'②。"这里提到的"悉达多"即是上文同名小说中的主人公，该段文字也直接引自《悉达多》，从中可以看出其所受道家思想两个层面的影响。一是真理不可言说的神秘性，即所谓"道可道，非常道；名可名，非常名"（《老子·二章》）。二是因人而异的相对性思想，《庄子》一书中《秋水》和《齐物论》中的多篇寓言，都说明了一个道理，即认知条件不同，得出的结论各异。黑塞于 1911 年写的《东方智慧》中也摘录了卫礼贤翻译的《老子》中表现相对性的最后一章："信言不美，美言不信。善者不辩，辩者不善。知者不博，博者不知。圣人不积。既以为人，己愈有；既以与人，己愈多。"其作品中塑造的不少人物，如音乐大师的木讷、盟会领袖雷欧的"善下之"、老船夫瓦苏代瓦的"知者不博"等，对此似乎是深刻的诠释。此外，在小说《德米安》中，黑塞描写了一只雀鹰，在新克勒踏上战场，走向死亡的前夕，"一只巨大的鸟，它挣脱了纷乱的蓝云，扇动着巨大的翅膀消失在天空深处……"③ 这与庄子笔下《逍遥游》中"水击三千里，抟扶摇而上者九万里"的大鹏如出一辙，实际包含着与中国大鹏相似的挣脱羁绊、勃兴蔚起的象征意义。

---

① ［德］黑塞：《黑塞抒情诗选》，钱春绮译，百花文艺出版社 1989 年版，第 234 页。

② ［德］黑塞：《东方之旅》，蔡进松译，上海三联书店 2013 年版，第 57 页。

③ ［德］黑塞：《梦系青春：青年辛克莱寻找"夏娃"的故事》，王卫新译，同济大学出版社 1989 年版，第 136 页。

（三）精神王国的自我追寻

黑塞对东方文化的关注固然离不开其家庭环境的影响，但更有着特定的社会文化根源。

第一次世界大战前后的一二十年间，随着西方所面临的文明危机的日益加剧，西方人陷入了强烈的精神迷惘之中。在"世纪末"的悲凉气氛之中，西方许多有识之士出于对西方文化"没落"的失望，将目光纷纷投向古老的东方文化，试图从东方这"世外桃源"中觅寻自己的精神养料和救治西方文化弊端之良方，从而掀起了一股"东方文化救世论"思潮。黑塞远离欧洲这块精神沙漠的大陆，而驰骋于东方的精神王国，即是这样一种努力。他把中国文化精神喻为其"精神的避难所"，在《我爱读的书》（1945）里这样写道："那令人惊叹的中国文学以及中国本色的人性观和人类精神，对我来说，不只是可爱的珍贵事务，还远远超过这一点，变成了我精神上的避难所和第二故乡……透过卫礼贤的译本，认知了我生活上不可或缺的东西——贤者与善人的中国道家理想。我不懂中国话，不曾到过中国，却幸运地越过了两千五百年，在中国古代文学中找到自己预感的化身、精神上的氛围与故乡。"①

黑塞认为只有中国圣贤能够拯救欧洲的灵魂，他把中国思想的传播看作一个思想任务。黑塞很看重老子的作用并大力提倡，他在 1911 年的书评中写道："至今为止，我们很少知道中国产生过伟大的哲学家和伦理学家，他们的认识对于我们而言，与古希腊先贤、佛陀和耶稣的教诲同等珍贵……我指的是老子，他的教导保存在《道德经》中。"② 他还于 1919 年在《Vivos voco》杂志上呼吁："我们迫切需要的智慧在《老子》里，把它译成欧洲语言是我们当前唯一的思想任务。"③ 他将希望寄托在年轻一代身上，在 1926 年所写的一篇文章中说，自一战爆发的过去 10 年里，对德国青年影响最大

① ［德］孚克·米歇尔斯编选：《黑塞之中国》，谢莹莹译，人民文学出版社 2011 年版，第 132 页。

② ［德］孚克·米歇尔斯编选：《黑塞之中国》，谢莹莹译，人民文学出版社 2011 年版，第 118 页。

③ ［德］黑塞：《克林格索尔最后的夏天》，胡其鼎译，《外国文学季刊》1983 年第 4 期。

的除了陀斯妥耶夫斯基就是老子。黑塞认为这意义重大，因为这样的青年虽是少数，却是举足轻重者，因为他们是高等教育中最有天赋、最有意识、最富责任的一群青年。他希望这群青年尽快成长起来。

当然，黑塞垂青东方思想并非出于为其同化或逃逸西方文化之初衷，而是希望经由东方这个"他者"来更好地反观自身，重新认识自我。所以学习的目的是为了有效接受。黑塞在这篇文章中接着说："中国文化和我们西方当前的文化理念正相反，我们应该乐于见到在地球的另一半存在着一个坚固而值得尊敬的反极。如果有人希望全世界都奉行欧洲文化或者中国文化，那会是一种愚蠢的想法。我们应该做的是尊重这外来的陌生思想，没有这样的尊重，人无法学习，无法吸收新思想。我们对东亚，应该至少像我们长期以来对待近东一样，将他当做我们的老师（只要想想歌德是怎么做的）!"① 其实，这不是黑塞第一次提出这样的思想，早在 1921 年的文章中就有过类似表述，他说："古代的中国思想，特别是道家思想，对于我们欧洲人其实并非远不可及的奇珍异品，他在本质上认可我们，在本质上给我们以忠告并帮助我们。并不是说，这些智慧之书会让我们忽然获得新的、救赎性的对生命的理解，并不是说，我们应当抛弃我们西方文化而去做中国人。然而我们见到古中国，特别是老子，指出一种思想方式，那是我们过度疏忽了的思想方式，我们见到他们培育并看重一些力量，那是我们为了其他缘故长久不加理会的力量。"② 对黑塞而言，道家智慧的重要意义并非缘于时尚，而是有着特殊意义。他是从文化的角度来认识思考对东方思想的接受的，意在以中国文化冲涤一下西方趋于僵化的思维。他在 20 世纪 20 年代初的一篇日记中说得更为直白："我们不可能，也不允许成为中国人，在内心深处也根本不想成为中国人。我们不应该在中国或任何一个往昔的时代找寻我们的理想和生活的最高准则，否则我们将会迷失自我，将会陷于偶像崇拜。我们必须在自身内部探寻'中国'，换言之，探寻那不为我们所知但确实存在于我们自身且

① ［德］孚克·米歇尔斯编选：《黑塞之中国》，谢莹莹译，人民文学出版社 2011 年版，第 108 页。

② ［德］孚克·米歇尔斯编选：《黑塞之中国》，谢莹莹译，人民文学出版社 2011 年版，第 101—102 页。

意义重大的东西，我们要找到它并促使它发挥积极的作用。"①这也道明了黑塞文学创作的宗旨，他的许多作品虽蒙有浓郁的东方色彩，但始终令人感到这是一个欧洲人的探索。

综上可以看出，中国道家思想对黑塞的影响是深远的，黑塞对道家精神智慧的汲取，体现了一种超越时空、超越民族的文化眼光。在那样一个烽火连绵的时代，和当时掉头东顾的西方许多知识分子一样，黑塞之所以一往情深地表现出对中国的极大兴趣，乃是出于"他者"相异性的诱惑和吸引，同时也是另一种找寻自我的方式。然而不管如何，跨越文化的屏障，在东、西方两大文化之间寻找共鸣与平等对话，黑塞当为时代的先行者。

第四节　道家思想与 20 世纪初法国作家

早在 19 世纪，道家思想就在法国得到传播并产生影响，特别是黑格尔对道家思想的推崇为道家思想在西欧的传播起到了重要推助作用。19 世纪后半叶，马拉梅等法国后期象征派诗人就曾受到道家思想的感染。20 世纪伊始，注重自然无为的道家思想在法国文学界的影响更为广泛，在 20 世纪前期的法国现代文学中，克洛岱尔（Paul Claudel，1868—1955）、圣-琼·佩斯（Saint-John Perse，1887—1975）、亨利·米修（Henri Michaux，1899—1984）等作家都曾受到道家思想的浸润。

一、克洛岱尔与道家思想

克洛岱尔是一位寓居中国多年的法国戏剧家和诗人。他曾于 1895 年作为一名外交官被派到中国任职，并在中国先后逗留三次，时长 12 年之久。②

---

① 转引自卫茂平：《异域的召唤——德国作家与中国文化》，宁夏人民出版社 2002 年版，第 271 页。

② 克洛岱尔于 1895 年以外交官的身份来到中国，先在上海任候补领事；1896 年 3 月调任福州副领事，至 1899 年 10 月；1991—1905 年任福州领事；1907—1909 年任天津领事。

克洛岱尔足迹遍布中国大江南北，他虽身为外交官，但更多的是一个诗人，或者更准确地说，是一个天主教精神的诗人。在繁忙的公务之暇，克洛岱尔自由驰骋于文学创作，写就了大量作品。① 克洛岱尔中文并不好，他主要借助西方的译作来了解中国文化。他醉心于中国的文字，热爱中国文学尤其是中国诗词，曾移译或化用过李白、贺知章、李清照等人的诗词。他也迷恋中国的老庄哲学，曾以老庄解诗。中国传统文化对克洛岱尔，尤其对他的文学创作着实产生了巨大影响，细读其作品，可随处发现中国文化的印迹。

　　克洛岱尔历时 14 年之久完成的散文诗集《认识东方》集中体现了对中国的关注。诗人透过中国当时混乱、朴陋、落后的外在，看到了中国的风光秀丽与人民的勤劳，书中客观描述了这个古老东方国度的多姿多彩的风物，还介绍了中国的习俗、绘画、戏曲、园艺、建筑桥梁等，融汇了其对东方艺术及思想的相关思考和论述。该书的出版在法国文坛引起强烈反响，葛雷先生曾这样评价这部散文诗："《认识东方》是一组绚丽多彩的中国风情画卷，是一曲曲扣人心弦带有浓郁的东方情调的乐章……这部散文诗集和十九世纪那些作家笔下的中国相比，内容朴实得多，具体得多，也生动得多……《认识东方》的出版，把法国文坛原有的中国热推向了一个新阶段，开始了诗人、作家来中国的新纪元。"②

　　在中国文化中，克洛岱尔最感兴趣的当属道家思想。他在作品中"谈得最多的哲学是老庄思想，谈得最多的术语是'无'（或曰'空'），谈得最多的汉字是'道'"③。他在诗集《认识东方》之《运河上的小憩》一诗中就引用了《道德经·十一章》："尚空，空授轮毂以用，授琴以谐和。"④ 克洛岱尔何时开

---

① 克洛岱尔的主要戏剧作品有：《缎子鞋》《正午的分界》《给玛利亚报信》《少女薇奥兰》《城市》《交换》《金头》《第七日的休息》等；主要的诗歌作品有：散文诗集《认识东方》《面对日出的黑鸟》，诗集《五大颂歌》《圣歌集》，俳句集《百扇帖》《都都逸》，改写中国古典诗歌集《拟中国小诗》《拟中国诗补》等。1946 年因其在文学上的卓越成就而入选法兰西学院院士。

② 葛雷：《克洛岱与法国文坛的中国热》，《法国研究》1986 年第 2 期。

③ 余中先：《克洛岱尔与中国传统文化》，《世界文学》1995 年第 3 期。

④ ［法］克洛岱尔：《认识东方》，徐知免译，上海人民出版社 2007 年版，第 110 页。克洛岱尔引文如此，《道德经·十一章》原文是："三十辐共一毂，当其无，有车之用。埏埴以为器，当其无，有器之用。凿户牖以为室，当其无，有室之用。故有之以为利，无之以为用。"

始接触道家思想已无从可考，但他很早就读过《道德经》，来中国之前就通过英译本翻译了《道德经》部分章节，《庄子》更是他长年置于案头的必读书。克洛岱尔逗留中国的十多年间，足迹遍布中国大江南北，《道德经》则是他随身携带的一部中国书。克洛岱尔的主要作品是在中国写就，他的一些诗作和剧本明显渗透了道家的思想。克洛岱尔对道家思想感受最深的一点，是对老子对立统一关系中"有""无"观念的理解。他曾多次谈及道家的基本术语"无"。老子曰："天下万物生于有，有生于无。"（《道德经·四十章》）克洛岱尔深得其理，其《缎子鞋》中的人物罗得里格就曾据此发挥："一切来自虚无……乌有造出空虚，空虚造出凹洞，凹洞造出气息，气息造出气泡，气泡造出脓包……"①然而，在克洛岱尔看来，世界的起源非在"道"，乃在"天"，他信笃天主能从空无出发创造一切。在道家智慧的"无"中，作为天主教诗人的克洛岱尔看到的是另一种可能，那就是从蛮荒之"无"伊始，排除一切异端以迎接基督的光辉。在克洛岱尔的作品中，老子所言的"辐毂"与"埏埴"这两个意象曾多次出现，二者所蕴含的"空无"之思成为他表达自己的哲学、神学理念的具体借托。如在戏剧《第七日的休息》中有这样的文字："你好，广大无边的神！我唤你为'界'，既在这天地中又不在这天地中，既是时间又非时间，你就是这样圆融混沌的存在。如同那埏埴，如同那风箱，因蕴含着'无'而'存在'，又仿佛那诗琴，如同那辐毂，使得轮辋得以连接在一起的，正是内部的'无'，就是这样，天地万物分有了你的'无'。"在道家思想中，"无"是万物之始，"无，名天地之始；有，名万物之母。故常无，欲以观其妙；常有，欲以观其徼。"（《道德经·一章》）"天下万物生于有，有生于无。"（《道德经·四十章》）在《第七日的休息》中，克洛岱尔已然将老子哲学的"无"与作为形而上的源端的基督教的"神"相提并论，并视之为万物之始了。从克洛岱尔对"埏埴""辐毂"等这些表现"无"的哲学意象的借用可以看出，他对所谓"实利"与"虚用"之关系已有相当程度的理解，当然，克洛岱尔在这里是把道家思想融入了自己基督教的哲学思想中了。

　　总体观照克洛岱尔与"道"的关系，可以看出，克洛岱尔心中之"道"

①　[法]克洛岱尔：《缎子鞋》，余中先译，安徽文艺出版社1992年版，第311页。

与中国人所认识的"道"绝非等同，在艺术审美意义上，他是借老庄之"道"行自己基督精神的探索之道。根据基督教诗学的审美观，信仰虔诚的人是可通过艺术审美活动通向神安排的这一"天道"的，抛却心中的世俗杂念而回归善之本性，人便能求得天人合一的艺术境界。可见，克洛岱尔对中国之"道"的探索并非目的，而是手段。尽管中国文化对克洛岱尔产生了非常大的影响，但其象征主义诗艺与天主教精神却并未因之而改变。故有学者指出："中国传统文化使克洛岱尔在他诗学追求之'道'上借鉴了东方哲学中'无'的涵义，使他在万能的天主统治下的象征之'林'中又移植了一大批东方之'木'。"①

二、圣-琼·佩斯与《阿纳巴斯》

圣-琼·佩斯是法国当代一位伟大的诗人，1960 年获诺贝尔文学奖。与克洛岱尔一样，圣-琼·佩斯也是以诗人和外交官的双重身份踏上中国土地的。1917 年，他被任命为法国驻北京使馆的秘书，并在中国滞留了 5 年之久（1917—1921）。圣-琼·佩斯是一位象征色彩很浓的抒情诗人，在 20 世纪法国诗坛上独树一帜，其代表作《阿纳巴斯》（1924）写于中国。

在北京，面对古老、智慧而又衰朽的东方他国，圣-琼·佩斯以探索者的姿态试图对其加以观察、认识和剖析。作为放歌"绿色天国"②的诗人，他曾避开俗尘之纷扰，独自一人住进北京西郊的一座"道宇"中阅读钻研中国典籍③，进行哲学的冥思与精神的洗礼，或者干脆效仿老子出关，骑驴西

---

① 余中先：《克洛岱尔与中国传统文化》，《世界文学》1995 年第 3 期。

② 圣-琼·佩斯出生于瓜得罗普岛一个种植园主世族家庭，并在这"绿色天国"中度过了其孩提时代。绿色的热带海岛所赋予他的知识、温爱与嗜好，成全了诗人反复放歌的题材，圣-琼·佩斯正是通过吟诵"绿色天国"而步入法国诗坛的。

③ 圣-琼·佩斯汉语水平不高，不能直接阅读原版的中国读物，他是通过西方作者的译作与著作接受中国知识的。他的阅读范围相当广泛，有杜哈德的《中国通志》、马可·波罗的游记、宋君荣神父（Pére Gaubil）的《成吉思汗的历史》、维热神父（Wiege）的《道家著作》、李明（P. Louis le Comte）的《中国新志》、格罗衣耶修道院院长（Abbé Grosier）的《中国通志》及 19 世纪和 20 世纪法国汉学家阿贝尔·雷米萨、斯坦尼斯拉斯·朱利安、埃尔维·德·圣-德尼侯爵、亨利·科尔迪、伯希和、爱德华·沙畹、葛兰言等有关中国的文学、历史、哲学、考古学的译作和著作。参见钱林森：《法国作家与中国》，福建教育出版社 1995 年版，第 466 页。

行，远涉广袤无垠的戈壁沙海，进一步开拓其哲学沉思的广阔空间。通过阅读中国典籍，尤其是戈壁探险，圣-琼·佩斯发现了一个与他曾经生活过的"绿色天国"迥然相异的世界，因而为他的诗歌创作开拓了新的诗情，注入了新的活力。"在中国，圣-琼·佩斯成功地找到了他生命哲学的载体——道教和沙漠，他以某种纯精神的方式穿越了这个古老的国度。"①

1920—1921 年，圣-琼·佩斯在北京西郊的"道宇"里创作了奠定其声名的历史文化史诗《阿纳巴斯》，诗作于 1924 年发表后曾轰动西方诗坛，并被译为德、英、意文在西欧广为传颂。《阿纳巴斯》这部伟大诗作与东方之"道"是有着紧密关联的。就该作的写作环境而言，北京西郊的这座"道宇"本身就是道家的精神象征，"道宇"中特有的虚静与空灵深深浸润于诗人的灵魂，激发着诗人的神思，使他对东方文化产生了全新的感悟，诗人的心灵也与之产生了真正的呼应与交融。他在致友人的一封信中说："这里是夜的空漠，或那另一种令人失却听觉的疯狂，即极度执着的隐遁和虚无，它们朝着梦幻开放直到黎明。这里是苏醒的睡眠者的无眼睑的眼睛或无睫毛的眼睑，还有在我身边，在这种对'无'奇特的嘲讽里，中国灵魂朝笑自己不是一颗灵魂，'道'本身'吞食自己的尾巴'。"② 这里，诗人道出了他在构思诗作时精神的升华以及与"道"的不期而遇，足见"道宇"中神秘的"道"之气息与诗人精神的浑然谐和。

《阿纳巴斯》是一部完整的记游史诗，一共由十段歌组成。作品描述的是诗人在瀚海的荒漠中探索斗争的奇壮图景，意象雄奇，如真似幻，变化无穷。"阿纳巴斯"即希腊文"内心探险"的意思，而圣-琼·佩斯的"内心探险"，则又含有道家"内心登临"之意。所谓"登"，即由大地而升登天宇。要言之，《阿纳巴斯》就是诗人上天入地的精神探游。诗作主要抒发了诗人在行动中的"孤寂"，而道家"内心登临"之特有境界即是"孤寂"。诗作既是探索者具体道路征程的展示，也是其自我探索的精神征程的呈示："这段旅程并非徒劳，踏着声息不通的乘骑的蹄音，在精神的黑暗国度留下许多事体依稀可

---

① 毛垒：《在双方的对话中认识自己》，见《跨文化对话》（第 4 期），上海文化出版社 2000 年版，第 67 页。

② 转引自钱林森：《法国作家与中国》，福建教育出版社 1995 年版，第 466 页。

寻——多少事体悠然呈现在精神王国的边疆，伟大的赛琉古王朝史册发出弹丸的飞鸣，剩下这片任凭解释的大地……"①（歌八）"于是异邦人，全身新思想的装束，默默的征途中仍又从戎了：他眼涎盈眶，他不再葆有人的实体。大地乘自己生翼的种子飘移，宛如一位诗人乘自己的谈笑云游……"②（歌五）在这些诗行中，诗人将有形的具象与无形的抽象进行了扭结交错。在诗人看来，一个行者的日常漫步，同时也是一种内在的心灵体验，是一种与宇宙的交流。从艺术论的角度看，这可谓是对道家思想"虚实观"的一种揭示，从这一角度进行观照，可以看出道家思想对《阿纳巴斯》的影响还是比较明显的。在结构方面，《阿纳巴斯》与"道"也有关联，尤其是受到《易经》神秘智慧的影响。从构架上来看，诗作的十章组歌，好似"天—人—地"一个宇宙图像，寓含抒怀主角仰观天文，俯察地理。圣-琼·佩斯极其重视"数"在诗歌内部结构的运用，他在《阿纳巴斯》中用数字确立诗歌章目，以增强诗歌奥秘的象征力量。如果用"道"的阴阳学说和《易经》的语言来解析这些数字及描写的具体内容，可以清楚地探寻到诗人上下求索的精神历程。关于这一点，钱林森先生曾作过翔实研究，具体内容可参见其《法国作家与中国》。

以上可见，无论在抒情形象、抒情方式还是内在结构上，《阿纳巴斯》这部独特而富有革新的文化史诗，都有东方文化特别是中国道家思想滋养的印迹。

三、亨利·米修的趋"虚"向"道"

亨利·米修是 20 世纪法国著名诗人。米修在青年时期，一直处于不停的远游和探索之中，足迹遍及南美、北美、西非、北非、亚洲等。1930—1931 年，米修曾游历亚洲，其间访问了他心仪已久的华夏土地。与克洛岱

---

① 〔法〕圣-琼·佩斯：《阿纳巴斯》，见《圣-琼·佩斯诗选》，叶汝琏译，吉林出版集团有限责任公司 2008 年版，第 65 页。

② 〔法〕圣-琼·佩斯：《阿纳巴斯》，见《圣-琼·佩斯诗选》，叶汝琏译，吉林出版集团有限责任公司 2008 年版，第 59 页。

尔、圣—琼·佩斯作为外交使者的身份不同，诗人米修是怀着对"欧洲的中国神话"的向往踏上中国大地的，带有更多的逃离、叛逆和颠覆的个性，因而具有更自觉的探寻、求索意识。米修称他的远游为"逆反之行"，即反本土文化、反西方文化之行。他说得很明确："我当初去跑世界正是为了拒弃传统与所谓'文明'。"① 在这迷人、陌生的东方文化（主要是印度文化、中国文化）面前，诗人自惭形秽，自称为西方的"野蛮人"，诚惶诚恐，"顶礼膜拜"，在"心灵故乡"，他广泛采撷、接纳，旅行结束后即写下了游记《一个野蛮人在亚洲》（1933）这样一部被批评家认定为"确立米修形象"的代表作品，其中《一个野蛮人在中国》占据五分之一篇幅。在这次亚洲之行中，米修与中国及道家思想结下了不解之缘。

　　从少年时候起，米修便深受西方神秘主义思想的影响，中国之旅后，隐市的老子又形成一大诱源，造就了诗人遁世之心念。米修十分景仰老子，《道德经》是他的案头书。他在亚洲之旅中所读之书即是《道德经》。他在一封致作家波朗的信中写道："我高兴地一读再读《道德经》，以便在这里有幸不感到厌烦，进一步说，以便在'道'中获得快乐。"② 他称其在旅途中阅读《道德经》，感受了"酷热"中的"宁静"："旅途中，我读书、观察、研究、学习、思考，孜孜不倦。在酷热的气候下，仍拥有一种宁静，与一切融合，与道融合。"③ 从其 30 年代初的游记《一个野蛮人在亚洲》来看，诗人对中国哲学，对中国的儒、释、道思想都相当熟悉。其中对老子的描述主要集中于两点，一是简约幽深的文风："没有什么东西接近老子的风格。老子向您投了一块石头，然后扬长而去，随后又向您扔下一块大石头，然后又扬长而去，这些石头尽管坚硬，却是一些果实，但这位老哲人当然不会剥去果皮的。"④ 二是洞幽察微的学理："老子是聪明人，他触及事物的底蕴。他讲明确的语言。然而，他未被理解。'道可道，非常道……微妙玄通，深不可

---

① 程抱一：《和米修晤谈记》，《外国文学研究》1982 年第 4 期。
② 转引自刘阳：《米修：对中国智慧的追寻》，南京大学出版社 2007 年版，第 60 页。
③ 转引自刘阳：《米修：对中国智慧的追寻》，南京大学出版社 2007 年版，第 60 页。
④ ［法］亨利·米修：《一个野蛮人在中国》，见刘阳：《米修：对中国智慧的追寻》，南京大学出版社 2007 年版，第 142—143 页。

识……''江海所以能为百谷王者，以其善下之，故能为百谷王。''无为而无不为……'"① 事实上，正是这玄奥神秘之"道"给其作品烙上了深深的道家思想的印痕。评论家托岱（F. Trottet）这样评价："逾越两千多年的时间之距，米修与中国之间遥相呼应，——再现了生存之根，在他身上有老子的幽影。"② 批评家高代尔也指出："东方文化对诗人的影响主要来自佛与道。在文化与诗的交融之中，米修开启了西方的《道德经》。"③ 在与著名华人学者程抱一的晤谈中，米修多次谈到东方文化给他的启发及影响，他在给一位研究者的信中这样提示："从道家的角度读我的诗，更能抓住要义，它胜过了精神分析和语言学探究。"④

纵观米修的生命探索与艺术探索的历程，确实可以发现，深深吸引并影响米修的是东方的道家智慧。其中又可分为前后两个发展阶段。前一阶段即 20 世纪 30 年代至 50 年代，这是诗人与"道"相遇、初识阶段，这一时期也是米修对于新的生命方式的孜孜探索阶段，此时诗人侧重追求的是抱残守缺、荡除杂念，试图用东方虚之智慧去除西方文化在他脑中留下的各种累物，返璞归真。后一阶段，即 60 年代至 80 年代，诗人经过身体力行与艺术探索，积极奔向"致虚静，守静笃"（《道德经·十六章》）之境，最终使生命和艺术走向盈满。米修迈向中国智慧，寻道求虚乃第一步。米修与生俱来的家庭关爱的缺失、生命的孤独，使其以虚空的视角来窥察自己的生存境遇，诗人在创作伊始反复吟唱的便是"虚空"："刚生，我的身体被洞穿了／刮过一阵可怕的风／只是胸中的一个洞／是一阵风，一个虚空""这便是我的生活／与虚交织／以虚为方式的生活"⑤"他处于洞中……悬于虚空，身体渐小，锐缩"⑥"我

① ［法］亨利·米修：《一个野蛮人在中国》，见刘阳：《米修：对中国智慧的追寻》，南京大学出版社 2007 年版，第 143 页。

② 转引自杜青钢：《米修与中国文化》，社会科学文献出版社 2000 年版，第 3 页。

③ 转引自杜青钢：《米修与中国文化》，社会科学文献出版社 2000 年版，第 3 页。

④ 转引自刘阳：《米修：对中国智慧的追寻》，南京大学出版社 2007 年版，第 60 页。

⑤ ［法］亨利·米修：《厄瓜多尔》（1929），见杜青钢：《米修与中国文化》，社会科学文献出版社 2000 年版，第 185 页。

⑥ ［法］亨利·米修：《内心空间》（1938），见杜青钢：《米修与中国文化》，社会科学文献出版社 2000 年版，第 185 页。

生活／在沙粒里／在种子间／在空气无形的尘埃里／在以学供养的大虚中"①"虚？虚，虚无！焦虑，焦虑／如海上孤独的大桅杆／无物的恐惧"②"常常，当我归于内心，便出现了虚空的面具。虚空所戴的面具并不盈满……某些微小的线条努力掩饰虚空"③。在道家哲学中，"虚无"谓"道"之本体。《道德经》开篇即言："无，名天地之始。"《庄子·刻意》篇云："夫恬淡、寂寞、虚无、无为，此天地之平，而道德之质也。"米修在这里所提到的"虚""虚无"或"虚空"，显然具有道家哲学的色彩，当然，也不完全等同道家的"虚"或"无"，正如有些批评家所指出的，它们表达更多的是"存在与虚无"的西方哲学观念，"世界被存在占据着，虚无自然就存在而言。它是存在的取消。米修的'空无'应该建立在西方的'虚无'之上"④。这就是说，诗人在诗歌中对"虚无""虚空"的吟唱，是对现实存在的颠覆。就文化学意义而言，米修这种向虚的生命取向和艺术取向，"既是对西方现代文明传统的拒弃，又是对东方文明和东方智慧的期盼，显然是与他生存其间的存在环境与文化秩序背道而驰的"⑤。

米修于1934年发表的《趋于宁静》一诗，集中体现了道家的主要思想。该诗全文如下：

> 不接受世界的人不会在世上建屋。冷于不冷，热于不热。砍伐
> 白桦，一无举动，然而，桦树一一倒下，他呢，领取约定的报酬，
> 或者，遭一顿毒打。挨打如同领取一份无意义的馈赠，随后，若无
> 其事地离去。

---

① ［法］亨利·米修：《小》（1938），见杜青钢：《米修与中国文化》，社会科学文献出版社2000年版，第236页。

② ［法］亨利·米修：《毫毛》（1938），见杜青钢：《米修与中国文化》，社会科学文献出版社2000年版，第186页。

③ ［法］亨利·米修：《虚空的面具》（1944），见杜青钢：《米修与中国文化》，社会科学文献出版社2000年版，第231页。

④ 金丝燕：《亨利·米修与道家思想》，见钱林森：《文化：中西对话中的差异与共存》，南京大学出版社1999年版，第19页。

⑤ 钱林森：《光自东方来——法国作家与中国文化》，宁夏人民出版社2004年版，第361页。

喝水，不因为渴，钻进岩石不感到疼痛。腿让卡车压断，他神情依旧，仍然想着平安，平安，那异常难以得到又难于保持的平安，想着平安。

不出门，熟知天下事，他对海了如指掌。海常在他身下，一片无水，但并非无浪并有广阔的海。他熟悉河流。河流常常穿过他，无水却有倦容，河中常有猝不及防的暗流。

无风的狂飙在他心中肆虐。一如大地他巍然不动。公路、车辆、羊群遍布全身，无止无尽，没有纤维素而坚挺的大树在他内中结出一枚苦果，以苦为主，甘甜罕见。

伫立一边，赴约每每只有一人，从未握住别人的手，心咬诱饵。他想着平安，想着缠人该死的平安，他的平安，人说高于平安的平安。①

在这首诗中，米修直接套用了老子的一些观点，如"不出门，熟知天下事"，即出自《道德经·四十七章》："不出户，知天下；不窥牖，见天道。"更重要的是，诗人对"虚"作出了反西方文化传统的解释。在道家哲学里，"虚"既是某种"无"，又与"有"相通，所谓"无状之状，无物之象"（《道德经·十四章》）。米修在这里对之作出了新的解释："无水，但并非无浪并有广阔的海"，是"无风的狂飙"，是"没有纤维素而坚挺的大树"，这就突破了西方"存在与虚无"的二分思维模式，已颇具东方智慧的向度。另外，《趋于宁静》塑造了一个趋虚向道的特殊人物形象，他淡泊修身，虚静无为，"进入出神入化之境界，其举止类似道家诸子笔下的真人、神人、圣人"②。诗中所谓"冷于不冷，热于不热"，令人想到庄子所描述的真人、至圣之奇神之处："登高不栗，入水不濡，入火不热"（《庄子·大宗师》），"大泽焚而不能热，河汉冱而不能寒，疾雷破山、飘风振海而不能惊"（《庄子·齐物论》）。至于所谓"钻进岩石不感到疼痛"的穿石举动，亦为神人术士所为。

---

① ［法］亨利·米修：《趋于宁静》，见杜青钢：《米修与中国文化》，社会科学文献出版社 2000 年版，第 224 页。

② 参见刘阳：《米修：对中国智慧的追寻》，南京大学出版社 2007 年版，第 65—66 页。

米修在《一个野蛮人在中国》中就描绘了一个神人术士："一个猎手，为了惊动猎物，在树林里点起火。突然，他看到一个人走出一座岩石。这个人随后沉着地穿过火。猎人在后面追赶他。'嗨，你怎么能穿过岩石?''岩石?你的意思是什么?''有人看到您穿火而过。''火，你说火是何意?'"① 此神人术士的原型其实出自《列子·黄帝》："赵襄子率徒十万狩于中山，藉芿燔林，扇赫百里。有一人从石壁中出，随烟烬上下，众谓鬼物。火过，徐行而出，若无所经涉者。"借《列子》之故事，米修旨在为阐明道家的遁隐思想服务。他继续写道："这个真正的道家完全隐遁，在任何地方都不再会遇到任何不同……这就是'道'的内涵给人的柔，这就是中国人所崇敬的'至隐'。"② 至于诗中写到的腿让卡车压断仍想着平安者，以及那专注于修炼的"咬饵"意象，在道家诸子中均有依本。③ 诗中一心想着宁静平和的人物，是米修心目中所神往的东方智者，亦可说是米修自身的真实写照。这首诗可以看作米修以诗演道、与道融合的例证。

历经求虚悟道、艰难探索的人生航程，老年的米修走出了昔日的焦虑与怅惘，走向了宁静与安详，成为一个恬静淡泊的诗人。米修的生命探索、艺术创造与道家思想的深刻关联是不争的事实，这一点几乎为研究米修的所有学者所公认。然而，我们也应当看到，作为一位云游四方的心智诗人，米修毕竟是西方文化圈成长起来的，他虽然虔诚于东方文化并迈向中国智慧，但终不可能成为东方"正宗"道家。诗人在趋虚悟道时，有不少与"道"相抵牾的东西，如对暴力色彩的掺杂等。在本质上，米修是立足于西方的文化土壤，借东方的文化智慧，以熔铸自己的生命和诗国。

---

① ［法］亨利·米修：《一个野蛮人在中国》，见刘阳：《米修：对中国智慧的追寻》，南京大学出版社 2007 年版，第 143 页。

② ［法］亨利·米修：《一个野蛮人在中国》，见刘阳：《米修：对中国智慧的追寻》，南京大学出版社 2007 年版，第 143 页。

③ 据刘阳查证，前者如《庄子·德充符》中就写了五个伤残人的故事。他们身有残疾，不是被砍去双腿，就是被刖去手指，要么就是畸形，但他们努力修身向道。后者如《列子·汤问第五》中，列子曰："临河持竿，心无杂虑，唯鱼之念；投纶沉钩，手无轻重，物莫能乱。"讲的是垂钓者的专注。而米修诗中的形象专注于钓钩，"心咬诱饵"，内心至于平和之境。

第五节　美国剧作家尤金·奥尼尔与"道"

早在 19 世纪，中国的孔子哲学就深刻地影响了美国著名作家爱默生（Ralph Waldo Emerson，1803—1882）与梭罗（Henery David Thoreau，1817—1862）等的思想与创作。20 世纪初，道家思想则接过火炬的接力棒，漂洋过海来到了美洲，并对美国文化界产生了积极影响，至今长盛不衰。美国诗僧托马斯·默顿（Thomas Merton，1915—1969）虽是一位天主教信徒，但他却十分迷恋钟情于东方思想，认为美国应当从东方文化中汲取营养，并编写《庄子》一书，宣扬中国的道家学说。就道家思想对当时美国文学的影响而言，最集中而典型地体现在剧作家尤金·奥尼尔（Eugene O'Neill，1888—1953）的戏剧创作上。

尤金·奥尼尔在美国戏剧史上享有崇高地位，是美国严肃戏剧的拓荒者、美国现代戏剧的重要创始人，被誉为"美国戏剧之父"。奥尼尔一生勇于探索，笔耕不辍，共创作了 50 余部剧本，获得 4 次普利策戏剧奖，并于1936 年荣膺诺贝尔文学奖，他的卓著成就在世界文坛产生了巨大影响。奥尼尔的剧作深受各种哲学和文艺思想的影响，爱默生、叔本华和尼采的观点、弗洛伊德和荣格的新派心理学，古希腊和早期基督教时代的哲学和宗教，杰克·伦敦和康拉德等人的现实主义小说，还有神秘的东方思想，都可在奥尼尔剧作中觅寻到踪影。奥尼尔曾将自己喻为一只熔炉，"在其中，古代观念和现代观念，东方思想和西方思想接触混合，直到它们的冲突弥合一致而适合他的特殊目的"[①]。美国评论家卡品特（F. L. Carpenter）认为："东方特色是奥尼尔艺术最重要、最显著的一个方面。"[②] 其中最明显之处，就是奥尼尔从中国文化尤其是道家思想中汲取了灵感与养料，从而使其戏剧作品闪烁着"道"的智慧和光芒。

---

① ［美］霍斯特·弗伦茨：《〈富商马可〉、奥尼尔的中国经历与中国戏剧》，见龙文佩编：《尤金·奥尼尔评论集》，上海外语教育出版社 1988 年版，第 318 页。

② 刘岩：《中国文化对美国文学的影响》，河北人民出版社 1999 年版，第 212 页。

一、异域之光：魂牵梦绕的东方情结

以中国为代表的东方世界是奥尼尔魂牵梦绕的地方。奥尼尔荣获诺贝尔文学奖的第二年（1937），他用所获的四万美元奖金在加利福尼亚一个幽僻的山丛中建造了一座中式小楼，命名为"大道别墅"（Tao House）。"小楼四周筑有围墙，灰色的墙门上钉有四个楷书工整的铁铸汉字'大道别墅'。小楼面东朝西，鱼脊状的屋顶上覆盖着一排排中式的黑色圆瓦。窗外的木档窗上涂着朱红油漆，窗内挂着一卷竹帘，房内摆设大多为镶有画瓷的中国式红木家具。屋后花园中，顺墙还修了一条传说能避鬼邪的九曲红砖道"①。居所的起名，是取道家思想的淡泊宁静之意，加之典型的传统中国风格装饰，这些鲜明地体现出奥尼尔对中国文化的浓厚兴趣。奥尼尔和夫人卡洛妲在这幢小楼生活了六年，在奥尼尔漂泊动荡的一生中，他在这里居住的时间是最长的。这不禁让人联想起德国作家黑塞，黑塞晚年隐居于瑞士南部的一个小山村，并潜心于东方文化，两者有着惊人之契合。一幢大道别墅，凝聚着奥尼尔几多深厚的东方情结！

奥尼尔在晚年盖此中式小楼，绝非一时兴致或标新立异之举，他对中国文化的心仪由来已久。早在少年时期，奥尼尔便对以中国为代表的东方世界怀有强烈好奇与无限向往，常常一人独处海滩，凝视着茫茫天际。他"渴望着去看看印度和远东地区，一生的希望是在那里住一段时间，吸吸那里的空气"②。奥尼尔早期的多部剧作就寄托了这种美好却遥远的乌托邦梦想。在其成名作《天边外》（1918）中，那位诗人气质、爱幻想的主人公罗伯特说，他渴望出海远行是为了追求"遥远而陌生的美，我在书本里读过的引人入胜的东方神秘和魅力"③。在另一剧本《泉》（1922）中，作者展现了胡安随哥伦布出航寻找东方的财富，以及去觅寻"东方遥远国度"的"青春之泉"之

---

① 刘海平、朱栋霖：《中美文化在戏剧中交流——奥尼尔与中国》，南京大学出版社1988年版，第9页。

② Louis Sheaffer, *O' Neill: Son and Playwright*, Boston: Ams Pr Inc, 1973, p. 30.

③ ［美］尤金·奥尼尔：《天边外》，见《奥尼尔文集》（第1卷），荒芜译，人民文学出版社2006年版，第336页。

历程。主人公胡安亦讲他憧憬的是"东方某个遥远的国土——中国、日本或谁知道叫什么名字——总之是一个将大自然和人们隔开的、极其宁静的地方"①。奥尼尔对东方的兴趣，在《马可百万》（1925）一剧中表现得最为淋漓尽致。剧本描述了传奇式的欧洲旅行家马可·波罗的东方之行，剧中许多场景设置在中世纪中国。"奥尼尔如此这般便在剧中实现了庞塞·德勒·昂要找到'契丹'的梦，因为剧作家自己也分享着整个梦想"②。1922 年 9 月，在完成《泉》后不久写的一封信里，透露出此时他出访东方的兴趣。"我们的过冬计划还没有着落，"他写信给朋友 K. 麦戈文，"所以，我们很可能有点冒险地绕道去中国一行。我很喜欢那儿。对我而言，对欧洲实在是乏善可陈"③。奥尼尔的夙愿直到 1928 年才得以实现，他称此次旅行是为实现自己的终生理想。11 月，奥尼尔和夫人卡洛姐从上海踏上了中国这个东方古国的土地，但在这里，他们所看到的只是战乱中上海的嘈杂与混乱，一点也无他想象中的宁静之美。他虽然感到很失望，但仍没有丧失对中国的信念。梦想可以幻灭，梦想也可以重建，他于 1937 年所建的大道别墅就是这样一种努力。

　　奥尼尔的东方情结尤其是对道家思想的兴趣也在他的藏书中得到生动体现。在 1922 年到 1923 年间，为写作他唯一以东方为背景的《马可百万》，他购入数本有关中国诗歌和艺术的书籍。尤其重要的是，其夫人卡洛姐本人就是中国文化的热心学者，毕生收集了大量中国历史和艺术的书籍，并和旅美华人过从甚密，其中两位就是作家施梅美和林语堂。1937 年，奥尼尔夫妇移居加利福尼亚新居大道别墅，施、林二位就曾赠其数册中国文化书籍。施梅美所赠集中在道家方面，为理雅各的老庄全译本《道书》和 D. 高德的《老子的道和无为》，其中后者还含有《道德经》之新译。林语堂所赠为《生活

　　① ［美］尤金·奥尼尔：《泉》，见《奥尼尔文集》（第 2 卷），郭纪德、甲鲁海译，人民文学出版社 2006 年版，第 359 页。

　　② ［美］詹姆斯·罗宾森：《尤金·奥尼尔和东方思想》，郑柏铭译，辽宁教育出版社 1997 年版，第 111 页。

　　③ ［美］詹姆斯·罗宾森：《尤金·奥尼尔和东方思想》，郑柏铭译，辽宁教育出版社 1997 年版，第 111 页。

的艺术》和《吾国吾民》，二书反复强调了老庄思想之深刻影响。此外，据盖尔伯夫妇考证，奥尼尔还曾构思多年拟创作一部以秦始皇为题材的剧作，为此，他收藏了大量有关中国历史之典籍，并做了阅读笔记。奥尼尔1936年向英国作家毛姆谈及重访中国，并购买了有关北京之书籍。从这些事实可以鲜明地看出，奥尼尔对中国的关注是持久而深入的。而且他对道学的兴趣尤为浓厚，他后来在给友人的信中就明确指出："老庄的神秘主义要比任何别的东方思想更能引起我的兴趣。"①

二、道家视界：深厚灵动的老庄神韵

奥尼尔不仅将道家思想当作一种学说，更确立为一种生活方式和人生态度，这两方面必然渗透于其戏剧创作中。"就如所有的伟大剧作家，奥尼尔用戏剧来表达自己对生命和生活的理解，因而在奥尼尔的剧作中每每有老庄神韵的灵动，这种灵动若明若暗、忽强忽弱，但始终伴随着剧中特定个性的心灵历程而在人生的旅途中闪烁"②。

（一）无为无欲、消极遁世

老子认为，世界万物都起源于"道"，"道"是世间万物运动的自然规律，也是人的出世准则。道本身自然而然，也任万物自然而然地发展，即所谓"道法自然"。天道自然无为，人道亦应如此，即所谓"天之道"和"人之道"有分有合。清净无为，无欲无争，顺其自然，此乃老子倡导的人生哲学。这方面老子多有论述，如"见素抱朴，少私寡欲，绝学无忧"（《道德经·十九章》）。"不欲以静，天下将自定。"（《道德经·三十七章》）"我无为而民自化，我好静而民自正，我无事而民自富，我无欲而民自朴。"（《道德经·五十七章》）这反映了老子的遁世思想，即超脱尘世，到"静"的世界中顺其自然。

---

① [美]詹姆斯·罗宾森：《尤金·奥尼尔和东方思想》，郑柏铭译，辽宁教育出版社1997年版，第24页。

② 张弘：《跨越太平洋的雨虹——美国作家与中国文化》，宁夏人民出版社2002年版，第183页。

"无为"、"无欲"、追求宁静、消极遁世等思想在奥尼尔的不少剧作中得到了反映。在其早期作品《天边外》和《泉》中，剧中主人公都渴望到东方去觅寻一个新世界，一个"极其宁静的地方"。在《悲悼》一剧中，奥尼尔追求宁静的思想突出反映在海岛意象中。剧作为我们呈示了一座位于南太平洋的"幸福之岛"，这里未受现代文明的污染，俨然是一个世外桃源：月光下温暖的土地，可可树丛里的习习微风，天真活泼的土著舞蹈……这一切如梦如幻，追求宁静、闲适之超脱思想跃然纸上。剧作《送冰的人来了》以及《进入黑夜的漫长旅程》中，也都把"无为"看作人生的至境。剧中人几乎都是无欲无求，超脱尘世。《送冰的人来了》一剧中，哈里·霍普旅馆是一群被社会抛弃之人的避风港。他们不敢直面人生，而是蛰居于这毫无希望的"希望之馆"，终日醉生梦死，借酒浇愁，在"无待"和"无己"中体验自由，任其自然。《进入黑夜的漫长旅程》一剧中，随着埃德蒙的肺结核和玛丽重陷毒瘾，一家人渐渐接受了逃避过去的一切努力之无为而变得听天由命。父亲老蒂龙无奈叹息："我们只能尽量不谈那件事——跟过去一样。"埃德蒙如斯回应："要么大醉一场，就能忘掉。"① 母亲玛丽则对现实中发生的任何事情置若罔闻，独自呆坐阳台，靠吸毒进行心灵的解脱。在奥尼尔后期剧作中，剧中人或酗酒或吸毒以忘却自我，或借雾以逃避现实，都是在"无为"中寻求一种精神的超脱和心中的"世外桃源"。

（二）阴阳对立、相反相成

道家哲学注重事物的辩证统一，阴阳理论是《道德经》的基本思想。阴、阳二义最初起于山之阴阳，老子用来表示事物性质的极性特征。"阴"用来表示昏暗、承受、雌伏、直觉、静止等，以地为象征；"阳"则用来表示光明、进取、雄踞、理智、运动等，以天为象征。这两个对立面并非静止不变，而是此消彼长、相互联系，在一定条件下是可以相互转化的，即所谓"物极必反"。老子还十分强调"冲气以为和"，即对立双方最终要发展

---

① ［美］尤金·奥尼尔：《进入黑夜的漫长旅程》，见《奥尼尔文集》（第 5 卷），欧阳基译，人民文学出版社 2006 年版，第 417 页。

到和谐统一，才能"清静为天下正"。庄子进一步发展了老子的思想，认为"四时迭起，万物循生，一盛一衰，文武伦经；一清一浊，阴阳调和"（《庄子·天运篇》）。盛衰、文武、清浊、阴阳，这些对立之现象是交相更替、相反相成的。

在奥尼尔剧作中，道家的阴阳对立、相反相成思想是反复出现的。《泉》一剧的东与西、天与地、生与死、日出与日落等都是阴阳对立，且相反相成。《马可百万》一剧则集中描写了东西方文化价值观念的冲突，阔阔真和马可这两个人物形象就完全体现了阴阳的两极对立：马可拜金思想严重，贪图物质享受，而阔阔真美丽纯洁，对财富不屑一顾；马可无视人世间美好情感，而阔阔真情深义重，愿为所爱的人奉献一切；马可积极好动，追求理性，呈示着"阳"的规律，而阔阔真被动忍耐，充满感性，体现了"阴"的特点。二者的矛盾冲突构成了整部剧作的基础，也成为故事发展的线索。奥尼尔在两者身上建立的阴阳对立以及他精心塑造的阔阔真的美好形象，反映了剧作家心目中所关心的东西方文化价值观念的冲突，以及他对于东方世界的憧憬和向往。然而，在两种观念的冲突中，阔阔真并未得到理想爱情，而是在悲伤中死去，她的悲剧源于东西方之间的不能理解，其苦苦抗争的结果只能是彻底失败。与前期作品相比，奥尼尔后期作品中的阴阳对立成分有了削弱，而更多体现了"和"的色彩，其重要特征"就是将主题、人物、体裁等原先截然对立的因素和谐地统一起来，它们不但相对，而且相齐、相通"[①]。这实际是受到庄子齐物论思想的影响，故而使其后期作品意义朦胧，韵味无穷。

（三）循环回归、周而复始

循环回归也是老子的基本观点之一，《道德经》有不少这样的论述："夫物芸芸，各复归其根。归根曰静，是谓复命。复命曰常，知常曰明。"（《道德经·十六章》）"有物混成，先天地生。寂兮寥兮，独立不改，周行而不殆，

---

① 刘海平、朱栋霖：《中美文化在戏剧中交流——奥尼尔与中国》，南京大学出版社1988年版，第23页。

可以为天下母。""大曰逝，逝曰远，远曰反。"(《道德经·二十五章》)"反者道之动。"(《道德经·四十章》)这即是说，世间万物之运行有其恒常轨迹，即兴起、发展、成熟、回归。万物变化，循环往复，最终各归其根，这是一条永恒不变的普遍规律。

道家循环回归、周而复始的哲学思想在奥尼尔许多作品中都有呈现。在《天边外》中，主人公罗伯特一生怀有美好理想，但终不能实现，他把死亡看作"自由的开始"而欣然面对。他于临终之际迎着晨曦爬上山顶，说："瞧！小山外面不是很美吗？我能听见从前的声音呼唤我去——这一次我要走了！那不是终点，而是自由的开始——我的航行的起点！我得到了旅行的权利——解放的权利——到天边外去！"① 在罗伯特看来，死亡并不意味着结束，相反是自由和新生的开始。在《泉》与《进入黑夜的漫长旅程》中，奥尼尔还用事物的循环来象征人生之周而复始。如泉本就喷流不息，循环不止，喷泉之循环也即象征着人生之循环。剧作《进入黑夜的漫长旅程》之题旨就暗示着昼夜的转换循环，作品描述了晨、午、昏、夜的四时更替以及周围事物的变化，实际也是象征了人生的循环。《马可百万》更充分展示了循环回归思想。该剧序幕一开始，就出现了阔阔真公主的暂时复活，并有这样一段耐人寻味的人物台词："我曾爱过，我曾为爱而死。现在我是爱的象征，我又有了生命。"② 这显然是在告诉人们，生死是循环相依的。剧作结尾的场景也富有意味：阔阔真的尸体被抬上舞台之前，奥尼尔首先安排了9个年长又戴着面具的歌者，他们"一律穿着镶有白边的长袍。他们后面是一对童男和童女，身穿黑边的白袍"③。这里，嵌有白边的黑袍和嵌有黑边的白袍交相呼应，在舞者的转动中循环交替，在黑与白的鲜明对比中构成了一幅阴阳不停运动且相互转换的"太极图"，其象征意义是再明显不过了。忽必烈还有这样一

---

① [美] 尤金·奥尼尔：《天边外》，见《奥尼尔文集》(第1卷)，荒芜译，人民文学出版社 2006 年版，第 416 页。

② [美] 尤金·奥尼尔：《马可百万》，见《奥尼尔文集》(第3卷)，毕峢译，人民文学出版社 2006 年版，第 10 页。

③ [美] 尤金·奥尼尔：《马可百万》，见《奥尼尔文集》(第3卷)，毕峢译，人民文学出版社 2006 年版，第 96 页。

些台词:"什么是死? 一个我们称之为死去的少女,她的美丽,即使在死后也比我们更富有生气,以无限的沉默,对我们的言辞微笑,以无限的忍耐,对我们的智慧微笑,以无限的冷漠,对我们的忧伤微笑,像微笑的星辰那样微笑!""生的胚胎与死的归宿,是互相协调的,要与它们融为一体。"① 生死循环思想在这里再次得到暗示。阔阔真的生命虽已终结,但其葬礼场面则似庆祝新生。教士们高呼:"死亡来临,神灵五方!"② 剧本结构在此形成循环进展,与序幕遥相呼应。可以看出,奥尼尔对于生命的理解正是体现了道家的思想。

除了上述几方面外,道家的本体论思想也给奥尼尔留下了影响的痕迹。在宇宙本体上,道家认为,"道"是一切存在的根源,天下万物皆由"道"转化生成:"道生一,一生二,二生三,三生万物。"(《道德经·四十二章》)"道者,万物之奥。"(《道德经·六十二章》)"道"作为宇宙本体,虽无声无形,却独立不改,永无止息。奥尼尔在剧作《毛猿》中,就探讨了现代人的本体论问题。主人公扬克作为现代产业工人,自视为速度和力量的化身,能驾驭世界,是世界的主人,贵族小姐米尔德里德的贬损使其本体感如梦初醒,在找寻自身地位的努力中四处碰壁后,他走进动物园结交猿猴,并终死于猴笼内。这是他的归属,也是他寻求的可视为同一本体的结构。《毛猿》表现了现代人在异化社会下的本体焦虑,作品所探索的人的本体,正是老子所倡导的宇宙本体的概念。

三、精神救赎:沉浮灵魂的家园栖息

奥尼尔对东方传统文化产生浓厚的感情,并如此深刻地汲取了道家思想,是有着特定的社会文化根源的,无论在奥尼尔,还是前述布莱希特、黑塞等人身上,我们都可以看到,他们对东方思想的认同是与他们对西方社会及文化的否定态度联系在一起的。

---

① [美]尤金·奥尼尔:《马可百万》,见《奥尼尔文集》(第3卷),毕峪译,人民文学出版社2006年版,第97—98页。

② [美]尤金·奥尼尔:《马可百万》,见《奥尼尔文集》(第3卷),毕峪译,人民文学出版社2006年版,第99页。

20 世纪初，西方社会物质主义盛行，精神价值日益失落，人性异化不断加剧。精神价值的危机和宗教信仰的丧失，成为当时西方人日常生活中面临的十分尖锐的现实问题。生活在这"上帝已经死去"的世界上，人们迫切需要寻求一种新的上帝，以弥补他们精神家园的困境。许多有识之士把目光转向东方，希望在古老的东方文化中寻找某种精神价值，以逃避摆脱双重的西方重负如时间和自我。奥尼尔即是其中一位，"跟他同时代的许多艺术家（诸如庞德、艾略特以及海塞和阿尔多）一样，奥尼尔把精神上的困境看成传统西方文化的产物，因而必须在东方式的平和宁静当中寻找慰藉"①。奥尼尔自己也这样宣称："老的上帝已死，科学和物质主义也已失败，它们无法为残存的原始宗教本能提供令人满意的新上帝。如今的剧作家必须根据自身所感受到的当代疾病的根子来找寻生活的意义，安抚对死亡的恐惧。"②他还说："我心中有一种理念，美国其实并非最成功的国家，而恰恰是一个大失败……它的主要思想是把拥有外界事物看作拥有自己的灵魂。美国是个典型，因为这些事发生得突然，同时又发生在这个拥有庞大资源的国土。《圣经》说得好：人若为赢得世界而赔上自己的生命，有什么益处呢？我们就是这样的例子。"③正因为人们已经无法在当代的西方文化中发现生命的意义，因此只好远眺东方，或许转世投胎只是奢望，但至少可以为他们在失去一切之后，找到一个心灵的栖息之所。在《泉》中，奥尼尔所描述的胡安寻找精神家园的传奇故事，无疑是对 20 世纪西方文明衰落导致的精神危机的反思，作者含蓄地表达了对旧信仰的困惑与怀疑，以及对东方信仰的倾慕。如詹姆斯·罗宾森所言："借着描述男主人公胡安·庞塞·德·列昂寻觅'去东方的西方道路'，《喷泉》预示了奥尼尔本人开始的同样旅程，想藉此寻求一种方法来弥合东方信仰和西方基督教的爱的伦理。"④罗宾森还这样评论："如

---

① ［美］詹姆斯·罗宾森：《尤金·奥尼尔和东方思想》，郑柏铭译，辽宁教育出版社 1997 年版，第 3 页。

② Barret H. Clark, *Eugene O'neill: The Man and His Plays*, New York: Dover, 1947, p. 152.

③ Barret H. Clark, *Eugene O'neill: The Man and His Plays*, New York: Dover, 1947, p. 153.

④ ［美］詹姆斯·罗宾森：《尤金·奥尼尔和东方思想》，郑柏铭译，辽宁教育出版社 1997 年版，第 7 页。

同今天许多美国人一样，奥尼尔经历了对本土文化的深刻异化。跟众人一样，他掉头东去，沿着早期基督教教会和现代浪漫派哲学家艺术家的足迹和道路东行。跟他们一样，他毫不保留地接受了他在那儿发现的人生哲理，因为他仍然是个西方人。然而他的心灵魂魄由此而得到深化。"①

　　另一方面，奥尼尔自身的生活经历也使他对道家思想的探索起了诱发作用。奥尼尔一生大部分时间一直是居无定所，过着颠沛不定的生活。他的父亲是一位演员，曾因饰演基督山伯爵著称。但他父亲在成为演员之前生活贫困潦倒，为挣脱贫困，他不放弃任何赚钱的机会，以致毁了他本可以成就事业的艺术才华。他常年走南闯北巡回演出，全家也随他四处奔波。出生在这样的一个家庭，奥尼尔从未感受过家庭的温暖，甚至很少有"家"这个概念，童年的家庭生活给予奥尼尔更多的是一种痛苦的回忆。青年时代，他做过各种临时工，并曾去洪都拉斯淘金，但在那里，他没有找到想象中的金矿，却染上了疟疾。他后来到船上做了几年水手，不久又因肺结核住过疗养院。加之，奥尼尔的母亲玛丽生奥尼尔时难产，医生用吗啡止痛而让其染上了毒瘾。对于母亲的吸毒，奥尼尔始终有一种负罪感。奥尼尔曾试图信仰基督教，但其生活经历使他早已对自己的信仰产生了幻灭感。虽然奥尼尔心中的上帝已死，然其生性敏感、善感，对他而言，要在一个缺乏上帝的"荒原"上生存，其难可想而知。虽然多年来奥尼尔像一朵孤独无根之云漂泊游荡，然他并未放弃希望和信仰，而是一直努力追求，坚持不懈。"因为不能对他心仪的哲学家尼采所宣称的死了的基督教上帝做出回应，他便去印度与中土的神秘主义思想体系中寻找养料，希望通过发现无始无终无私无我的涅槃，来满足自己的精神追求"②。所幸，奥尼尔最终从东方文化典籍中发现了中国道家思想之魅，进而在此找寻到了心灵的栖息之所。奥尼尔的这一人生发现堪称"必然与自由的奇妙统一"③。奥尼尔将自己一生中最重要居所命名为"大

---

　　①　[美]詹姆斯·罗宾森：《尤金·奥尼尔和东方思想》，郑柏铭译，辽宁教育出版社1997年版，第80页。

　　②　[美]詹姆斯·罗宾森：《尤金·奥尼尔和东方思想》，郑柏铭译，辽宁教育出版社1997年版，第32页。

　　③　维之：《自由意志问题新解》，《南通大学学报》2013年第5期。

道别墅"，这绝非纯粹文学爱好，更是一种确定的生活方式和人生态度。这里静谧恬静、远离尘嚣，正是奥尼尔梦寐以求的伊甸园，他为其沉浮的灵魂觅寻了最后的精神皈依。

综上所述，奥尼尔一生对中国文化怀有一种憧憬和仰慕之情，他在焦虑与困惑之中，为探寻人类的生存意义和进行精神价值之拯救，东行"天边外"，在东方道家思想中找到了心灵的慰藉。道家思想不仅影响了他的生活方式和人生态度，而且深深地渗透和融入他一生的戏剧创作之中，使其剧作闪烁着"道"的智慧和光芒。而且，也正是由于道家思想跨越时空的影响，奥尼尔的作品主题哲理之意蕴深厚、艺术风格之璀璨多姿，这在美国戏剧史上是绝无仅有的。

第三章　诗神远游

——中国古诗美学观念之接受

　　也许至今还没有一个民族，在它的生活中，诗起那么重要的作
用，像中国人在过去和现在那样。中国的历史绵延不断，在整个历
史过程中中国人仔细地保留记录，结果是积存了大量的材料。这些
材料，文学的和历史的，今天要研究的人还可以看到。这种文学最
忠实地表明了那个"黑发民族"的思想和感情，是世界上所有的民
族所创造的最优秀文学之一。

——（美）艾米·洛厄尔

　　战后西方知识界所兴起的中国热潮，不仅表现在他们对道家思想的推
崇上，也表现在他们对中国古典诗歌的浓厚兴趣上。中国是诗歌的泱泱大
国，中国语言的自身特质构成了最适合诗歌表达的物质基础。中国古诗文字
隽永，抒情写意，其味深长，百代传芳，是世界文学宝库之一朵奇葩。西方
汉学家曾有过这样的评誉："这种诗乃是一滴滴水珠汇聚成的整体，它给我
们揭示了一个茫茫的大洋，但它却是装在自己的精美而小巧的花瓶之中。"①
中国诗歌独特的艺术之魅深为西方人所青睐，数百年来成为他们孜孜探求的
对象。

　　中国古诗最初的西传是与儒家学说和其他中国典籍的介绍融为一体
的。自 16、17 世纪西方耶稣教士叩开古老东方的大门伊始，中国古诗
这一奇妙的东方艺术就与中国典籍和其他中国文学一起，被源源不断地
输入西方，西方汉学界在此领域也进行了一代一代的探索和研究。20 世
纪前期，在西方"中国热"的推动下，中国古诗更是激起了西方的兴趣，
并在社会思想和艺术手法方面，在西方汉学界与诗歌界产生了广泛而深
刻的影响。

---

① 转引自钱林森：《中国文学在法国》，花城出版社 1990 年版，第 30 页。

第一节 中国古诗在德、法的接受与影响

一、中国古诗在德国的接受与影响

当代文明的一大弊端就是人与自然鸿沟的加深，这是众多德国作家憧憬老子返璞归真理想的主要原因。这里，以追求重返自然、忘情物外为写作宗旨的许多中国古诗，在抚慰现代人焦灼的心灵方面，起着相似的作用。因此，随着"老子热"，当时德国文坛还引发了中国诗歌热。

在这股中国诗热潮中，李白最受那个时代德国人的钟爱。"每一本德文的中国抒情诗集里面，都有几首李太白的诗"①。李白诗章本身的曼妙与锦绣自然是博得人们青睐的首要条件，另一重要原因在于，李白的作品较少纠缠于特定的历史背景，更多地反映了普遍人性，李白其人其诗的飘然出世、超凡脱俗恰恰为身处工业化社会重压之下的人们提供了一种暂得解脱的可能。德国汉学家卫礼贤说："在唐代诗人里边，欧洲大家最知道的是李太白，至于在中国，他的位置，同杜甫却常常发生问题。理由是李太白同历史关系没有杜甫那样密切，所以在译本里他的诗似乎容易亲近一点。所以他比杜甫容易落在翻译者的手里。这并不是说，他在欧洲更受一般人的了解，因为大部分的翻译，都充满了误会。我们要注意的事实，就是李太白并不是一位原始的诗人，他的诗后边有很长的历史，供给它的典故，丰富它的情状，美丽它的形式，这就是唐诗大体的特点，也就是要适当地翻译成欧洲文字最大的障碍，因为一种只顾意义的翻译，背景似乎太平淡了。"②卫礼贤的话揭示了德国人对中国诗歌的注意中心集中在李白身上的历史和语言的原因，同时也指出了表面热闹的背后所呈现的事实上可能的误译与误读。

---

① 陈铨：《中德文学研究》，辽宁教育出版社 1997 年版，第 115 页。
② 转引自陈铨：《中德文学研究》，辽宁教育出版社 1997 年版，第 114 页。

　　德国印象派文学代表人物德默尔（Richard Dehmel，1863—1920）对中国诗歌尤其是李白的诗歌情有独钟，曾经改作过李白的《悲歌行》（改译名《中国饮酒歌》）、《静夜思》、《春日醉起言志》（改译名《春醉》）等诗篇。我们来看看其发表于 1916 年的诗作《春醉》。李白原诗为：

> 处世若大梦，胡为劳其生？
> 所以终日醉，颓然卧前楹。
> 觉来眄庭前，一鸟花间鸣。
> 借问此何时？春风语流莺。
> 感之欲叹息，对酒还自倾。
> 浩歌待明月，曲尽已忘情。

　　德默尔的改编之作《春醉》译引如下：

> 如果生活是梦，如他们所谓，
> 他们清醒的抱怨又是为何！
> 我，我整日醉酒；
> 当我夜里不能再喝，
> 我就躺上路石去睡！
> 早上我非常自觉地醒来；
> 一只鸟儿在开花的葡萄枝蔓间啾鸣。
> 我问它，我们身处何时。
> 它对我说，在葡萄开花的季节！
> 这是春天的喜悦的季节，
> 它教鸟儿歌唱和生活，生活！
> 我深为所动，我迷乱地直起身子，
> 沉重的叹息挤迫我的喉咙。
> 我重又斟满酒杯，
> 直到夜间，对自己的过错毫不理会。

当我止口休息，我的烦恼同样止息，

我所欲、所能、所应做的一切都止息，

还有周围的世界——啊灵魂也止息。

谁能用酒驱走愁闷？

谁能一口喝干大海？

人类被打入这生活的迷醉，

渴望和满足在里面互相追逐，

只能跳上小船，

风中飘舞着头发，晃动着小帽，

自然力把他提带，

傲然让其成为它专横的祭品！　①

很明显，该诗是据李白《春日醉起言志》的改编之作。从形式上看，《春醉》一诗讲究韵律、节奏铿锵，这体现了印象主义追求文字音响效果的特点。从内容上讲，德默尔也对生活之要义提出了疑问，但结论似与李白不同。李白于唐玄宗天宝元年奉诏入京并供奉翰林后，由于不与世俗同流合污而被排斥打击，他深感官场的黑暗污浊，内心感到十分苦闷，常常以酒浇愁，《春日醉起言志》即其醉歌中的一首。该诗深受陶渊明《饮酒》诗的影响，被认为是"拟陶之作"，带有明显的出世色彩。而德默尔的改作则是赞许积极入世的。他觉得"斟满酒杯"是一种"过错"，人不应该陶醉于酒中，他大声发问："谁能用酒驱走愁闷？谁能一口喝干大海？"并让诗中的小鸟唱出了"生活，生活"，竭力呼唤着积极行动。虽是如此，诗中在最后还是出现了对生活稍带悲观的形而上思索："人类被打入这生活的迷醉，渴望和满足在里面互相追逐"，结果"只能跳上小船"，荡然漂去，成为自然的祭品。坐船漂游乃是李白诗中的常见母题，如李白《宣州谢朓楼饯别校书叔云》就吟道："人生在世不称意，明朝散发弄扁舟"，这个母题本是诗人追求超然无累、天

---

①　Ingrid Schuster, *China und Japan in der deutschen Literatur 1890—1925*, Bern: Francke, 1977, S. 97. 译文参见卫茂平：《中国对德国文学影响史述》，上海外语教育出版社 1996 年版，第 296 页。

人合一思想的体现，但德默尔则给予此母题以走向毁灭的象征，体现了其改作反其意而用之的革新。事实上，德默尔也并不视自己的这些诗作为纯粹的改编，而视之为本人自由创作的一部分。他在一封给友人弗兰克（Rudolf Frank）的信中就说，他"译得非常自由"，是"把李白不同诗歌中的母题并作一处，同时，意义和感情内容也大大改变"，以把中国诗人李白改造成一个适合德国读者的"新人"①。

除了德默尔以外，德国当时的自然主义重要作家阿尔诺·霍尔茨（Arno Holz，1863—1929）也对李白十分景仰，他在其诗集《幻想者》（1916）中公开表示了对李白的高度赞赏：

> 一只镀金的花船
>
> 带有乌木桅杆紫色帆
>
> 我们坐着它飘入大海。
>
> 我们身边
>
> 在睡莲中间
>
> 荡漾着月亮。
>
> 千万只彩色灯笼挂在丝线上闪亮。
>
> 圆碗中酒在打转。
>
> 琉特鸣响。
>
> 从我们心中
>
> 欢呼出一支不朽的歌
>
> 属于李太白！②

在这首诗作中，作家将李白诗歌中经常出现的意象与题材，如无目的地摇荡、音乐和歌声、对酒的迷恋及对月亮的称颂等编织于一起，形成了一个

---

① 卫茂平：《中国对德国文学影响史述》，上海外语教育出版社 1996 年版，第 297—298 页。

② Ingrid Schuster, *China und Japan in der deutschen Literatur 1890–1925*, Bern: Francke, 1977, S. 94. 译文参见卫茂平：《中国对德国文学影响史述》，上海外语教育出版社 1996 年版，第 284 页。

讴歌诗人的精神光环。霍尔茨不仅在其作品中巧妙提取李白诗歌的某些母题，还从李白那绝妙、经典的诗章中获得了改编的灵感，并在其唐诗的新创中实践了自然主义的创作原则。1916年，他对李白的《春日醉起言志》作了一番改编，译引如下：

> 如果生活只是一场大梦，为什么还要忧愁悲伤？
> 我，
> 我喝！
> 终日醉饮！
> 我心醉神迷，跌跌撞撞，困于举步，
> 就在这遗弃颓败、空寂无人的房子那
> 前面最美的白色廊柱间倒下……朦胧睡去。
> 觉来天明，晨日暖照，
> 双袖、草丛、灌木上露珠晶莹闪烁，闪亮，
> 我一动不动，长久缓慢地环视四周。
> 一只娇丽小鸟，眼圈脖颈彩羽环绕，可爱地扇动双翅，
> 在繁茂的树枝间歌唱！
> 无言颤抖地倾听，我心自问，
> 我俩生活在一年中哪个最奇异美妙、明媚亲爱的甜蜜时光。
> 它那轻声温柔、纯洁感人的啾鸣告诉我：
> 是在美妙的幸福时光，它让我这只小小的鸟儿此刻对你歌唱！
> 我目光忧郁迷离，身体痛苦抽搐，心中啜泣，直想痛哭。
> 但重又、重又、重又执拗、激愤，不在意地决定，
> 抓起棍子，踏上路尘，着鞋流浪，
> 走遍家家酒肆，举杯再举杯，
> 放开嗓门歌唱。
> 直唱到红色浑滑的月亮闪光，
> 直唱到我的歌声和乐声戛然而止的那一刻，那一秒，
> 身边那黑暗世界的意识幸运地重又安息，

令人宽慰。①

霍尔茨的这一改作完全放弃了原诗的形式，这与他的诗歌创作理论相符。倡导自然主义的霍尔茨认为，诗歌不应受缚于严格的韵脚与格律限制，而应追求自然的"内在节奏"。这一原则在这首李白诗的改编中得到了体现，中国原诗的形式已被完全放弃，代之的是霍尔茨所追求的"内在节奏"。霍尔茨在原作的基础上进行了一番细腻的推衍，无论是对诗人醉酒的情状、梦醒后的心理状态，还是对诗人醉卧之地景况的描摹，霍尔茨均不厌其详，体现了自然主义忠实再现客观现实的特征。除了对李白诗中原有的素材进行深度挖掘之外，霍尔茨还增加了一些原诗所没有的意象，如暖照的"晨日"，散布在双袖、草丛及灌木上的"露珠"，给诗歌带来了光的闪耀。

在这股崇尚中国诗的热潮中，"老中国人"克拉邦德显得尤为醒目。他不仅迷恋老子的道学，还是一位中国古诗的崇拜者。早在 1915 年，他就出了一本中国诗集，题名《紧锣密鼓——中国战争诗》。这一诞生于一战烟幕下的诗选，主要收入李白、杜甫等唐代诗人以及《诗经》中部分反映战乱主题之诗，克拉邦德借此针砭时弊、反对战争之心非常明显。中国诗人中，他最欣赏的是李白，并于 1916 年发表了李白诗改编集《李太白》。他的改作自由疏放，展示了他译诗的文才。试举其对李白《清平调词》第一首所作的改编为例。起首两句"云想衣裳花想容，春风拂槛露华浓"，在克拉邦德那儿成了如下模样：

> 云朵衣裳，
> 花和她的脸。
> 飘散着芬芳，
> 可爱的春天。②

---

① Ingrid Schuster, *China und Japan in der deutschen Literatur 1890—1925*, Bern: Francke, 1977, S. 100.译文参见卫茂平：《中国对德国文学影响史述》，上海外语教育出版社 1996 年版，第 285—286 页。

② 转引自卫茂平等：《异域的召唤——德国作家与中国文化》，宁夏人民出版社 2002 年版，第 220 页。

如此改作仅简单再现了原文中的一些意象，很有一丝速写的味道，却道出了中国诗歌的象形、会意等特征。他的改作"是有意弄得那样简练，以求适合中国文字图画似的、象征式的特性"①。再看其改编的《清平调词·其二》，这一简约风格同样有着鲜明的体现。如李白原诗中的这两句："一枝红艳露凝香，云雨巫山枉断肠。"克拉邦德将之改作：

> 桃花
>
> 你多么香甜，
>
> 五彩的慰女，
>
> 雨仙
>
> 向你躬身，
>
> 她的泪水
>
> 把你湿润。②

在该改作中，克拉邦德并未深究李白原诗的原意，而是从中获得了某种灵感并进行了二度创作。他舍去了"云雨巫山"这个难解、难译的典故，代之以雨中仙子滋润花朵这样一个意象。此一雨湿桃花之意象，虽失去了原诗"巫山云雨"所蕴含的特定旨意与意境，却也朗润清新，匠心独具。克拉邦德的译诗虽在精神上少了一些中国味，但却转达了自己独特的理解。1921年，克拉邦德还出版了另一部中国诗集《花船——中国译诗》，该书被视为其汉诗改编领域的顶峰。

那个时代差不多同样受欢迎的就是《诗经》。这一方面是由于大家已经认识到了《诗经》的文学价值，另一方面就是因为《诗经》里面的诗歌，形式内容都比较简单，很容易理解和翻译。1929年，一位叫伯格特（Hans Bethge）的诗人出版了一部根据中国古诗改作的诗集《中国之笛》，书中有一首诗也叫《将仲子》，是对《诗经》中原诗的改作。"将仲子兮，无逾我园，

---

① 陈铨：《中德文学研究》，辽宁教育出版社1997年版，第119页。

② 转引自卫茂平等：《异域的召唤——德国作家与中国文化》，宁夏人民出版社2002年版，第221页。

无折我树檀。岂敢爱之？畏人之多言。仲可怀也，人之多言亦可畏也。"这是原诗中有名的一段，伯格特将其翻译如下：

> 朋友，我求你，不要穿越这花园，
> 不要摘下我心爱的树叶，
> 我无法将我的心献给你！让我心痛！
> 人言可畏啊……
> 而我是多么希望被你忠爱，我甜蜜的朋友！
> 只是我害怕人们的嘴舌如同害怕死亡！
> 朋友，我求你，请你忘记我这可怜的女人！ ①

　　细读这首诗可以发现，无论在情感上，还是在意蕴上，该译都已与原诗相距甚远，它的直率热烈和外在夸张与中国古典诗歌的含蓄和内敛是两种全然不同的风格。原诗中的"岂敢爱之"，本意为"哪里是爱惜树木啊"，而伯特格则将之理解和翻译成"我无法将我的心献给你，让我心痛"，带有明显的误读倾向。改作中语辞与意味的添加，也使得这首诗充满了浓郁的西方味道。

　　德语左翼作家犹太诗人埃伦施泰因（Albert Ehrenstein，1886—1950）在《诗经》改编方面影响最大。德国社会的现实迫使这位激进的左翼诗人"逃亡中国"，致力于汉诗改编。其主要成果就是 1922 年出版的《诗经》一书。这是根据德国诗人吕克特（Friedrich Rückert）德译《诗经》的改编集，收有诗作 100 余篇，大都带有不同程度的社会批评倾向。其中有一首《诗经》名篇《魏风·硕鼠》改译的《压迫》，后被他辑录在他 1924 年出版的《中国控诉》一书中。中国原作中统治者对老百姓的重重盘剥激起了人民的愤恨，无以卒岁的悲惨激发起人们对"乐土"的渴望。由"压迫"这一改作的诗题可以看出，埃伦施泰因对原作的比喻义有着深刻理解。在《诗经》中尽了一番诗兴之后，埃伦施泰因没有加入当时的"李白追星族"，而是成了白居易

---

① 参见李平：《西方人眼中的东方文学艺术》，上海教育出版社 2004 年版，第 108 页。

的知音。1923 年，他根据费茨梅尔（August Pfizmaier）的《中国诗人白居易》（1886）一书，改编出版了诗集《白乐天》。埃伦施泰因对白居易的偏爱并非偶然。白居易生活在唐朝乱世，对民生疾苦深怀同情。对白居易的忧国忧民之心，埃伦施泰因大为赏识。在《中国控诉》一书中，埃伦施泰因再次收录了来自诗集《白乐天》的部分旧作。《中国控诉》除再度收入《诗经》及《白乐天》中的若干诗作以外，仅收入了两首新作，名为《皇帝》和《征兵者》，分别是对杜甫《兵车行》与《石壕吏》的改编。这两首指斥战事、反映民生疾苦的诗作，与诗集标题中"控诉"二字十分契合，体现了埃伦施泰因的选题倾向。

　　对于白居易诗歌的兴趣，埃伦施泰因并非唯一。事实上，除了李白、《诗经》以外，当时最受欢迎的就算白居易了。除了埃伦施泰因的译作之外，有关白居易的翻译作品主要有瓦奇（L. Woitsch）的《白居易诗选》（1908）和《中国诗人饮者歌集》（1925），以及额润斯苔茵（Grünstein）的自由改译《白乐天》（1923）。和埃伦施泰因一样，额润斯苔茵素来痛恨战争，白居易的忧国忧民很合额润斯苔茵的口味。额润斯苔茵的《白乐天》一书充满了自由的口号式改写，把白居易描绘成一位具有博爱意识的和平主义者。实际上，额润斯苔茵只看到了白居易的一方面，因为白居易不单是一位和平主义者，同时也是一位抒情的大诗人，他的诗中不乏歌颂友谊、爱情和赞叹自然、人生的篇章，额润斯苔茵的这一处理实际上是其有意无意的选择性误读。布莱希特对白居易的作品也十分重视。他曾翻译过一本诗集《中国的诗》，其中收入 10 余首白诗。他虽不是白居易的研究专家，但对白诗的理解却比他的同胞们深刻。布莱希特欣赏白诗有两点：一是语言通俗，二是白诗的道德观及讽喻性。而布莱希特本人的诗风也正以这两点著称，这恐怕不仅仅是历史的惊人相似。当时，白居易的大量作品在译成德文后或发表于报纸杂志，或与其他人的作品结集出版，形成了一种风气。

　　此外，当时受欢迎的诗人还有陶渊明。陶渊明的诗以吟咏哲理、摹写自然著称，受到欢迎是情理之事。德译文里有白哈蒂翻译的《陶渊明的生平及其诗歌》（1912），白哈蒂与查赫还共同作了一本介绍之作《陶渊明》（1915），德国汉学家洪涛生也翻译了诗集《陶渊明》（1928）。此外，陶渊明的诗还散见于其他各种中国抒情诗集。

二、中国古诗在法国的传播与接受

中国古诗不仅在当时的德国产生了广泛而深刻的影响，而且在法国也得到了广泛传播。

中国古诗在法国的传播最早是从探究中国文学灿烂的源头《诗经》开始的。较早将中国诗歌介绍到法国并产生影响的是耶稣会士马若瑟，他从《诗经》中选译了 8 首诗作，载于《中华帝国志》1736 年第二卷，后又被译成英、德、俄等多国文字。19 世纪，法国出版了三种新的《诗经》译本：沙尔穆（le père la charme）神父的法文全译本、法国汉学家鲍吉耶（G. panthier）的法文全译本以及法国汉学家顾赛芬的法文、拉丁文全译本。

1911 年，法国著名汉学家葛兰言出版《中国古代节庆与歌谣》一书，这是当时一部重要的《诗经》研究论著。该书主体部分分为"《诗经》中的爱情诗篇"和"中国古代节庆"两大块。书中还选译了《桃夭》《东山》《采葛》等"国风"中的 68 首，译文优美、准确，备受汉学界同道的称赞。第一部分"《诗经》中的爱情诗篇"，内容分为"乡野主题""乡村爱情""山水之歌"。关于第一部分的爱情诗，葛兰言根据诗歌的内容表现认为它们是"按规定时间，规定场所，供大型乡野集会歌唱用的"，所以这些歌谣是农民的即兴之作，其所表现的不是个人恋情，而是中国古代的风尚习俗。葛兰言在这里一反古代中国对《诗经》爱情诗的传统理解，显然是一种阐释上的创新。在第二部分中，葛兰言继承前人的研究方法，从民俗学角度对之作了精彩分析。他不仅总结了前辈的研究成果，而且也为学术界揭示人类这部分文学遗产的价值作了开拓性探索。他根据歌谣描写的内容，推定出了中国古代四个季节性的节日，详细描述了这些节日的内容、庆典祭祀的情况，进而探讨了古代中国的社会组织、宗教信仰和生活风尚。这种研究角度和视野，在当时的中国学术界也是未曾有过的。从民俗学的研究视野出发，葛兰言在吸取中国古代研究有益论点的同时，也摒弃了其中明显的错误。比如他不同意宋儒理学把爱情诗统统纳入儒教的范畴，批评了理学家否认爱情诗，认为"只要不坚持尊《诗经》为'经',不将儒家思想作为价值衡量之首要标准,那么就没有任何东西强迫人们思考什么歌谣表现了恶习,什么歌谣颂扬了德行等"。这样问题也就显而易见,人们就会肯定地认为所有歌谣都表现了过去日常的风尚习俗。这样的论断是对宋儒理学关于《诗经》注解的反拨,还原了古代歌谣的本来面目和文学价值。此外,他还从阴阳哲学的理论视域对"国风"中的爱情诗进行了独到阐发,认为它们所表现的更多是爱的恐惧、焦虑与煎熬。所谓"春女感阳气而思男,秋男感阴气而思女,是其物化,所以悲也"。通过季节的中介,当世间阴阳结合时,青年男女也随之结合起来,从而获得相爱的满足,而恐惧、忧虑于是被信任和心灵的平静所代替。葛兰言运用阴阳的原理进而论述到中国古代婚姻习俗、家庭组成和社会形态,"即从恋人不余力地所表达的忠诚誓言里,找出旧的一夫一妻制的证据",这是《诗经》研究中的重大突破。① 可以毫不夸张地说,《中国古代节庆与歌谣》是法国人研究中国诗歌的第一部不同凡响的论著。

在中国古典诗歌的翻译方面,当时最引人注目的就是以散文诗《认识东方》名垂一时的大诗人克洛岱尔。12 年的中国之行没有将克洛岱尔熔铸成一个汉学家、中国通,但中国文化的巨大魅力却给克洛岱尔的思想与创作带来了深刻影响。他除了热衷于道家文化,还深深陶醉于中国的唐宋诗词,这主要体现在其唐宋诗词的译集《拟中国小诗》(1935) 和《拟中国诗补》(1938)上。诗集里面的诗歌曾先后分别发表于《巴黎杂志》《费加罗文学报》《法兰西水星》《新评论》等刊物上。除了部分直译、意译的诗篇,如李白的《黄鹤楼送孟浩然之广陵》、贺知章的《回乡偶书》以外,大多是改译之作,显示了克洛岱尔对中国古诗的理解与转达。由于克洛岱尔不是汉学家,他并不精通汉语,他选择的诗歌大多为短诗,且其改译之作凝练简约,格调隽永,有的甚至极具日本的"俳句"之风(这与克洛岱尔曾在日本任职或有关联)。例如李白的《静夜思》,克洛岱尔改译后只剩下了两句简短诗行,题名为《霜》:

① 参见宋柏年主编:《中国古典文学在国外》,北京语言学院出版社 1994 年版,第 27—29 页。

　　　　彻夜我睡在月光底下，

　　　　清晨我的眼睫上结了一层白霜。①

　　可以看出，克洛岱尔的改作与李白的原诗完全是两副面貌。与其说是
《静夜思》的译作，莫如说是克洛岱尔自己的再创作。简短的诗行中，诗
人描绘了一幅枕月而眠的浪漫景致，营构了一个温馨宁静的境界，表达了
一种恬淡安适的情怀，李白原作所表现的望月思乡主题在这里已然消失。
克洛岱尔中文水平不高，中国诗歌文字意蕴的精妙他无法深究与把握，他
只能根据自身的经验、理解与想象，对中国诗歌的情韵作出自己的阐释。
故而，克洛岱尔所传递给法国读者的并非中国古诗的原质，而是一种东方
的情致与韵味。以"忠实"标准来评判，克洛岱尔的改作与原作是背离的，
但从"审美"的角度来观照，这些诗句却很好地传达了中国诗词的独特
神韵。

　　我们再看他改作的李清照的《声声慢》，题名《绝望》，译文如下：

　　　　呼唤！呼唤！

　　　　乞求！乞求！

　　　　等待！等待！

　　　　梦！梦！梦！

　　　　哭！哭！哭！

　　　　痛苦！痛苦！我的心充满痛苦！

　　　　仍然！仍然！

　　　　永远！永远！永远！

　　　　心！心！

　　　　存在！存在！

　　　　死！死！死！死！②

---

　　①　[法]克洛岱尔：《〈拟中国小诗十一首〉暨〈拟中国诗补〉六首》，徐知免译，《世界文学》
1995 年第 3 期。

　　②　参见钱林森：《法国作家与中国》，福建教育出版社 1995 年版，第 439 页。

这首以抒发中国女词人国破家亡的愁绪而脍炙人口的名篇，经过他的改译，完全是另一番模样。之所以产生这种现象，是与他对中国诗歌的误读分不开的。他自己曾明确地指出："中国的象形文字，经常启发人非常机敏、非常复杂、非常深刻的思想……为了把这些思想融为一体，中国作者，不用讲逻辑的语法联系，只消把词语并列起来即可。所谓读者，他是在利用人家给他提供的信号时，才称其为读者。"① 在《绝望》一词中，克洛岱尔从李清照词的丰富意蕴中，仅仅提取了国破家亡的伤怀，展开自己的想象，用"等待""梦""哭""痛苦""死"这些字眼毫无逻辑语法地"简单并列"，连缀成一首他自己的创作，借以表达西方人经历二次大战劫难的痛苦绝望的感情。"他的译文——严格地说，这只是根据他自己的接受消化，以自己的诗意想象再创作的诗作——为我们提供了一面借鉴之镜，使我们看到了一个西方诗人是如何让东方诗歌在另一种形式下获得新生"②。克洛岱尔对中国文学的注解无意中与中国的"诗无达诂"及文学交流中的接受理论不谋而合，使中法诗歌的对话呈现出一番别样的景致。

在中国古典诗歌中，陶渊明的诗在当时的法国有不少知音。20 世纪 20 年代，中国诗人梁宗岱留学欧洲时，曾用法文翻译了陶渊明的 19 首诗作，并寄给罗曼·罗兰。罗兰回信道："你翻译的陶潜的诗使我神往，不独由于你的稀有的法文知识，并且由于这些诗歌单纯、动人的美。它们的声调对于一个法国人是多么熟悉！从我们古老的土地上升上来的气味是同样的。"③ 虽然用"单纯、动人的美"这样简单的话来形容陶诗还是比较笼统的，但在这里，罗曼·罗兰确实已经道出了陶诗的主要特征。他认为，达到至高境界的诗歌哪怕语言相异，但是"气味"是相同的。这是一种对诗歌艺术有很深理解的哲人之见。法国著名象征派大师瓦莱里（Paul Valery）对陶诗也"心有灵犀"，表示了极大的热情。他劝梁宗岱把译诗印成单行本，并为译本写序，

---

① 转引自葛雷：《克洛岱与法国文坛的中国热》，《法国研究》1986 年第 2 期。

② 余中先：《克洛岱尔与中国传统文化》，见钱林森、[法] 克里斯蒂昂·莫尔威斯凯主编：《20 世纪法国作家与中国》，南京大学出版社 2001 年版，第 63 页。

③ 转引自宋柏年主编：《中国古典文学在国外》，北京语言学院出版社 1994 年版，第 110 页。

对陶诗给予极高评价，并称陶渊明为"中国的维吉尔和拉封丹"①。瓦莱里有这样一段精彩论述：

> 那是一种渊博的，几乎是完美的朴素，仿佛是一个富翁的浪费的朴素……因为朴素有两种：一种是原始的，来自贫乏；另一种却源于过度，从滥用中觉悟过来……试看陶渊明怎样观察"自然"。他把自己混同自然，变成其中的一部分：但他不想去穷竭他的感觉。古典作家并不做那些需要画家特殊的眼光或召呼全部字典出场的描写……这些蕴藉的艺术家有时以情人的态度，有时又以比较和蔼或严肃的哲人态度去鉴赏自然。更有时呢，他们是在田园或在渔猎，或简直是清静的爱好者。②

从中可以看出，瓦莱里的这些感受与苏轼评论陶诗时所说的"其诗质而实绮，癯而实腴""外枯而中膏，似淡而实美"是有着相通之处的，这体现了瓦莱里对陶诗的真切理解与把握。

1930 年，梁译法文本《陶潜诗选》出版后，梁宗岱寄了一本给罗曼·罗兰，罗兰在回信中说：

> 从灵感、移译和版本等各方面看，这是一部杰作……那奇迹，对于我，在这样一部作品里，就是它和那最古典的地中海——特别是拉丁——诗的真确的血统关系。贺拉斯和维吉尔都在这里面找到了自己。而在一些和谐的沉思，如"蔼蔼堂前林"或"少无适俗韵"里，我听见了阿尔卑斯山上一座别墅里的泉水的庄严音乐……这已经不是第一次了：我发觉中国的心灵和法国两派心灵之一（那拉丁法国的），有许多酷肖之点。③

---

① 维吉尔（Virgile），古罗马诗人。拉封丹，法国 17 世纪寓言作家。

② 转引自宋柏年主编：《中国古典文学在国外》，北京语言学院出版社 1994 年版，第 110—111 页。

③ 转引自宋柏年主编：《中国古典文学在国外》，北京语言学院出版社 1994 年版，第 111 页。

　　罗曼·罗兰在这里通过对陶诗的分析来揭示中法两国文学间的共通之处，中国古今诗人还鲜有能在国外得到如此深刻理解的。

　　20 世纪 20 年代到 50 年代，由于法国汉学界处于新老交替时期，这一时期法国研究中国古典诗词略显沉寂，所以中国古诗的译介不多。这个时期，我们所能见到的是一些热心介绍祖国文化的旅法学者的译述。如徐仲年翻译了唐诗百首名作，相继发表在里昂《中法季刊》《水星》《交流》《里昂大学杂志》等刊物；罗大冈据圣·德尼的《唐诗》选译进行了补充，译有《唐诗百首》（1942、1947），同时对屈原、陶渊明、李白、杜甫、白居易、李贺、李清照进行了译介，书名《首先是人，然后才是诗人》（1948），首次在法国展示了中国古代七位伟大诗人的形象。

第二节　中国古诗与英美"意象派"运动

　　意象派是 20 世纪初最为重要的诗歌流派，它产生于英国，但被美国诗人繁荣和推广。虽然意象派诗歌风靡西方诗坛的时间不长（从 1912 年至 1922 年），但它在世界诗歌史上的地位却是举足轻重的。意象派诗歌之于英美现代诗派，犹如序曲之于歌剧，亦如源泉之于江河，揭开了英美新诗运动的大幕，书写了现代诗歌史的崭新篇章，文学史普遍认为它开创了美国最有前景的文学运动。它第一次大规模地将东方传统文化和美学观念引入西方，使西方真正认识到了中国古诗灿烂丰富的美学内涵，并为世界诗歌的发展作出了巨大贡献。意象派诗人庞德（Ezra Pound，1885—1972）对中国古诗，尤其是中国古诗对美国新诗运动的意义，给予了高度评价，将其与欧洲文艺复兴时期的古希腊相提并论：中国诗"是一个宝库，今后一个世纪将从中国寻找推动力，正如文艺复兴时期人们从希腊那里寻找推动力"①。

---

　　①　转引自赵毅衡：《远游的诗神》，四川人民出版社 1985 年版，第 11 页。

一、意象派的兴起与中国古诗西传

意象派，即意象主义，是一批英美青年诗人于 1912 年左右在英国掀起的一场诗歌运动。20 世纪初的西方社会处于急剧变化之中，一战的爆发及世界性经济危机即是各种矛盾激化的结果，西方社会普遍感觉到了自身的深刻危机。艾略特（T. S. Eliot，1888—1965）的长诗《荒原》作为现代诗歌的里程碑，典型地代表了意象派诗歌所着力渲染的荒原感、危机感，写出了那种站在即将毁灭的边缘的精神虚脱。这种政治经济的急剧变化也必然影响到思想文化的变革。诗人们普遍感到应当探寻一种新的方式反映当时充满矛盾、危机和变幻的现实。当时笼罩英美诗坛的是冗长散漫、矫揉造作、无病呻吟的英国维多利亚诗风。"那些严格遵循着维多利亚时期诗学传统的诗人们，无论是英国的乔治派，还是美国的风雅派，依然在精心结构，以华而不实的语言抒发凄婉哀艳的情调，完全无视积病重重、危机四伏的社会现实"①。正如艾略特所说："本世纪头十年的形势异常，无论在美国还是在英国，我竟想不出有一位即便时处风华正茂的现世诗人能写出给追求新风格的年轻人指路引导的作品来。"② 因此，意象派破除旧习进行诗歌革新，可以说是社会历史现实的必然要求。

率先向传统诗风提出挑战的是英国诗人休姆（T. E. Hulme，1883—1917）。他于 1909 年 3 月在伦敦创立"诗人俱乐部"，逐步形成一个固定团体，每周聚会纵论当前诗坛状况以及诗歌的改革创新。在休姆看来，要彻底摒弃浪漫主义传统，必须为诗歌创作寻求新途，这新的途径，就是要在细小枯燥的事物中寻找美，用视觉上具体有形的东西写诗，以免滑进空洞与抽象中去。休姆提出了"意象"的概念，并把意象看作诗歌创作的中心因素。他说："意象诞生于诗歌。它们被用于散文，最终在新闻记者的英语中缓慢地、拖延地死去。现在这个过程非常迅速，以致诗人必须继续不断地创造新的意

---

① 周聪贤：《意象派诗歌在英美的渊源与终结》，《贵州大学学报》2005 年第 1 期。

② T. S. Eliot, *American Literature and the American language*, London: Faber and Faber Limited, 1965, p. 58.

象，他的真诚程度，可以以他的意象的数量来衡量。"①休姆在这里虽然已经谈及意象，但当时无论是就理论研究还是诗歌创作本身而言都尚未成熟，学界一般视该时期为意象派的准备阶段。

1911 年，美国诗人庞德作为在美国芝加哥的《诗刊》杂志的编辑来到伦敦，结识了休姆、著名的美国女诗人杜利特尔（Hilda Doolittle）以及"诗人俱乐部"的其他成员。庞德继承了休姆反浪漫主义的主张，立志进行诗歌改革，使走向衰落的英美诗坛获得新生。1913 年《诗刊》发表《意象主义》一文，庞德关于诗歌创作的三条原则正式被提出："直接处理'事物'，无论是主观的还是客观的；绝对不使用任何无益于呈现的词；至于节奏，用音乐性短句的反复演奏，而不是用节拍器反复演奏来进行创作。"②该三条原则带有纲领性质，被称为"意象派宣言"。同期还刊登了庞德的《意象主义者的几"不"》，这标志着意象派的正式诞生。1914 年，庞德选编意象派诗作 34 首，出版《意象主义诗人》一书，意象派在这一时期从理论到实践都走向了成熟。

《意象主义诗人》出版以后，在对"意象主义"的理解上，庞德与意象派其他成员产生了歧见，后来又与意象派诗人洛威尔（Amy Lowell）产生矛盾，遂离开了意象主义，转而提倡"漩涡主义"（Vorticism）。洛威尔于是领导这一诗歌流派，并于 1915 年、1916 年、1917 年连续出版了 3 期《意象主义诗人》。在第 2 辑的"序"中，洛威尔在意象派原来提出的创作三原则的基础上又提出了"六项原则"③。在此之后，由于几位运动主将先后脱离该流派，意象派运动继而衰微。1930 年，当年的意象派诗人理查德·阿尔丁顿（Richard Aldington）又编辑出版了一本回顾性的《意象派诗选》，但那只不过是对往昔的一种深深的怀念。意象派作为运动虽已结束，"然而，作为

---

①　[美] 韦勒克：《现代文学批评史》（第 5 卷），章安琪、杨恒达译，中国人民大学出版社 1991 年版，第 219 页。

②　[美] 弗林特（F. S. Flint）：《意象主义》，见 [英] 彼得·琼斯编：《意象派诗选》，裴小龙译，漓江出版社 1986 年版，第 150 页。该文虽由弗林特署名，实为庞德口述。

③　该文见 [英] 彼得·琼斯编：《意象派诗选》，裴小龙译，漓江出版社 1986 年版，第 158—159 页。这"六项原则"的基本要点是：1. 运用日常会话的语言，但要使用精确的词；2. 创造新的节奏以表现新的情绪；3. 在题材的选择上允许绝对的自由；4. 呈现一个意象；5. 写出硬朗明晰而不是模糊含混的诗歌；6. 凝练是诗歌的灵魂。

新诗运动标志的意象派并没有从此在世界诗坛销声匿迹，而是长途跋涉，传入世界其他国家，对整个世界诗坛产生了不可估量的重要影响"①。

　　如果说是历史发展和时代变化催生了英美诗坛上的意象派，那么，西传的中国古典诗歌则为意象主义理论提供了坚实的基础和无数生动的范例。就在意象派酝酿产生的时期，中国古典诗歌也被大量译介到美国。中国古诗重视意象，简约含蓄，清朗恬淡，其隐而不露的克制表现，寓激情于清静的美学呈现，在意象派诗人看来极其"现代"从而引起了极大关注。他们发现中国古诗的审美表现与意象派的诗歌主张极为合拍，能与英美传统冗长、做作的颓废诗风相抗衡。诚如美国文学史家马库斯·坎利夫（Marcus Cunliffe）在《美国文学》中谈到意象派诗人时所说："正当这些诗人处于关键时刻，他们发现了中国古典诗歌，因为从中找到了完美的含蓄和精练的字句而感到无比的激动。"②

　　这一时期，中国古典诗歌对美国新诗发生影响的主要途径主要有二：

　　其一是中外学者的互访交流，在中国诗传播方面发挥了积极作用。意象派的喉舌刊物《诗刊》主编哈丽特·门罗（Harriet Monroe）对中国文化和中国古诗怀有浓厚的兴趣，他曾于 20 世纪初和 30 年代两度访华，《诗刊》即是其第一次访华返美后创办的。《诗刊》副主编蒂金斯（Eunice Tietjens）也曾到访中国，她饮誉当时诗坛的诗集《中国剪影》（1917）也是访华返美后所作。那一时期，访问过中国的美国学人学者还包括：伊芙琳·斯各特（Evelyn Scott）、卡尔·扬·赖斯（Cale Young Rice）、伊丽莎白·科茨沃斯（Elizabeth Coatsworth）、米莱（Edna Saint-Vincent Millay）、威特·宾纳（Witter Bynner）、阿瑟·戴维森·菲克（Authur Davison Ficke）等。他们置身于中国文化的氛围中，又将中国艺术品和中国诗歌带回美国。这一时期，一批中国学者和诗人也相继访问美国，其中代表性的人物是赵元任、闻一多和胡适等。一方面，这些中国学者都具有非常深厚的中国传统文化修养，熟谙中国古典诗歌；另一方面，他们又非常熟悉西方语言文化，跟美国

① 刘岩：《中国文化对美国文学的影响》，河北人民出版社 1999 年版，第 86 页。

② Marcus Cunliffe, *The Literature of the Unite States*, Hong Kong: World Today Press, 1975, p. 247.

教育界、文学界有广泛联系，他们与意象派有过接触，甚至还同意象派的代表人物讨论过中国古诗，这为当时美国诗坛对中国诗歌的接受也起到了重要作用。

中国诗歌对美国诗歌发生影响的第二个途径，即英美著名汉学家和诗人对中国古诗的直接译介。20 世纪头 30 年，是中国古诗在美国翻译和流传的兴盛时期。根据赵毅衡先生的统计，在 1915 年到 1923 年间，包括《诗刊》在内的美国各大报刊刊登的对中国诗的译介和评论要远远超过除法国外的其他任何国家。从 1911 年至 1930 年的短短 20 年间，中国古诗的英文译本多达数十种。其中，庞德的《神州集》(Cathay) 最具代表性。这是在著名日本学家和汉学家费诺罗萨 (Ernest Fenollosa) 的笔记基础上经过删削、润色的 19 首中国古诗的译集，1915 年出版，1919 年又增订再版。长期以来，该译集被誉为庞德对英语诗歌"最为持久的贡献"和"英语诗歌的经典作品"[1]。意象派后期主将洛威尔和弗罗斯·艾斯柯 (Florence Ayscough) 合译的《松花笺》(1921) 也是当时最具影响力的中国古诗英译本之一。"松花笺"本是唐朝女诗人薛涛自制并用来写诗的彩色笺，她们直接将汉字"松花笺"印于诗集封面，充分说明她们对中国文化的了解和爱好。《松花笺》中专门辟有《诗中有画》一章，内收 24 首诗意象鲜明，意境优美，可见她们很喜欢中国古诗中那种生动如画的描写和意象。《松花笺》共收译诗 160 多首，其中大半是李白诗。除《神州集》和《松花笺》外，当时较有影响的汉诗译著还有宾纳 (Bynne) 与江亢虎根据中国清代孙洙所编《唐诗三百首》合译的《群玉山头》(1929、1931)，该书采用散体意译法，译笔生动活泼，在美国和西方学术界颇得好评。[2]

通过学者的互访交流以及英译汉诗在美国的广泛传播，中国古诗的美学观念广为意象派诗人接受，并一举助促了意象派的形成，对美国新诗的现代

---

[1] 赵毅衡：《意象派与中国古典诗歌》，《外国文学研究》1979 年第 4 期。

[2] 那一时期的中国古诗的其他英译本还有：弗莱契 (Fletcher) 翻译的《中国诗歌精华》(1918) 和《中国诗歌精华续编》(1919)；蔡廷干编译的《唐诗英韵》(1923)；惠特尔 (J. Whitall) 翻译的《中国抒情诗》(1923)；弗伦奇 (J. L. French) 翻译的《荷与菊》(1928)；《诗刊》主编蒂金斯编辑的《东方诗歌》(1928)；等等。

发展影响深远。"可以说，假如意象派在欧美文学史上承前启后，一举打破了诗歌创作不景气的局面的话，那么中国古诗的现代传播则是柳暗花明，给英美诗坛拨开了一种新的境界"①。

二、意象派诗歌对中国古诗的借鉴

中国古诗提倡简约和蕴藉之美，注重使用鲜明具体的意象来抒发思想情感，言简意赅却韵味无穷。正是中国古诗的这些独特的审美韵致，帮助意象派诗人认识到如何打破传统诗歌和诗学观念的束缚，去寻求一条新的途径。具体而言，意象派从中国古诗中所汲取的东方营养，主要体现在以下三个方面：

一是意象的营造。意象是诗歌形象构成的基本元素，它是诗人在特定情境中所创造的渗透着主观情思的客观物象。注重意象是中国古诗固有的传统，最早见于《周易·系辞上》："子曰：'书不尽言，言不尽意。'然则圣人之意，其不可见乎！子曰：'圣人立象以尽意……'"意即要完全表达意思必须用"象"。第一次将意、象连用，使之成为文艺美学的一个重要概念而进行论述的是刘勰，《文心雕龙·神思》篇中有："独照之匠，窥意象而运斤；此盖驭文之首术，谋篇之大端。"刘勰在这里将"意象"看成艺术构思的一个十分重要的原则。意象作为中国古典诗学的一个独特术语，它的内涵在历代的发展中越来越深厚，直至王国维的"境界"说将之推向极致。中国古典诗歌中新颖生动的形象，使意象派诗人找到了他们的追求。意象是意象派诗歌理论的核心，"意象派宣言"的第一个原则即是要求"直接处理主客观事物"。庞德还说："与其在一生中写浩瀚的著作，还不如在一生中只呈现一个意象。"②洛威尔提出的"六项原则"之一也是"呈现一个意象"。他们纷纷学习、模仿这种诗中有画、画中有诗的写法，最典型的便是庞德所写的被称为意象派诗的典范的《在一个地铁车站》："人群中这些面孔幽灵般显现／湿

---

① 殷国明：《20 世纪中西文艺交流史论》，华东师范大学出版社 1999 年版，第 140 页。

② ［美］庞德：《意象主义者的几"不"》，见彼得·琼斯编：《意象派诗选》，裘小龙译，漓江出版社 1986 年版，第 152 页。

漶漶的黑色枝条上的许多花瓣。"① 诗人为表现他在巴黎地铁车站所看到的一些妇女和小孩的美丽面孔，精心选择了"树枝""花瓣"等意象进行艺术表现，"展示了一种美丽的人性（花瓣）在地下隧道（时空）如雪纷如鱼跃如海潮如狂澜的群众中颤栗式的感觉"②。意象派"直接处理"主客观事物的原则在这里得到了生动体现。

　　二是意象并置的蒙太奇手法。中国古诗在意象运用上最突出的特点便是意象并置，即舍弃一切刻板的语法联系和抽象的逻辑推理，数个意象在诗中直接呈现而不用任何中间媒介，类似于电影的蒙太奇。一连串意象的排列形成一种共存并发的空间张力，从而使诗歌具有多重言外之意和独特审美效果。如马致远的《天净沙·秋思》："枯藤老树昏鸦，小桥流水人家，古道西风瘦马。夕阳西下，断肠人在天涯。"作者正是将若干意象进行并置组合，如水墨画般勾勒了一种略带感伤的物境，刻画了一个在日暮之时仍徘徊于西风古道之落魄天涯的游子形象。这种艺术手法在中国古诗中随处可见。如"鸡声茅店月，人迹板桥霜""明月松间照，清泉石上流""细雨鱼儿出，微风燕子斜""银烛秋光冷画屏，轻罗小扇扑流萤"等都是意象密集并置的佳句。意象派诗人从意象组合这一点上发现了中国古典诗歌的美学底蕴并为之倾倒，于是纷纷学习仿效。如庞德《诗章》第49章中的一段："雨、空江、孤旅／冻云之火，暮色大雨／茅屋檐下一盏灯／芦苇沉重，低垂／竹林细语，如泣。"③ 诗歌舍弃动词，连用名词，将意象并置，营造出类似中国古诗式的意境。杜利特尔的《林中仙女》（Oread）④ 一诗也体现了这一特征："翻腾吧，大海——／翻腾起你尖尖的松针／把你巨大的松针／倾泻在我们的岩石上／把你的绿扔在我们身上／用你池水似的杉覆盖我们。"⑤ 该诗颇有中国古诗中绝句的风味，被庞德誉为意象派的登峰造极之作，认为它最完美地体现了意象

① ［美］庞德：《在一个地铁车站》，杜运燮译，见黄晋凯等主编：《象征主义·意象派》，中国人民大学出版社 1987 年版，第 553 页。

② 流沙河：《十二象》，生活·读书·新知三联书店 1987 年版，第 206 页。

③ Ezra Pound, *The Cantos*, London: Faber and Faber Limited, 1975, p. 244.

④ Oread 为希腊神话中山林守护女神。

⑤ ［英］彼得·琼斯编：《意象派诗选》，裴小龙译，漓江出版社 1986 年版，第 27 页。

派的创作原则。从这些诗歌中我们可以清晰地看出意象派诗人为摹仿中国古诗所作的尝试。

三是简练含蓄的语言运用。中国古诗的语言特色就是简练含蓄，而西方诗歌则不同，"西方诗歌传统上是夸饰型的，而中国诗，用庞德的话说，就是'接近骨头'（near to the bone）。西方诗是有一分讲十分，作感伤性的发泄，中国诗是有十分只讲一分，隐而不露。因此'克制陈述'（understatement）是中国诗的基本手法"①。威廉斯认为："作为我们的诗歌根本的比喻，在中国人古老的杰作中很难发现……这就是为什么西方艺术与这种简朴的艺术相比，显得相当费力而紧张的原因。"②中国诗歌含蓄简练的语言，在他们看来极其"现代"，这一点正好成为意象派反对英国后期浪漫主义诗歌矫揉造作、无病呻吟诗风的依据。"意象派宣言"的第二条就是"绝对不使用任何无益于呈现的词"。庞德在《意象主义者的几"不"》一文中进一步提出诗要精练，要废弃冗词，不要描绘，不用修饰。在意象派诗人中，庞德类似于中国唐代的苦吟诗人。他的《在一个地铁车站》初稿曾有 30 行，经过一年半的思考和几度删改，最终浓缩为 2 行 13 个词。庞德抓住一个绝对强度的瞬间，以极其洗练的笔墨营造了一个意象审美场，给读者留下了多重想象空间。这种炼字、炼句的功夫，大有"语不惊人死不休"的味道。出于同样的美学追求，庞德还曾将艾略特的诗作《荒原》缩减了一半多篇幅，这首被精简后的诗歌成为现代主义诗歌的经典之作。

三、意象派诗歌对中国古诗的误读

中国古诗固然具有独特的审美韵致，深得意象派诗人们的青睐，使得他们纷纷翻译或仿效。然而，由于东西方文化的差异以及其自身的理论需要，意象派诗人对中国古诗的接受不可避免地存在着误读现象。接受理论认为，受本土文化传统的作用，在跨文化交流活动中，接受方必定会有意无意地对

①   赵毅衡：《远游的诗神》，四川人民出版社 1985 年版，第 195 页。
②   赵毅衡：《远游的诗神》，四川人民出版社 1985 年版，第 199 页。

放送方的文化通过选择、加工、改造等方式进行信息接受，以致形成误读。从汉学家和意象派诗人的汉诗译作可以看出，他们对中国古诗的误读主要表现在以下两大方面：

（一）汉学家与意象派诗人的汉诗译作存在诸多误译成分

一是把格律严谨的中国诗译成了自由诗。众所周知，中国古诗有着严格的格律要求，不仅每行字数大多相同，而且讲究诗行押韵以及平仄变化。由于中国诗的语言和诗律与英语诗相差太远，任何形式的模拟都不可能产生原诗的效果。韦利在他的译本前言中就声称，他翻译中国诗没有讲究韵律，"因为在英语中是不能创造出同原诗韵律效果类似的韵律来的"[1]。因此，意象主义诗人们在翻译汉诗时反而感到解除了束缚，他们不去讲究其韵律，而完全译为自由诗。庞德谈他的体会时就说："当我译《神州集》时，我对（中国诗的）音韵技巧一无所知"，因此，"当我们将东方转给西方时，大部分中国诗的音韵是毫无用场的"[2]。自新诗运动开始，以自由诗来传达中国诗歌的风味就形成了既定传统。意象派诗人用新方法将中国古诗进行自由翻译，这与新诗运动的宗旨是一致的。由于多数汉诗英译文中缺乏规则的韵律，以致不少人便误认为中国诗原本就是自由诗，因而大肆宣扬这种无韵诗，这无疑推动了意象派诗歌运动的发展。

二是意象派诗人发现汉字是"图画文字"，便通过"拆字法"翻译了一些中国诗歌，从而使译诗偏离了原诗本意。洛威尔在给门罗的信中谈到了这种"拆字法"译诗原则："我作出了一个发现，先前西方所有关于中国诗的著作从未提及，但我相信在中国文人中此事是尽人皆知。我指的是：每个汉字的字根都使此字带上了言外之意，就像我们语言中的形容词或想象的写作。我们不可能按汉字的字面意义译诗，每个字都必须追寻其组成，这样我们才能明白为什么用这个字，而不用同义的其他字。"[3]弗罗丝·艾斯柯在《松花笺》的序言中也谈到了汉字的这个特点："这些笔画神奇的组合我们称

---

①　Waley, *A Hundred and Senventy Chinese Poems*, New York: Alfred A. Knopf, 1919, p. 4.

②　转引自赵毅衡：《远游的诗神》，四川人民出版社 1985 年版，第 210 页。

③　转引自赵毅衡：《远游的诗神》，四川人民出版社 1985 年版，第 269 页。

其为汉字，其实它们是完整思想的独立的图画文字式的表现……正因为汉字在组合上有描绘性暗指，全诗才从字的结构意义中丰富了其意涵。"①《松花笺》中用"拆字法"所译的汉诗不在少数。例如，将"归来视幼女，零泪缘缨流"（韦应物）译成："My tears fall as rain. They trickle down the string of my cap and continue to flow."原诗中并无"泪如雨下"的意思，这是译者拆开汉字"零"才得到"雨"的意思，造成了误读。由于洛威尔在当时作为新诗运动领袖的声望，"拆字法"引起了人们相当的兴趣。意象派诗人这样做的结果，不仅歪曲了原诗的含义，而且也丧失了我国古典诗歌的简约之风，因而遭到了赵元任等人的批评。但意象派诗人的这一做法也不无道理，因为他们发现汉字本身就为读者展示了一幅幅图画，这虽是一种误读，却与他们所提倡的意象手法不谋而合。

三是在译诗过程中充分突出意象，使许多中国诗的英译文成为运用意象手法的杰出范例。诚然，意象的营造乃中国诗特有的审美特点，意象派诗人在翻译中国诗时也基本上保留了原有的意象，他们运用"拆字法"翻译中国诗也正是为了使意象得以突出体现。为让西方读者了解颇具中国文化色彩的意象，弗罗斯·艾斯柯在《松花笺》的序言中甚至用了数十页篇幅对之作了解释。为了充分突出原诗的意象，庞德在《神州集》中的大量译诗通过"拆句"的方式，将汉诗中各个词的英文意思按照原诗的词语搭配关系来组成新的英语句子，而且不遵循英语的语法结构，句子与句子间省却连接词，从而鲜明地形成意象并置的特征。如卢照邻《长安古意》中的"碧树银台万种色。复道交窗作合欢，双阙连甍垂凤翼"三句被译成了这样："Trees that glitter like jade / Terraces tinged with silver / The seed of myriad hues / A network of arbours and passengers and coverd ways / Double towers, winged roofs/Border the network of ways / A place of felicitous meeting."庞德译文的基本方法是把原文一个意象断成一行，这样就形成了大量的意象并置句式，最后一行"胜会之地"实际上是移用了原诗第二句"作合欢"一语，在这里形成了一个总

---

① Ascough and Lowell, *Fir-Flower Tablets*, Boston and New York: Houghton Mifflin Company, 1921, pp.v–vi.

结性的意象叠加。

(二) 意象派所理解的意象与中国古诗之意象具有明显差异性

英美意象派在意象营造、意象并置手法、简练含蓄等方面向中国古诗学习颇多,但是,由于东西方不同的文化传统及诗学追求,二者虽同用意象,但对意象的认识却是貌合实离,具有明显的差异性。中国传统文化以儒、道、释三家文化为基础,总体上持"天人合一"的宇宙观,追求人与自然、心与物的和谐统一,倾向于庄子"天地与我并生,万物与我为一"的精神境界。在艺术创造上,《文心雕龙》以"神用象通,情变所孕"揭示了意象营造的真谛,即诗人在创造活动中情景交融、心物合一,艺术与自然和谐并存于一体,达到内意与外象契合交融的艺术境界。所谓以情眼观物,"登山则情满于山,观海则意溢于海"。与中国"天人合一"的哲学理念相反,受柏拉图的"理念世界"与亚里士多德的"普遍逻辑结构"理论的影响,西方传统文化对待客观世界一向持科学分析的态度,人与自然、精神与物质被划分为互相对立的两元,强调以自我来解释非我世界中的一切现象。这种天人对立的哲学观,表现在艺术创造上,即是注重"摹仿""再现"的写实手法。意象派诗人在打破语言与逻辑的既有规范,运用意象独辟蹊径的同时,也难脱这种写实传统的窠臼。庞德给"意象"所下的定义是:"意象是在一刹那间呈现理智和情感的复合物。"[①] 洛威尔则指出,"'意象主义'指的是呈现的方法,而不是指呈现的主题。它意思是说要清晰地呈现作者想要表现的一切"[②]。"意象派宣言"提出的三原则,其中两条即是"直接处理'事物'""绝对不使用任何无益于呈现的词"。可见,意象派只是注重舍弃那些与中心意象无关的词语,使得意象的表现简洁明快,坚实而清晰,其写实之倾向非常明显。这与中国古诗以个体主体性为内核来经营意象,追求"言外之意""象外之象"之韵味显然有别。相对而言,中国古诗以神韵、意味为终极目的,

---

① [美] 庞德:《意象主义者的几"不"》,见 [英] 彼得·琼斯编:《意象派诗选》,裘小龙译,漓江出版社 1986 年版,第 152 页。

② [美] 洛威尔:《意象主义诗人 (1916)》序,见 [英] 彼得·琼斯编:《意象派诗选》,裘小龙译,漓江出版社 1986 年版,第 160 页。

强调的是"意",而意象派却是以清晰的形象作为最终归宿,偏重的则是"象",也即作客观的表达手段。

当两种不同的文化相互碰撞时,误读是一种必然会产生的现象。"一般说来,人们只能按照自己的思维模式去认识这个世界。他们原来的'视阈'决定了他们的'不见'与'洞见',决定了他们对另一种文化如何选择,如何切割,然后又决定了他们如何解释"①。就意象派诗人对中国诗歌的接受而言,他们的"视阈"同样决定了其对中国诗歌的选择与理解,其中有无意误读的成分,但更多地体现着他们故意的文化选择。

就无意误读的层面来看,中国文化蕴意深厚,而庞德和洛威尔都不懂中文,庞德主要是根据弗罗诺萨的草译及日文注释来翻译,洛威尔是与弗罗斯·艾斯柯以通信的方式合作翻译,所以他们的译文误读很多。另外,东西方不同的诗学传统也制约着他们的接受。意象派在意象营构方面向中国古诗借鉴颇多,但他们创造出的诗歌意象在其呈现方式及物我关系的观照上与中国古诗中的意象迥然相异,这是由于东西方不同的文化及诗学传统而不可避免地导致的。按照接受美学的理论,由于不同区域、民族文化之间的差异性与特殊性,使得接受主体往往只能从自身的文化传统出发来理解他质文化,从而造成异质文化间程度不同的误读。对此,著名比较文学学者叶维廉提出了"模子"理论,他认为不同文化传统决定着不同的"美感运思及结构行为",养成不同的文化"模子",只有"跳出自己的模子的局限而从对方本身的模子去构思","始可得到两者的全貌"②。如前文所述,在对意象的界定上,中国强调的是"意",而西方侧重的则是"象",因此,"他们用他们的眼镜来看待中国诗歌中的意象,自然多少走了样,这又是他们诗的基本模式所决定的"③。

当然,意象派诗人对中国古诗的误读主要还是有意的,即是为了革新那种矫揉造作、冗长散漫的维多利亚诗风的特殊需要。正如赵毅衡所指出

---

① 乐黛云:《比较文学与比较文化十讲》,复旦大学出版社 2004 年版,第 32 页。

② 叶维廉:《比较诗学》,东大图书公司 1983 年版,第 2—3 页。

③ [英]彼得·琼斯编:《意象派诗选》,裘小龙译,漓江出版社 1986 年版,译后记,第 185—186 页。

的，"中国诗影响起伏的规律或许是：每当美国诗人试图松动英国（欧洲）文化传统的束缚，摆脱学院派保守主义的压力，他们就需要中国古典诗歌的支持。中国古典诗歌的影响似乎始终与美国诗中的激进倾向相联系"①。于是，误读成为一种自觉的文学行为，意象主义者们在译介中国诗的过程中把中国诗更加中国化了，也即是说，他们所接受的是"'中国化'了的中国诗"②，从而产生了他们所追求的理想诗风，更好地适应了新诗运动的发展需要。

综上所述，中国古诗给予意象派的影响是多方面的、深刻的。当然，意象派的文化源泉并不局限于中国诗歌，而是受到了其他多方面的影响。其中较重要的当属法国象征主义。以波特莱尔为首的象征主义诗人对传统现实主义创作方法的有力反叛，无疑对意象派诗人产生了一定影响。另外，法国哲学家柏格森的直觉主义和时空观念也为意象派提供了认识论依据。意象派诗歌还受到日本俳句的影响，但意象派诗人们也意识到日本诗"不过是中国美学的一个高度集中的表现"③，所以日本诗在其间起了推动和媒介的作用。意象派诗人们异口同声地道出了中国诗对他们的影响。《诗刊》主编门罗说："分析到底，意象派可能是追寻中国魔术的开始。"④弗莱契说："正是因为中国影响，我才成为一个意象派，而且接受了这个名称的一切含义。"⑤美国诗人 W. S. 默温（W. S. Merwin）说："到如今，不考虑中国诗的影响，美国诗就无法想象。这种影响已成为美国诗自己传统的一部分。"⑥意象派作为一个文学流派虽然存在的时间不长，但它却释放出了巨大能量，深刻地影响着诗的世界，它像一块跳板一样使诗歌跃入了现代时代。从这个意义上来说，中国古诗和诗学对意象派的影响，是有着划时代意义的。

---

①　赵毅衡：《关于中国古典诗歌对美国新诗运动影响的几点刍议》，《文艺理论研究》1983 年第 4 期。

②　赵毅衡：《关于中国古典诗歌对美国新诗运动影响的几点刍议》，《文艺理论研究》1983 年第 4 期。

③　赵毅衡：《远游的诗神》，四川人民出版社 1985 年版，第 2 页。

④　转引自赵毅衡：《远游的诗神》，四川人民出版社 1985 年版，第 8 页。

⑤　转引自赵毅衡：《远游的诗神》，四川人民出版社 1985 年版，第 9 页。

⑥　转引自赵毅衡：《远游的诗神》，四川人民出版社 1985 年版，第 1 页。

第三节　庞德对中国诗及诗学观念的接受

庞德是美国现代重要诗人、翻译理论家、现代诗歌的奠基人。他是诸多文艺流派的倡导者，亦是中国文化的热心传播者。他的诗学理论和诗歌创作对现当代英美诗歌的发展产生了重要影响，推动了现代西方诗歌的发展。庞德出生于美利坚，曾在宾夕法尼亚大学和汉密尔顿大学学习，同时开始诗歌创作。20 岁后漫游欧洲，在伦敦结识了一批作家和诗人，他参加了休姆组织的诗人俱乐部，与弗林特（F. S. Flint）、奥尔丁顿（Richard Aldington）等人一起发起了意象主义新诗运动。在这一时期，庞德开始接触东方文学艺术，为之深深吸引，并开始创作具有东方情趣的短诗。1914 年以后，庞德脱离了意象派，与画家海德姆·刘易斯（Windham Lewis）一起发动漩涡主义。庞德对具有重要影响的《诗刊》作出过突出贡献，并帮助和提携了一些年轻诗人和作家。①1924 年庞德迁居意大利，第二次世界大战期间一度替墨索里尼的法西斯政权作宣传，被指控犯有叛国罪押往华盛顿受审，1958 年获释后重返意大利定居。

庞德的一生经历具有丰富的传奇色彩，西欧各国的文化与历史氛围他耳濡目染，他的早期诗作带着法国普罗旺斯歌谣和英国前期诗歌的馥郁幽馨，东方文化的遥远神秘又令他心向往之，其中包括日本的文化和文学，但比较起来，给他留下最深烙印并造成深刻影响的，要数中国的诗歌和文化。诺贝尔文学奖得主艾略特曾为庞德译的《诗经》作序，序言说："庞德是我们这个时代中国诗歌的创造者。"② 这里所说的"中国诗歌"，是指庞德在中国古

---

① 庞德帮助詹姆斯·乔伊斯（James Joyce）发表《青年艺术家的肖像》和《尤利西斯》；他对艾略特的《荒原》进行了大幅删改，最终使《荒原》成为现代诗歌的一部里程碑作品；在庞德帮助下逐步成名的作家还包括英国作家劳伦斯（D. H. lawrence）和美国作家费罗斯特（Robert Frost）、海明威（Ernest Hemingway）等人，英国诗人叶芝（W. B. Yeats）也由于他的影响而改变了创作风格。

② T. S. Eliot, *Ezra Pound: Selected Poems*, London: Faber and Faber Limited, 1934, p. 16.

诗的影响下按照中国风格写诗而开创的 20 世纪西方诗歌的新种类，也即意象诗。庞德的一生著述颇丰，其最主要的作品是长诗《诗章》，于 1917 年至 1959 年分批发表，该长诗中的突出部分是当他被囚禁于意大利比萨俘虏营时所写的《比萨诗章》，《比萨诗章》于 1948 年获得博林根诗歌奖。① 庞德的诗歌创作具有鲜明的中国风烙印，不仅在意象的营构上，中国的素材、形象，甚至文字也屡见不鲜。庞德有英译中国古诗集《神州集》（1915），还翻译介绍了中国的儒家经典，有《大学》（1928）、《论语摘要》（1937）、《中庸和大学》合订本（1947）、《论语》全译本（1951）、《诗经》（1954）。其英译的《诗经》收集了全部 305 首诗，被认为是庞德研究中国文学的最高成就。

一、庞德的诗学主张与中国诗

20 世纪初，英美现代诗人为革新当时的维多利亚诗风而掀起了意象派运动。庞德作为意象派的创始人、主将和旗手，对意象主义诗歌发展无疑起了重大作用。

庞德诗学理论的最重要贡献就是提出了"意象"理论，这也是意象派的创新所在。庞德倡导现代主义诗歌应注重精确、得体的意象，用硬朗、干燥的语言传递情感。所谓意象，庞德定义为"一刹那时间里呈现理智和情感的复合物……正是这样一个'复合物'的呈现同时给予一种突然解放的感觉：那种从时间局限和空间局限中摆脱出来的自由感觉，那种当我们在阅读伟大的艺术作品时经历到的突然成长的感觉"②。庞德还与其他一些意象主义诗人一起，提出了意象派的诗学纲领："直接处理'事物'，无论是主观的还是客观的；绝对不使用任何无益于呈现的词；至于节奏，用音乐性短句的反复演

---

① 除《诗章》外，庞德还著有诗集《天才的灭亡》（1908）、《狂喜》（1909）、《人物》（1909）、《意象派诗人》（1914）、《向塞克斯特斯·普罗蒂斯致敬》（1917）、《休·塞尔温·毛伯利》（1920）。庞德还出版了不少散文和评论作品，其中比较重要的有：《罗曼斯精神》（1910）、《要革新》（1934）、《阅读入门》（1934）、《文化指南》（1938）、《影响：论愚昧和美国文明的衰落》（1960）。

② ［美］庞德：《意象主义者的几"不"》，见［英］彼得·琼斯编：《意象派诗选》，裘小龙译，漓江出版社 1990 年版，第 152 页。

奏，而不是用节拍器反复演奏来进行创作。"①从这些规定可以看出，意象派诗论倡导具体，力避抽象，诗人的感受不宜直接表露，要用简约的语言直观地呈现事物，将诗人的情感用特定的意象予以暗示，同时提倡格律的革新。

此后，在《意象主义者的几"不"》一文中，庞德对意象派的诗学主张作了更为详尽的阐释。诗要具体，避免抽象，"不要用像'充满和平的暗淡土地'这样的表现方法"；诗要精练，不用废词，"不要用多余的词，不要用不能揭示什么东西的形容词"；要直截了当，不要修饰，"不要用装饰或好的装饰"；诗要自然，诗的"节奏结构不应该损毁你文字的形比或它们自然的声音和意义"②。庞德和意象主义者们所提倡的创作方法无疑对维多利亚时代注重模仿、注重修饰、注重韵律的诗风进行了反拨。1914 年，庞德在《漩涡主义》一文中又进一步发展了"意象"理论："意象非一个思想。它是一个能量辐射的中心，一个发光的集束，是一个漩涡。许多思想不断地从其中升起、沉入或穿过这个漩涡。"③1915 年，庞德在《关于意象主义》一文中还曾进一步区别了不同类型的意象，指出意象有主观和客观之分，他说："意象可以有两种。意象可以在大脑中升起，那末意象就是主观的……其次，意象可以是客观的。摄取某些外部场景或行为的情感，事实上把意象带进了头脑；而那个漩涡又去掉枝叶，只剩那些本质的、或主要的、或戏剧性的特点，于是意象仿佛像那外部的原物似地出现了……在两种情况下，意象都不仅仅是思想，它是漩涡一般的或集结在一起的溶化了的思想，而且充满了能量。"④庞德关于意象的这些主张是对诗歌传统表现模式的突破与改变，拓宽了诗歌表现的生活领域，这些观念对意象派诗歌理论作出了重大贡献，为现代诗歌的发展奠定了理论基础。

庞德的意象主义诗学主张是同他对中国文化尤其是中国古诗的研究密不

① ［美］弗林特：《意象主义》，见［英］彼得·琼斯编：《意象派诗选》，裴小龙译，漓江出版社 1990 年版，第 150 页。

② ［美］庞德：《意象主义者的几"不"》，见［英］彼得·琼斯编：《意象派诗选》，裴小龙译，漓江出版社 1990 年版，第 152—155 页。

③ Ezra Pound, *A Memoir of Gaudier-Brzeska*, New York: New Directions, 1970, p. 92.

④ ［美］韦勒克：《现代文学批评史》（第 5 卷），章安祺、杨恒达译，中国人民大学出版社 1991 年版，第 239 页。

可分的。早在 1911 年，庞德还没有接触到中国诗时，就已经提出了诗人要找出事物明澈的一面去表现，而不要进行任何解说和评论。1913 年，庞德在整理费诺罗萨的笔记与手稿的过程中接触到了中国古诗，他在潜心钻研中国诗歌和汉字中眼界大开，在中国诗里发现了"一个全新的希腊"，一个由他孜孜以求的意象派主张构成的诗学新世界。与夸饰型的西方传统诗歌不同，中国诗讲究含蓄，隐而不露，"克制陈述"是其基本手法，用庞德自己的话讲就是"接近骨头"。庞德曾对李白的《玉阶怨》一诗进行过仔细分析，认为中国诗很好地体现了一种"化简诗学"（reductionist poetics）："我们仔细检查此诗，可以发现一切要说的全都有了，不仅是暗示，而且是用类似数学的化简过程"①，其明显特征就是减少比喻而直接描写事物。而庞德则将比喻性夸饰看作西方文学衰落的关键。在庞德看来，中国诗的语言是一种很"现代"的语言，它是直接呈现而非"再现"的意象，庞德明确指出："正是由于中国诗人满足于把事物表现出来，而不加以说教或评论，人们才不辞辛苦地加以移译。"② 他把中国诗的发现喻为找到一个"新的希腊"："一个文艺复兴，或一个觉醒运动，其第一步是输入印刷，雕塑或写作的范本……很可能本世纪会在中国找到新的希腊。目前我们已找到一整套新的价值。"③ 庞德闪烁其词暗示的"一套新的价值"，实际上就是他当时正在研读的费诺罗萨关于中国诗的论文手稿。

综上我们可以看出，庞德的意象主义理论与中国古诗的亲缘关系。评论家威廉·斯卡夫（William Skaff）曾说："大概早在 1914 年底，可以肯定地说，1915 年初，庞德便开始用汉字表意的方法审视'意象'，并逐渐使它上升为理论。"④ 评论家瓦格纳（Hyatt Waggoner）说："'表意法'是庞德早先有关意象主义界说含义的扩充。由于东方诗的发现和通过用明确的'科学的'

① 转引自赵毅衡：《诗神远游：中国如何改变了美国现代诗》，四川文艺出版社 2013 年版，第 194 页。

② 转引自赵毅衡：《诗神远游：中国如何改变了美国现代诗》，四川文艺出版社 2013 年版，第 193 页。

③ 转引自赵毅衡：《诗神远游：中国如何改变了美国现代诗》，四川文艺出版社 2013 年版，第 17 页。

④ 转引自洪振国：《浅谈庞德的"表意法"》，《五邑大学学报》1990 年第 2 期。

理性代替早先含混的意象主义定义，意象主义现在得到了加强和支持。"① 可以说，庞德关于意象的理论同他关于汉字和中国文化的认识相辅相成，互为补充。庞德不仅翻译了许多中国古诗和儒家著作，而且还改作了一些中国诗，并将之收入出版于 1914 的《意象主义诗人》。② 通过把中国诗歌引进第一部意象派诗集，庞德为意象主义运动指明了新方向和新的可能性——利用中国诗歌中那些生动有力的意象主义传统。此外，庞德还在《诗刊》上发表过许多评论、移介中国古诗的研究性文章，为意象派诗人提供理论滋养。

二、《神州集》对中国古诗的移译

庞德在创作生涯之初热衷于翻译中国的古典诗歌，他最为成功的译集是蜚声文坛的《神州集》。《神州集》又译《中国诗抄》《华夏集》或《汉诗译卷》，是庞德根据费诺罗萨的笔记整理而成的汉诗英译作品。在费诺罗萨的笔记里大约录有 150 首中文诗，庞德从中选译了 19 首，③ 并根据自己的理解进行了再创造，于 1915 年出版。庞德的《神州集》在西方一直被看作"庞德的一组基于中国素材的英语诗歌，而不仅仅是翻译"④。这部译集虽然篇幅不大，但却是西方英语世界了解中国古诗的重要窗口，它的影响甚至超过了韦利的译诗。

费诺罗萨是美国诗人，东方学家。毕业于哈佛大学神学院，1877 年应聘到日本东京大学任哲学教授，自此改攻东方学。他在对日本文化的研究

---

① Hyatt Waggoner, *American Poets*, New York: Dell Publishing Co., Inc., 1968, p. 336.

② 该诗集收入的庞德的诗共有 6 首，其中有 3 首取材于中国古典诗歌，包括《仿屈原》（九歌中《山鬼》的改作）、《刘彻》（意译自汉武帝刘彻的《落叶哀蝉曲》）、《秋扇怨》（取材自班婕妤的《怨歌行》）。

③ 这些诗包括《诗经·小雅》中的《采薇》、汉古诗中的《青青河畔草》、汉乐府《陌上桑》、陶渊明的《停云》、李白诗 12 首（《江上吟》《长干行》《侍从宜春苑奉诏赋龙池柳色初青听新莺百啭歌》《天津三月时》《玉阶怨》《胡关饶风沙》《忆旧游寄谯郡元参军》《黄鹤楼送孟浩然之广陵》《别友》《送友人入蜀》《登金陵凤凰台》《代马不思越》）、郭璞的《游仙诗》、卢照邻的《长安古意》、王维的《送元二使安西》。

④ 殷斌：《论中国文化对庞德的影响》，《重庆师院学报》1994 年第 2 期。

中发现了中国文化的影响作用，进而研究中国文化，并向贺永雄（Ariga Nagao）、森海南（Mori Kainan）等著名学者学习中国古诗，写有大量研究笔记以及从日文转译的中国古诗的译稿，准备日后整理出版。不幸的是，他于1908年因心脏病去世。1913年，费诺罗萨夫人读到了庞德发表在《诗刊》上的诗作，感到颇具东方诗味，她觉得庞德是继承她亡夫遗志的最佳人选，于是慨然将费诺罗萨的所有文稿和笔记赠予庞德，让他整理出版。

其实在这以前，庞德就已经通过戈蒂埃（Judith Gauthier）的唐诗法译本《玉之书》和翟理思（Herbert Giles）用英文撰写的《中国文学史》接触到了中国古诗。庞德对中国文化产生了强烈兴趣，可惜语言造成隔阂。费诺罗萨这些现成的研究成果和汉诗直译手稿，无疑为他进一步开启中国文化之门提供了一把钥匙。庞德在阅读并研究了费诺罗萨的手稿之后十分兴奋，他选择了19首汉诗，在加工之后出版而成译诗集《神州集》。庞德选译这些诗歌并不是随心而就，而是经过慎重考虑的，正如恩特梅尔指出的："庞德先生不仅有鉴别才干，而且有选择的天赋，实际上后者，即集中化的品质，是庞德最引人注目的优点，一如庞德从费诺罗萨日记所改译成的《神州集》所证明的那样。"[①] 选材方面，庞德在《神州集》中所选的大多是表现离苦愁思之作，整部诗集所体现的是一种悲愁氛围，第一次把当时欧美读者最受触动的题材"愁苦"突出地表现了出来。庞德翻译《神州集》的时期正值西方第一次世界大战，诗集中所表现的厌战愁时主题以及所弥漫的悲凉忧郁氛围，正是战时西方人内心愁绪的真实映现。庞德不满于西方世界的穷兵黩武，他试图通过《神州集》的这些诗篇来触动西方读者的心弦，在西方读者和中国古诗之间营造一种共通的心理结构，在遥远的东方诗国中寻求心灵的共鸣。

庞德接获费诺罗萨手稿之时，正值意象派运动蓬勃开展之高潮，通过对费氏手稿的研读，他惊讶地发现，中国古诗在艺术表现上所体现出的注重意象、简约等特点，与他所提倡的诗学理念竟然有着如此的契合。他说："我们似乎已经失去了那个闪闪透亮的世界，在那世界里，一个思想用明亮的边

---

① 转引自赵毅衡：《诗神远游：中国如何改变了美国现代诗》，四川文艺出版社2013年版，第162页。

锋透入另一个思想，是一个各种气韵运行的世界……种种磁力成形，可见或隐隐欲现，如但丁的'天堂'，水里的玻璃，镜中之像。"① 在诗歌创作方面，中国古典美学强调含蓄蕴藉之境，如司空图以为"韵外之致""味外之旨"（《与李生论诗书》），"不着一字，尽得风流"（《诗品》）；严羽以为"语忌直，意忌浅，脉忌露，味忌短""盛唐诸人惟在兴趣，羚羊挂角，无迹可求。故其妙处透彻玲珑，不可凑泊，如空中之音，相中之色，水中之月，镜中之象，言有尽而意无穷"（《沧浪诗话》）。可以看出，庞德的理论主张与中国的这些美学思想具有相通之处，而庞德接受中国诗的根本落脚点，就是用中国的"意象""神韵""简洁""含蓄"等来反拨维多利亚诗的矫饰之风。

庞德从费诺罗萨的手稿中认还识到了汉语形声文字的特点，有关成果他随后整理成《作为诗歌手段的中国文字》一文于 1918 年 4 月发表在《今日》月刊上。费诺罗萨认为，中国文字既有象形图画的逼真性，也有声音的运动性，在某种意义上甚至比图画故事更客观，也更戏剧化。同时，中国文字通过自己的象形系统建立起相对于语义世界的又一个隐喻世界，即用物质的形象暗示非物质的关系，并能从仅仅图画式的书写中建起伟大的智力构造，借助于如画般的可视性，它所取得的思想比任何表音文字都更生动、更持久、更具有创造性，故而中国文字是最适宜写诗的文字。正因为如此，中文在叙事之际可直呈其景，句子成分之间不一定要有逻辑关联而同样可以清楚关系，显示了中国诗"用其生动形象的宝库返回自然的程序"②。费诺罗萨这些思想给庞德的译诗和写诗以很大启发，他在 1935 年出版的《作为诗歌手段的中国文字》一文的跋中写道："尽管我们中的少数人 20 年前就从费诺罗萨那里学到许多东西，整个西方对中国卓越的文字艺术至今茫然无知，我都怀疑他们比希腊人还无知。我们的诗人，窝窝囊囊，不懂音乐，没有耳朵；光抱怨教授们太差劲，这无济于事。"③ 庞德在 1934 出版的《阅读 ABC》一书中对费诺罗萨的观点予以充分肯定："费诺罗萨的论文或许过于超越他

---

① 转引自叶维廉：《中国诗学》，生活·读书·新知三联书店 1992 年版，第 64 页。

② ［美］费诺罗萨：《作为诗歌手段的中国文字》，庞德编，赵毅衡译，《诗探索》1994 年第 3 期。

③ ［美］庞德：《作为诗歌手段的中国文字·跋》，赵毅衡译，《诗探索》1994 年第 3 期。

的时代，因而不易被人理解，他未将其方法宣称为一种方法。他努力向人们解释，中文是记载、表达思想的一种工具。他是抓住了本质的——对中国人的思维有效而对许多欧洲人的思维与语言无效甚或造成大的偏差这一本质差异。"①

庞德从费诺罗萨的手稿中充分意识到汉字的可视性，正是从这个时期起，庞德开始学习中文，以汉字画图表意的方式来审视意象。在翻译《神州集》时，庞德并不着力于对原诗的忠实翻译，而是结合自身诗观，重视诗歌的意象与节奏。由于当时是刚学中文不久，而且又是根据费氏粗糙的笔记为蓝本，这恰恰"给他探索自由诗结构以最大的自由……庞德的译文保留了古风和异国情调，主要是通过诗歌中实质性的内容获得的，或者说通过诗歌中狭窄的意象成分以及保留中国地名（虽然通过日语转译）获得的"②。故而，《神州集》在中西方许多学者看来不是严格意义上的译作，而属于庞德的创作。叶维廉先生就认为："（《神州集》）作为翻译可以视为一种再创造。在这些作品中，我们不能指望找到所有细节的再现，包括联想意义、地域风味以及修辞趣味等。相反，我们发现基本诗篇以透明的细节保留着。这些诗篇在意义上与原文有所不同：某些字面意义或者被取消，或者被改变，原来的地域色彩也作了一些修饰或改变，以符合英语读者的理解，某些典故也被删去，以免让读者受到注解之苦。"③《神州集》是中国诗影响庞德创作的开始，该诗集的出版助推了其作为现代最重要诗人的渐趋成熟。英国女作家梅·辛克莱（May Sinclair）认为："（对庞德来说）所有起过作用的异国影响，以中国诗人的影响最为有用。中国影响促成了……他的理解越来越完美的实现，使他发现了他最终的自我。"④ 庞德的朋友福特（Ford Mardox Ford）也曾说："《神州集》是用英语写成的最美的书……如果这些诗是原著而非译诗，那么

---

① Ezra Pound, *ABC of Reading*, Boston: George Roudedge Limited, 1934, p. 19.

② ［美］杰夫·特威切尔：《庞德的〈华夏集〉和意象派诗》，张子清译，《外国文学评论》1992 年第 1 期。

③ Wai-lim Yip, *Ezra Pound' Cachay*, Princeton: Princeton University Press, 1969, p. 291.

④ 转引自赵毅衡：《诗神远游：中国如何改变了美国现代诗》，四川文艺出版社 2013 年版，第 162 页。

庞德便是当今最伟大的诗人。"① 叶维廉说："《神州集》把庞德引向成为《诗章》基础的那些技巧，因此它成为美国诗歌一股重要潮流的标志。"②

三、《诗章》中的中国诗学元素

通过对汉字以及中国古诗的研究，庞德便着手仿鉴中国诗歌进行创作。这在他的史诗性巨著《诗章》中亦有体现。《诗章》体制宏大，思想深邃，学识广博，包含了人类文明的许多领域，涉及 16 世纪意大利建筑、普罗旺斯诗歌、孔子哲学、希腊罗马神话、中古经济史等内容，可谓"一部人类文明史的浓缩"③。《诗章》是庞德毕生心血的结晶和最重要的代表作，也是 20 世纪现代诗歌的里程碑之一。1915 年，就在《神州集》问世的当年，也是他开始系统学习儒家经典的同一年，庞德就开始了《诗章》的创作，并从 1917 年开始分批发表，直至 1969 年发表未完成的片断，时间长达半个多世纪。这部庞杂的史诗累计有 120 章，几近千页。诗作所呈现的内容时间跨越古今，国度横跨欧、美、亚，光引用的外国文字就有 18 种之多。庞德把不同社会历史时期的许多艺术家、文学家和历史学家、政治家的言行呈献给读者，"以期把他们作为人类文化的精英去陶冶人民，构造社会，建立一个政府仁道地掌握金融、取消私人高利贷盘剥、真正热爱文学艺术的理想国家。这就是贯穿《诗章》的中心主题"④。《诗章》虽然缺乏一般史诗性作品所具有的历史性情节，但却是对人类文明进程的一次全景式审视，也是作者个人心灵颠沛流离、跋涉彷徨的一个实录。

由于这部长诗的写作长达 50 多年的跨度，因此每个部分之间缺乏清晰的线索。如果说有一条思想主线贯穿着 120 篇诗章的话，那便是中国题材和儒家思想。《诗章》的第 12 章和 13 章就提出，相对于现代商业文明和市场竞争的漫无尺度造成的西方混乱的社会世界，孔子强调的社会秩序是实现稳

---

① 转引自刘岩：《中国文化对美国文学的影响》，河北人民出版社 1999 年版，第 126 页。

② Wai-lim Yip, *Ezra Pound' Cachay*, Princeton: Princeton University Press, 1969, p. 123.

③ 张子清：《美国现代派诗歌杰作——〈诗章〉》，《中国文学研究》1998 年第 1 期。

④ 张子清：《美国现代派诗歌杰作——〈诗章〉》，《中国文学研究》1998 年第 1 期。

定、完善的民主社会的保证。其中第 13 章相当完备地概述了《论语》记载的孔子言行。第 52 章和 61 章专门题为"中国篇"，内容是儒家有关典章制度的重要著作《礼记》和中国从古代至清代的历史。通过渲染古代中国的繁盛，尤其是描写孔子追求和平的社会秩序，以期对西方社会有所触动。诗人在 54 章中还明确指出："孔子之于中国就有如水之于鱼。"《诗章》第 72 至 73 章，又以意大利文概述了《礼记》和《论语》的思想内容。在《比萨诗章》中，他又特别提到："没有人比孔子对民族作的贡献更大。"很显然，孔子的儒家思想是庞德社会理想的一大重要来源，庞德从儒家思想中看到了一种和谐与秩序，这在中国悠久的历史传统中得到了充分体现。这种和谐与秩序正是庞德所推崇的社会理想。关于"秩序"的思想在《诗章》中不断出现，成为诗人用以解救西方世界苦难的灵丹妙药。

庞德在《诗章》中呈现了一个"东方主义"的古典文化的中国，然而，作为一位钟情于中国诗风的意象主义诗人，他无法抗拒形象的魅力，他心中的那个意象的中国仍在其诗行中熠熠闪烁。"很多批评家都同意，《神州集》是《诗章》的起点，是《诗章》的'铅笔草稿'"①。在《诗章》中，"意象并置"的手法被大量运用，特别是第 49 章弥漫着浓郁的东方神韵，十分鲜明地反映出他对中国诗学精神的借鉴。《诗章》第 49 章由两部分组成，上部分据山水诗创作而成，下部分据两首中国古诗改写。现将上部分摘引如下：

> For the seven lakes, and by no man these verses:
>
> Rain; empty river; a voyage,
>
> Fire from frozen cloud, heavy rain in the twilight
>
> Under the cabin roof was one lantern.
>
> The reeds are heavy; bent;
>
> and the bamboos speak as if weeping.
>
> Autumn moon; hills rise about lakes

---

① 赵毅衡：《诗神远游：中国如何改变了美国现代诗》，四川文艺出版社 2013 年版，第 169 页。

against sunset

Evening is like a curtain of cloud,

a blurr above ripples; and through it

sharp long spikes of the cinnamon,

a cold tune amid reeds.

Behind hill the monk' s bell

borne on the wind.

Sail passed here in April; may return on October

Boat fades in silver; slowly;

Sun blaze alone on the river.

Where wine flag catches the sunset

Sparse chimneys smoke in the across light

Comes then snow scury on the river

And a world is covered with jade

Small boat floats like a lanthorn,

The flowing water clots as with cold. And at San Yin

they are people of leisure.

Wild geese swoop to the sand-bar,

Clouds gather about the hole of the window

Broad water; geese line out with the autumn

Rooks clatter over the fishermen' s lanthorns,

A light moves on the north sky line;

where the young boys prod stones for shrimp.

In seventeen hundred came Tsing to these hill lakes.

A light moves on the south sky line.[①]

译成中文即是:

---

① Ezra Pound, *The Cantos*, London: Faber and Faber Limited, 1975, pp. 244-245.

献给七湖，并无人所作之诗：

雨；空江；孤旅，

冻云之火，暮色大雨

茅屋檐下一盏灯。

芦苇沉重，低垂；

竹林细语，如泣。

秋月；山丘耸平湖

背映落日

夜幕似云帘，

涟漪轻拂；桂树

枝干尖细，直刺夜幕，

芦丛曲调凄凉。

晚风于山后

吹来钟声。

帆船四月过，应为十月返

船行逝于银光；悠缓；

太阳独自炽燃江面。

酒旗攫住夕阳处

几缕炊烟乱斜光

时光消逝，雪花纷扬江上

一个白玉覆盖的世界

小船似渔灯漂游，

流水似冻如凝。在山阴

有人自在悠闲。

雁掠沙洲，

云聚舱口

水荡荡；大雁一行逐秋去

乌鸦于渔灯喧噪，

光亮游动于北方的天际；

那里有孩童翻石捕虾。

十七世纪"清"来到这片山湖。

光亮游动于南方的天际。

由于诗中有"献给七湖"的字样，该章亦被称为《七湖诗章》，它是庞德据其所藏的"潇湘八景"诗画册创作而成。"潇湘八景"由北宋画家宋迪首创，取湖南潇水和湘水汇流处永州一带的湖光山色。宋迪画轴已佚，仅留下八个画题，经画论画史流传，供后人传摹。宋迪所作"潇湘八景"的价值意义并不在画轴本身，而在他创立的这个山水诗画命题。该母题以"潇湘"景致为名，吸纳了深厚的楚文化和中国传统文学底蕴，上可溯至屈原、贾谊、陶潜、刘禹锡、柳宗元等的诗文，下传承一批南宋"潇湘八景"临摹图，其"八景"母题对宋代以降的画坛影响极大。宋代

图 3-1　日本室町时代 相阿弥"潇湘八景"图卷屏风（局部）
（纽约大都会艺术博物馆藏）

沈括就将"八景"画题录于他的《梦溪笔谈》，分别为"平沙雁落""远浦帆归""山市晴岚""江天暮雪""洞庭秋月""潇湘夜雨""烟寺晚钟""渔村落照"①。"潇湘八景"题不仅为中国骚人墨客竞相题摹，而且还跨越国界，传到日本，并成为日本十分出名的传统画题。②

---

①　（宋）沈括：《梦溪笔谈校证》，胡道静校证，上海古籍出版社 1987 年版，第 549 页。

②　据学者查考，"八景"题在 11 世纪即日本镰仓时代传入日本。中国宋至清代的珍品"潇湘八景"画流入海外的有 20 幅。日本绘画大师们模仿"潇湘八景"图再创作的作品达 112 件。参见蒋洪新：《庞德的〈七湖诗章〉与潇湘八景》，《外国文学评论》2006 年第 8 期。

与《诗章》其他一些晦涩朦胧、古奥难解的篇章相比，《七湖诗章》清新亮丽、情景交融、简约生动，具有明显的中国诗学精神的闪光。

其一，是诗与画的有机结合。庞德收藏的"潇湘八景"图虽是日本画家的临摹，但其源头仍是中国的珍本，即宋迪母题与南宋画家画制的"潇湘八景"。日本画家的创作仍以宋代山水画的画法、以中国山水诗风格为准。故而，《诗章》第 49 章的表现方法、神韵与蕴意与宋代"潇湘八景"这一文人山水画的母题和传统有着一脉相承的关系。诗人从诗画册中汲取艺术元素，细腻灵动地描摹了一幅幅情景交融、诗意盎然的风景图，可谓"诗中有画，画中有诗"，我们在其中看到了中国古典美学所推崇的诗画艺术精神的闪耀。

其二，是意象并置的艺术手法。庞德创作《七湖诗章》是在 1937 年，经过其前期的意象主义与漩涡主义创作实践，该诗篇中对意象的运用可谓炉火纯青，如"Rain; empty river; a voyage""Autumn moon; hills rise about lakes""Broad water; geese line out with the autumn"等，这些诗句打破英文句法传统的固定形式，将具体的意象并置在一起，从而使意象在视觉上更加突出，更富有意蕴，体现着浓郁的中国古典诗歌的风格。

其三，是"无我"静美的山水诗境。以山水寄寓思情，庞德突出的是恬静之美。"静"作为儒家美学与道家美学的核心概念，也是中国诗学的重要范畴。山水诗的表现主要涉及写境与造境，依王国维的观点，造境又分"有我之境"与"无我之境"。《七湖诗章》营造了一种静美之境界，而这取决于诗人"物我相忘"的"无我"心境。可以推测，这种心境乃是诗人当年置身危机四伏的欧洲，观赏他的"潇湘八景"画诗而进入的那种心境。因此，《七湖诗章》也是庞德当时儒学题旨的诗歌表达，不过蒙上了一层恬静的"八景"山水画面而已。

综上，中国古诗及诗学观念对庞德影响深远。庞德从其中汲取了大量的美学思想，并且以译之名行创之实，有力推动了英美新诗的现代性。我国学者张弘指出："庞德探索新诗歌的精神脚步已超越他的时代。尽管他的一生算不了成功，但他的虔诚和执着、宏大和庞杂、辉煌和迷误，都永久地留在了中美文化交流的历程上。"①

第四节　艾略特诗论及诗作中的中国影响

艾略特是 20 世纪西方诗坛的一代宗师，在现代英美诗歌中是开一代诗风的先驱，于 1948 年获诺贝尔文学奖。由于艾略特在诗歌题材与表现上的彻底革新，从而对英美诗歌传统进行了一场革命，他使 20 世纪英美诗歌突破了浪漫主义和维多利亚时期的陈旧诗风，同时开创了 20 世纪现代派的诗歌传统。艾略特一生著有大量的诗歌、戏剧和诗学理论作品，无论对 20 世纪的西方文学还是对中国文学均影响深远，西方一些学者甚至将 20 世纪称作"艾略特时代"②。艾略特对中国现当代诗学发展的重要影响广为人知，然而，人们很少知道的是，他其实也与中国古典诗学存在着某种间接的亲缘关系。

一、艾略特与庞德的情缘

艾略特于 1888 年出生于美国，其祖父曾创建华盛顿大学，父亲是一位有教养的砖瓦商，母亲出身名门，是位诗人。艾略特成长于良好的家庭文化氛围，从小就接受了系统的学校教育。1906 年进入哈佛大学攻读哲学，受

---

① 张弘：《跨越太平洋的雨虹——美国作家与中国文化》，宁夏人民出版社 2002 年版，第 177 页。

② 艾略特一生著述甚丰，其诗歌作品主要有：《普鲁弗洛克及其他》(1917)、《诗集》(1919)、《荒原》(1922)、《诗集 1909—1925》(1925)、《圣灰星期三》(1930)、《烧毁的诺顿》(1941)、《四首四重奏》(1944)、《诗选》(1962)；戏剧作品主要有：《磐石》(1934)、《大教堂凶杀案》(1935)、《全家重聚》(1939)、《鸡尾酒会》(1950)、《机要秘书》(1954)、《政界元老》(1959)；文学评论著作主要有：《圣林》(1920)、《向约翰·德莱顿致敬》(1924)、《文选》(1932)、《诗歌的用途和批评的用途》(1933)、《信奉异教神邸：现代异端邪说入门》(1934)、《基督教社会的概念》(1939)、《为了给文化一词下定义所作的评论》(1948)；散文作品主要有：《神圣的树林》(1920)、《安德鲁·马维尔》(1922)、但丁(1929)、《现代文学的传统和尝试》(1929)、《朗伯斯后的沉思》(1931)、《约翰·戴登》(1932)、《古典与现代散文》(1936)。

业于新人文主义者白璧德（Irving Babbit），白璧德的反浪漫主义思想对艾略特产生了很大影响。大学期间，艾略特还接触了象征主义诗歌运动，一度迷恋拉法格（Jules Laforgue）和马拉美（Stephane Mallarme）的诗歌作品。1910 年艾略特获哈佛大学硕士学位后赴巴黎大学研究哲学和文学，1911 年回哈佛大学任哲学系研究生助教。1914 年赴德国马丁堡大学研究哲学，第一次世界大战的爆发使他改变了计划，转而去英国牛津大学研究牛津哲学家布莱德利（F. H. Bradley）的哲学，并长期定居英国，1927 年加入英国国籍。

　　艾略特在诗歌创作方面的杰出成就便是在伦敦起步的。艾略特 1914 年移居伦敦后，结识了美国意象派诗人庞德。庞德曾回忆过他与艾略特初次见面的情形，"他（指艾略特）展现了卓越的技巧，或者说他交了好运，在一个特定的时间，带着他自己已经形成的风格，来到了伦敦。参加了这个迄今尚未命名的运动。也就是说，在一个特定的时间，在一个特定的房间，两个作家，谁也没有掏别人兜里的东西，就共同断定：稀释了的自由诗，爱米主义，李·马斯特斯主义，软绵绵的东西，已经走得太远了。与其相反的潮流必须发动起来……"① 艾略特与庞德结识之初，正值意象派运动如火如荼开展之时。那时庞德已成为意象派运动的领军人物，在庞德的努力和带领下，该运动已经形成了一套比较完整的意象派创作理论，庞德提出的"意象主义三原则"已于 1913 年由《诗刊》发表，其于 1914 年编选的意象派诗集《意象主义者》在诗坛引起了轰动。在与庞德会面以后，艾略特虚心向意象派学习，并加入了意象派运动的队伍，也即庞德所说的"参加了这个迄今尚未命名的运动"，为推动意象派的发展作出了贡献。"他（指艾略特——引者）从未是个正统的意象派；但在许多方面，他自然而然地为他们的某些理论吸引，虽然他又以自己的方式把这些理论加以发展。甚至他未到英国之前，在1909 年至 1911 年间写的诗——《序曲》、《普鲁弗洛克的情歌》和《大风夜狂想曲》，在其使诗的声音非个人化的倾向上，也是意象派的"②。庞德对艾略特的诗颇为赞赏，认为艾略特诗作中的意象表现出他孜孜以求的艺术革命

---

①　转引自吕文斌：《T.S.艾略特与意象派》，《外国文学研究》1996 年第 2 期。

②　[英] 彼得·琼斯编：《意象派诗选》，裴小龙译，漓江出版社 1990 年版，第 230 页。

的真谛，非常符合自己的"诗歌理想"，遂决心对他多方面予以帮助，让他在伦敦文艺界崭露头角。在庞德的极力举荐下，艾略特 1915 年 6 月在美国有相当影响的杂志《诗刊》上发表了他的早期诗歌创作《普鲁弗洛克的情歌》，开始登上西方现代诗坛。同年 8 月，庞德又帮助艾略特在《诗刊》发表了他在牛津写下的诗作，包括《海伦姑妈》《南茜表抹》和《波士顿夜晚实录》等，这些诗作表现了艾略特独特的讽刺才华和对事物的准确观察力，简练而精当，有些人认为它们受到庞德诗风的影响。11 月，庞德主编的《天主教诗选》收入了艾略特的另外 5 首诗。

通过庞德，艾略特开始进入伦敦的文艺圈。在庞德的引荐下，艾略特结识了英美意象派中的几位重要诗人，如希尔达·杜利特尔（Hilda Doolittle）、约翰·古尔德·弗莱彻（John Gould Fletcher），接触到休姆、弗林特等人的诗歌，并于 1917 年至 1919 年间成为意象派的宣传阵地《自我主义者》的编辑，自己也一度成为一名意象派诗人。"置身于一群自由自在、严肃认真地探索艺术与文学前景的艺术家之中，艾略特……仿佛发现了施展自己才华的新大陆，在这种充满着艺术生命力的崭新环境中，他不必像在美国那样要为自己热爱的诗歌辩护，……却可以实现做一位诗人的梦想"①。据英国翻译家阿瑟·韦利回忆，在 1917 年这段时期，他们三人（庞德、艾略特、韦利）几乎每个星期一晚上在伦敦一家餐馆会面，讨论诗歌创作和诗歌翻译的问题。②1922 年，艾略特发表了被称为"现代诗歌的里程碑"的作品——《荒原》，该作的问世确立了他在世界文坛的宗师地位。《荒原》全诗共 436 行，其篇幅相当于一篇短篇小说，但我们目前所见到的这 400 多诗行却是经庞德删改而成。《荒原》初稿有 1000 多行，艾略特写完后交给庞德，庞德以惊人的直觉力大刀阔斧地将原诗削删了一半多篇幅，使其得以定型，《荒原》最终成为世界文学史上的经典之作。艾略特与庞德关系的非同寻常可见一斑。艾略特对庞德心怀敬重与感激之情，他在发表的《荒原》题首上写道："For Ezra Pound / il miglior fabbro"③，即"献给埃兹拉·庞德/最卓越的匠人"。庞德对

① 刘燕：《艾略特》，四川人民出版社 2001 年版，第 47 页。

② 赵毅衡：《诗神远游：中国如何改变了美国现代诗》，四川文艺出版社 2013 年版，第 42 页。

③ ［英］艾略特：《艾略特诗选》，赵萝蕤等译，山东大学出版社 1999 年版，第 63 页。

艾略特的友谊是无私而感人的，从某种意义上来说，没有庞德，就没有艾略特。在一次谈话中，艾略特坦言，"我在两个方面应该感激庞德：第一，在我的文学批评方面；第二，在我们交谈中他对我的诗歌批评方面及对理想领域进行探索的指教。他的这种帮助从 1915 年一直持续到 1922 年。此后庞德离开了英国。我们见面的机会便不多了"①。

看起来，艾略特是所有美国当代诗人中与中国诗最不沾边的人。但通过与庞德的亲密接触，艾略特所接受的庞德的重大影响则是不可否认的，艾略特本人也承认了这一点："每当我最自我得意时，我总发现我只是在重复庞德诗中的某种东西。"② 在庞德所译的《诗经》序中，他对庞德的评语"我们这个时代中国诗歌的创造者"语意双关，广为人知。通过细读庞德，艾略特不可避免受到中国文化的熏陶和影响。

二、艾略特与中国传统诗学

艾略特对意象派诗学理论的发展，主要体现在他的"非个性化"以及"客观对应物"的理论论述中。这两方面的艺术主张为英美"新批评派"奠定了理论基础，这是他对西方文艺理论的一大贡献。仔细分析，这两点在某种程度上与中国诗学的特质是相通的。

"非个性化"是艾略特诗学理论的一个重要概念。艾略特认为，诗歌不应表现主观的自我，而应走向"非个性化"。他在其著名论文《传统与个人才能》中对"非个性化"进行了系统阐述。艾略特认为，从传统意义来看，作家必须意识到自己是融合到历史的过去与现在所并存的秩序中进行创作的，从来没有任何诗人或艺术家，他本人就单独地具有完整的意义，诗人的重要性以及人们对他的评价就是评价他和以往诗人与艺术家之间的关系。因此对诗人不能单独进行评价，而要把诗人放在前人之间进行比较。而对于诗人来说，他要做的是"应该加强或努力获得这种对于过去的意识"，以

---

① 刘燕：《艾略特》，四川人民出版社 2001 年版，第 46 页。
② 转引自赵毅衡：《诗神远游：中国如何改变了美国现代诗》，四川文艺出版社 2013 年版，第 42 页。

达致"个性消灭"。他将他的"非个性化"理论作了明确表述:"诗人把此刻的他自己不断地交给某件更有价值的东西。一个艺术家的进步意味着继续不断的自我牺牲,继续不断的个性消灭。"①艾略特一方面反对传统浪漫主义的表现论,强调诗中的文化传统,认为这重要于诗人的个性;另一方面,他认为诗人的功能就是一种媒介,他促使诗的产生,而非直接参与诗的表现,诗人的最高境界应是让个体生活体验升华为文学经验,努力表现人类普遍共通的情感。"诗人有的并不是有待表现的'个性',而是一种特殊的媒介……通过这个媒介,许多印象和经验,用奇特的和料想不到的方式结合起来……那些在他的诗歌中变得重要的印象和经验却可能在诗人本人身上,在他的个性上,只起了一个完全无足轻重的作用"②。艾略特并认为,"诗人在任何程度上的卓越或有趣,并不在于他个人的感情,不在于那些被他生活中某些特殊事件所唤起的感情。他的个人感情可能很简单、粗糙,或者乏味。他诗歌中的感情却会是一个非常复杂的东西……诗人的任务并不是去寻找新的感情,而是去运用普通的感情,去把它们综合加工成为诗歌,并且去表达那些并不存在于实际感情中的感受"③。艾略特在文中甚至淋漓尽致地强调:"诗歌不是感情的放纵,而是感情的脱离;诗歌不是个性的表现,而是个性的脱离。"④

艾略特提倡的"非个性化"创作原则与中国传统诗论中的"含蓄无垠"说存在明显的相通性。清代叶燮在《原诗》中曾详细论述诗人在其诗作中不要直抒胸臆,不要直接表现个人情感,应当采取"含蓄无垠"的方法:"诗之至处,妙在含蓄无垠,思致微渺,其寄托在可言不可言之间,其指归在可解不可解之会,言在此而意在彼,泯端倪而离形象,绝议论而穷思维,引人

① [英]艾略特:《艾略特文学论文集》,李赋宁译注,百花洲文艺出版社 1994 年版,第 5 页。

② [英]艾略特:《艾略特文学论文集》,李赋宁译注,百花洲文艺出版社 1994 年版,第 9 页。

③ [英]艾略特:《艾略特文学论文集》,李赋宁译注,百花洲文艺出版社 1994 年版,第 10 页。

④ [英]艾略特:《艾略特文学论文集》,李赋宁译注,百花洲文艺出版社 1994 年版,第 11 页。

于冥漠恍惚之境，所以为至也。"① 中国传统诗学中的"含蓄无垠"说的审美内涵十分丰富深刻，其中一个重要方面就是反对直白坦露，反对诗人直接参与诗的表现，在诗作中直接表达个人的思想感情，优秀的诗人应当善于将个人一时一地的体验转化为普遍的文学经验，善于运用具有特色的构思将这种思想感情寄托或蕴含在富有诗意美的意象和意境之中，这是中国诗之所以能够意境深远的主要原因之一。在中国古典诗歌中，这类优秀之作俯拾即是。以庞德重点分析过的李白的《玉阶怨》为例："玉阶生白露，夜久侵罗袜。却下水晶帘，玲珑望秋月。"诗歌中，诗人并未明确道出所表现的主人翁身份，然而根据诗句的描写，读者尽可以驰骋自己的想象，千万个读者就会在头脑中创造出千万个主人翁的形象。由于中国诗人很少在诗歌中使用"我"字，我们在诗中很少会看到诗人个人的情感。这种方法的运用提供了读者以更多的审美想象空间，大大拓深了诗歌的意蕴，使诗歌的审美情感具有了很大的普遍性与概括意义。从这类作品中，我们可以体察到中国传统诗论的"含蓄无垠"与艾略特的"非个性化"之间存在某种意义上的契合。

"客观对应物"是艾略特诗学理论的又一重要部分。关于"非个性化"如何转化为艺术表现手段，艾略特提出了一个重要观点就是感情不得直接表达，而必须通过诸如物象、场景、事件等的客观事物的搭配组接来间接暗示或象征某种情绪。他在其论文《哈姆雷特》中指出："用艺术形式表现情感的唯一方法是寻找一个'客观对应物'；换句话说，是用一系列实物、场景，一连串事件来表现某种特定的情感；要做到最终形式必然是感觉经验的外部事实一旦出现，便能立刻唤起那种情感。"② 艾略特的这一论述与他所倡导的"非个性化"理论原则密切相连，作家须将自身的个性情感升华为普遍的艺术情感，且要通过"客观对应物"的象征方式有机融于其作品之中，而不是像浪漫主义诗歌那样直抒胸臆。艾略特所言的"客观对应物"相当于意象派的意象，不过意象派强调的是通过意象的客观呈现来表达自己的思想感情，

---

① （清）叶燮：《原诗·内篇》，见王夫之等：《清诗话》（下），上海古籍出版社 1982 年版，第 584 页。

② ［英］艾略特：《艾略特文学论文集》，李赋宁译注，百花洲文艺出版社 1994 年版，第 13 页。

而艾略特则发展了意象派的观点，他的意象带有更多的象征意味。"艾略特的意象更多的是运用，而不是呈现的，也许这正是他和意象派分道扬镳之处，是他内心深处始终更多的象征派的本色。"①

艾略特所提倡的寻找"客观对应物"的理论同中国古诗的"因象悟意"的意象手法在本质上也是完全相通的。如唐代诗人皎然提出"文外之旨"、司空图提出"韵外之致"与"味外之旨"。宋朝诗人欧阳修一日问诗人梅尧臣："状难写之景，含不尽之意，何诗为然？"梅尧臣答曰："作者得于心，览者会以意，殆难指陈以言也。虽然，亦可略道其仿佛。若严维'柳塘春水漫，花坞夕阳迟'，则天容时态，融和骀荡，岂不如在目前乎？又若温庭筠'鸡声茅店月，人迹板桥霜'，贾岛'怪禽啼旷野，落日恐行人'，则道路辛苦，羁愁旅思，岂不见于言外乎？"②梅尧臣列举前代诗人们的诗行来表达他"状难写之景如在目前，含不尽之意见于言外"的艺术效果。在他看来，这些诗人经过心灵的"反刍"（即艾略特的"非个性化"），借具体物景（寻找"客观对应物"）把自己的感受呈现出来：春水荡漾的柳塘，夕阳留边的花坞，正是诗人们其乐融融的写照；而荒村野店、鸡声残月、板桥晓霜、旷野落日、怪禽啼鸣，正是默默诉说着"道路辛苦"与"羁愁旅思"。正因为"作者得于心"，方能把握"象外之境"和"言外之意"。清代陈廷焯主张"意在笔先，神余言外"，诗人的各种主观情思，"皆可于一草一木发之。而发之又必若隐若现，欲露不露，反复缠绵，终不许一语道破"③。这里所反对的"一语道破"，也正是艾略特等西方现代诗人所反对的直接表述思想感情。清代画家兼诗人郑板桥在《题画·竹》中云："江馆清秋，晨起看竹，烟光日影露气皆浮动于疏枝密叶之间，胸中勃勃遂有画意。其实胸中之竹，并不是眼中之竹也。因而磨墨展纸，落笔倏作变相，手中之竹又不是胸中之竹也。总之，意在笔先者，定则也；趣在法外者，化机也。独画云乎哉！"④郑板桥以画竹为例展现了寻找"客观对应物"和艺术"非个性化"的整个过程，开始

① ［英］彼得·琼斯编：《意象派诗选》，裴小龙译，漓江出版社 1990 年版，第 43 页。
② 郭绍虞主编：《中国历代文论选》（第 2 册），上海古籍出版社 2001 年版，第 244 页。
③ 郭绍虞主编：《中国历代文论选》（第 4 册），上海古籍出版社 2001 年版，第 89 页。
④ 傅璇琮主编：《中国古典散文精选注译》（序跋卷），清华大学出版社 2009 年版，第 319 页。

是眼中所见之竹，然后是胸中所藏之竹，最后是笔下所画之竹。这与艾略特所主张的"通过一系列实物"然后"唤起那种情感"，最后达到艺术的"非个性化"的理论是相通的。

三、艾略特诗作中的中国特色

艾略特对英国 17 世纪的"玄学派诗人"十分推崇，并专门论及圣约翰·佩斯（St.John Perse）的诗作，指出其主要特点是"压缩的方法"。而这种方法实际上也是中国古诗惯用的手法。

叶维廉先生曾把艾略特提倡的创作方法同中国诗的特点作过对比，他说："艾氏所提出的'压缩的方法'其实正是艾氏的诗之方法的注脚；这种方法使一般真诗（尤其中国诗）产生最大的暗示力量……中国诗拒绝一般逻辑思维及文法分析。诗中连结媒介明显的省略……使所有的意象在同一平面上相互并不发生关系地独立存在。这种因缺乏连结媒介而构成的似是而非的无关联性立刻造成一种气氛，而能在短短四行诗中放射出好几层的暗示力。"[①]由于文言的特点，中国古诗经常拒绝语法分析，省略了许多表示句与句、词与词之间关系的关联词语，通过看似互不关联的意象的直接呈现表现诗人的感受。而恰恰就是这种"无关联性"的、自身自足的意象能够造成一种氛围，表现一种情绪，有着深刻的含义。应该说，艾略特提倡压缩的方法是学习了中国诗的创作手法的。

艾略特在其诗歌创作中经常运用"压缩的方法"，力求运用意象的选择与组合来营造一种氛围，表现一种情绪，有着深刻的内容。如《荒原》在描写上流社会的豪华奢靡时，这样写道：

> 她所坐的椅子，像发亮的御座
> 在大理石上放光，有一面镜子，

---

① 叶维廉：《静止的中国花瓶——艾略特与中国诗的意象》，见郑树森：《中美文学因缘》，东大图书公司 1985 年版，第 92—93 页。

座上满刻着结足了果子的藤，

还有个黄金的小爱神探出头来

（另外一个把眼睛藏在翅膀背后）

使七柱烛台的火焰加高一倍，

桌子上还有反射的光彩

缎盒里倾注出的炫目辉煌，

是她珠宝的闪光也升起来迎着；

在开着口的象牙和彩色玻璃制的

小瓶里，暗藏着她那些奇异的合成香料——

膏状，粉状或液体的……①

这里，艾略特用一系列经过精心选择和组合的意象，如发亮的御座、放光的大理石、精致的镜台、七柱烛台、倾注出炫目辉煌的缎盒、闪光的珠宝、暗藏着奇异香料的象牙和彩色玻璃等，使读者产生极尽豪华奢侈之感，引起读者丰富的联想，并且与全诗着力描写的凋敝而荒芜的一片荒原形成了强烈对比，对展示和升华主题产生了重要的衬托作用。这就是诗人提倡的"客观对应物"的手法，这种手法在中国古诗中是常见的。如"晴川历历汉阳树，芳草萋萋鹦鹉洲""大漠孤烟直，长河落日圆""鸡声茅店月，人迹板桥霜""月落乌啼霜满天，江枫渔火对愁眠""疏影横斜水清浅，暗香浮动月黄昏"……中国古诗中这样的诗句可谓不胜枚举。

诗人在表现现代社会的荒凉、人们精神世界的空虚时，又写出了这样的诗行：

一个女人紧紧拉直着她黑长的头发

在这些弦上弹拨出低声的音乐

长着孩子脸的蝙蝠在紫色的光里

飕飕地飞扑着翅膀

---

① ［英］艾略特：《艾略特诗选》，赵萝蕤等译，山东大学出版社 1999 年版，第 67 页。

又把头朝下爬下一垛乌黑的墙

倒挂在空气里的是那些城楼

敲着引起回忆的钟，报告时刻

还有声音在空的水池、干的井里歌唱。

在山间那个坏损的洞里

在幽暗的月光下，草儿在倒塌的

坟墓上唱歌，至于教堂

则是有一个空的教堂，仅仅是风的家。

它没有窗子，门是摆动着的，

枯骨伤害不了人。

只有一只公鸡站在屋脊上

咯咯喔喔咯咯喔喔

刷地来了一炷闪电。然后是一阵湿风

带来了雨①

在这段诗中，诗人又一次向我们展现了一系列意象：低声的音乐、紫色的光、飞扑着翅膀的蝙蝠、乌黑的墙、响着钟声的城楼、空的水池、干的井、坏损的洞、幽暗的月光、倒塌的坟墓、没有窗的空教堂、枯骨、咯咯喔喔叫的公鸡、一炷闪电、一阵湿风、雨。这一系列意象组成的意象群很好地表现了现代社会无精打采、空虚寂静、荒芜潦倒、暗淡凄清的景象。诗人没有使用任何评论性的、抽象的词，而是把这些意象直接展现在读者面前，着力营造一种气氛，让读者同诗人一起感受生活，并根据诗人提供的线索自己形成对客观世界的评价。

在诗歌《前奏曲》的开篇，诗人描述杂乱的黄昏，可谓直接呈现意象的范例：

冬天的黄昏安身稳下来了

_____

① ［英］艾略特：《艾略特诗选》，赵萝蕤等译，山东大学出版社1999年版，第80—81页。

带来通道里牛排的气味。

六点钟。

多烟雾的日子那些已烧到极限的结尾。

现在是伴随着风带来的阵雨裹卷着

枯叶的那些满是污垢的

残片堆在你的脚边

还有空地上的报纸；

阵雨扑打着

破损了的百叶窗和烟囱的顶管，

而街的拐角处

一只孤零零拉着出租车的马在吐着蒸汽跺着蹄。

然后是灯盏都亮了起来。①

在这段描写中，诗人同样精心选择了一系列意象：通道里牛排的气味、随风带来的阵雨、满是污垢的枯叶的残片、空地上的报纸、破损的百叶窗、烟囱的顶管、孤零零拉车的马、亮起的灯盏。这些杂乱的意象组成了一幅破败不堪的图画，营造了一种混乱肮脏的氛围，揭示了现代都市的杂乱与不安，暗示和象征了现代人精神世界的空虚和无聊。

艾略特的《三贤哲的旅程》也是一首著名诗歌，该诗在许多方面与庞德在《神州集》中所译李白《忆旧游寄谯郡元参军》颇为接近。美国诗人巴比特·多伊奇（Babette Deutsch）认为这首诗开篇关于艰难旅途的描写与李白的一首诗相呼应，"明显地带有庞德的印记"②。现将艾略特诗的开篇 12 行汉译与李白原诗作一对照：

A cold coming we had of it,

Just the worst time of the year

---

① ［英］艾略特：《艾略特诗选》，赵萝蕤等译，山东大学出版社 1999 年版，第 25 页。

② Babette Deutsch, *Poetry in Our Time*, New York: Anchor Books, 1963, p. 166.

For a journey, and such a long journey;

The ways deep and the weather sharp,

The very dead of winter.

And the camels galled, sore-footed, refractory;

Lying down in the melting snow.

There were times we regretted

The summer palaces on slopes, the terraces,

And the silken girls bringing sherbet.[1]

这一路可真冷

正是一年中最不便

旅行之时，而且旅程这么长

道路泥泞，冬气凛冽，

正是岁晚寒深。

那些骆驼皮肉擦伤，脚掌疼痛，倔强难制，

躺倒在融化的雪中。

有时我们真想念

山坡上的夏宫，那凉台，

穿丝绸衣服的女郎送来果汁酒。[2]

而李白诗：

五月相呼度太行，

摧轮不道羊肠苦。

行来北凉岁月深，

感君贵义轻黄金。

……

翠娥婵娟初月辉，

---

① 转引自赵毅衡：《远游的诗神》，四川人民出版社 1985 年版，第 47 页。

② ［英］艾略特：《艾略特诗选》，赵萝蕤等译，山东大学出版社 1999 年版，第 131 页。

美人更唱舞罗衣。

仔细分析，李白原诗的意象在艾略特诗作中若隐若现，从整体效果来看，艾略特的诗营造的气氛与李白的诗也十分相似。而且，艾略特诗作的平行结构——the ways deep 与 the weather sharp，the worst time of the year 与 the very dead of winter——造成的效果与中国诗中的对仗有着异曲同工之妙，意象派诗人弗莱彻就认为这首诗开始的 12 行有明显的中国式对偶。[①] 艾略特曾盛赞庞德的译诗，并说，"通过庞德的翻译，我们终于获知了原诗（即中国诗——引者）的好处"[②]。可见，艾略特对中国诗的"好处"是了解并熟悉的。艾略特深受庞德的影响，他在自己的创作过程中，不自觉（或自觉地）采用了李白诗的意境。

综上，艾略特通过庞德了解了中国诗，并对中国诗的创作方法加以大力提倡。中国诗的创作方法，归结而言，就是"非个性化"与"客观对应物"的理论，而这两点则是艾略特诗歌创作理论的支柱。虽然评论界目前没有详细的证据证明艾略特直接读到过中国文化方面的书籍，但谁都无法否认我们从他的诗作和诗歌理论中所看到的中国影响。

---

① Arthur E. Christy, *The Asian Legacy and American Life*, New York: The John Day Company, 1945, p. 163.

② 转引自叶维廉：《静止的中国花瓶——艾略特与中国诗的意象》，见郑树森：《中美文学因缘》，东大图书公司 1985 年版，第 92 页。

第四章　舞台旋风

——中国戏曲艺术精髓之汲取

　　亲爱的，你用我不懂的语言的面纱，遮盖着你的容颜；正像那遥远如同一脉缥缈的云霞，被水雾笼罩着的峰峦。

——（印）泰戈尔

　　20 世纪前期，整个世界政治、经济的发展是具有革命性的。而文学艺术作为社会生活的反映，必然会因之而动，从内容和形式两方面都发生了巨大变革。西方知识界为摆脱传统，探索新的表达，必然会转向与其文化传统相异的东方世界去找寻可能的出路。前面两章，我们着重从哲学、诗歌领域探讨了西方的这样一种文化生态与文化转向。而在艺术领域，这一时期的西方艺术同样呈示着它所受的东方美学精神的影响。

　　就西方戏剧而言，早在 19 世纪后半叶，就已经酝酿着自身内部的改革创新，并进入了现代派的探索时期。20 世纪初，当西方的现代戏剧家们正为突破写实主义的局限而觅寻其演剧效果新的表现之途的时候，在与中国戏剧的对话中，他们发现中国戏剧的美学品格，与他们的艺术理想竟是如此贴近。西方戏剧家们开始从一种新的角度审视中国戏剧，他们在越来越多地译介、改编中国戏剧的同时，也致力于对中国戏曲美学精神的研究，并尝试搬演个别戏曲剧目，获得了艺术观念上的成功。这一时期，随着中西交流的深入，以梅兰芳为代表的一代京剧大师主动走出国门，他们在西方的成功演出，让西方更直观、更充分地感受到了中国戏曲所特有的艺术魅力。自此，更多的西方戏剧艺术家努力在戏剧理论和实践上吸收中国戏曲的精髓，中国戏曲的假定性、象征性、程式化等诸多艺术特点成为西方现代戏剧灵感的源泉。

第一节　中国戏曲在西方的流传及其接受

　　中国戏曲是在西方 18 世纪"中国热"的召唤下进入西方的。纪君祥的元杂剧《赵氏孤儿》在经过西方的文化过滤之后，一跃成为中西文化交流的先锋。它的介入犹如黎明中发出的第一声号角，中国戏曲从此扬帆起航，驶向那遥远的西方国度，揭开了中西文化交流的新篇章。20 世纪初以来，不仅翻译的剧本越来越多，评注和研究性著作也相继问世，随着中西文化交流的日益频繁，中国戏曲越来越引起西方的关注。

一、中国戏曲在法国的流传与接受

中国戏曲传入西方是以《赵氏孤儿》进入法国为开端的。法国人马若瑟神父（Joesph Premare）首先节译了《赵氏孤儿》，之后杜哈德（J. B. Du Halde）在 1735 年编辑出版的《中国通志》上收入了《赵氏孤儿》全译本。1755 年，启蒙运动的文化巨匠伏尔泰以此为素材，改编创作了《中国孤儿》这样一部颂扬中国道德和儒家文化的剧作，轰动当时的剧坛。但是当时无论是译者马若瑟、杜哈德，作者伏尔泰，还是别的批评家，对中国戏曲都缺乏了解。中法戏曲的最初交流在很大程度上是在"一知半解"甚至是"误解"的状况下进行的。19 世纪法国汉学家突破了 18 世纪浮于表面的中国戏曲热，对中国戏曲艺术进行了扎实研究。在这方面作出首要贡献的是法国汉学家儒莲。他于 1832 年翻译了李行道的《灰阑记》后，又于 1834 年重新翻译了《赵氏孤儿》。儒莲的译文不同于先前马若瑟、杜哈德的节译、编译，而是忠实原文，体现了他对中国独特文化背景下产生的这一综合艺术的理解与移植。儒莲是把中国戏曲忠实地引进西方的第一人。

法国对中国戏曲的翻译热潮兴起于 19 世纪末 20 世纪初。当时的法国和西方各国兴起了"小剧场"运动，[①] 西方戏剧进入了力图打破写实主义传统、寻求新的表现方式的转折点。当西方戏剧艺术向开放、多元的方向发展时，中国传统戏曲的写意性无疑成为追求非写实性的典范，激起了西方更多的探

---

① "小剧场"运动起源于 19 世纪末的法国"自由剧场"的艺术实验活动，后风行于英国、德国、荷兰、俄罗斯、美国、日本等国，这是一次以易卜生为代表的现实主义与自然主义戏剧取代在西方剧坛占据主导地位的古典主义与浪漫主义戏剧的戏剧革新运动，它揭开了西方（与日本）现代戏剧的帷幕，在戏剧观念以及戏剧文学、导演、表演、舞美等方面都进行了革新。

索热情。这一时期，法国学界除了继续翻译介绍中国传统的戏曲作品，如莫朗翻译的《西厢记》《莺莺传》、路易·拉卢瓦（Louis Laloy）翻译的《黄粱梦》《汉宫秋》、戴遂良翻译的《倩女离魂》等，主要致力于中国戏剧艺术奥秘与美学表现的探究。这方面的代表性成果如莫朗的《中国近代戏剧和音乐》（1926）、路易·拉卢瓦的《论中国古典戏剧》（1935）。前者考察了音乐在中国戏剧中的地位和作用，后者从文化视域探讨了中国戏曲的起源与特征，提出中国戏剧就是"从曲、歌舞戏、小说和丑角滑稽闹剧中借鉴的诸种要素的综合"，并且，"杂剧的取名也应归功于这一混合体"。人们往往用比较简单的一般术语"曲"来称呼它，路易·拉卢瓦认为这是一种发展，并且"构成曲的要素是接二连三相继被引进的"①。路易·拉卢瓦认为中国戏曲的对白实际上是受小说的影响，"戏剧对话部分是小说的片段，但采用直叙体，角色一登场，便向观众通报姓名、家庭、刚刚发生的与他有关的事件，取代的正是说书人的位置。紧接着，观众便听他演说，看他表演。他使用对话语言，时而也吟些诗，就像小说要引起诗情画意一样，而这往往在开场和剧终时，每一幕的开头与结尾也常常吟诗"②。至于舞台表演的一系列动作，诸如"敲门、叫人、致意、骑马或下马、嬉笑、睡觉、哀叹"等都有明确规定，并"参照某个现成剧目或已知剧目进行"，他认为法国的舞剧应源于中国的歌舞戏，但与法国的舞剧相比，中国这些戏剧更富于情节。"演出时从没有布景，以台词和曲的描写来弥补。演员穿戏服。道具只有到了必要的时候才使用，如砚台用于写字，剑用于交战，而枷锁则用于束缚囚犯"③。这实际上是"虚实相生"的舞台特征的表现，这些认识应该说已经把握了中国戏曲的精髓。路易·拉卢瓦是 20 世纪初法国大诗人、戏剧家，客居中国 20 年之久，他的剧作具有浓郁的抒情气质，注重音乐、诗歌与戏剧行动的融合，显然得益于中

---

① ［法］路易·拉卢瓦：《论中国古典戏剧》，王云喜译，见钱林森主编：《法国汉学家论中国文学：古典戏剧和小说》，外语教学与研究出版社 2007 年版，第 58—59 页。

② ［法］路易·拉卢瓦：《论中国古典戏剧》，王云喜译，见钱林森主编：《法国汉学家论中国文学：古典戏剧和小说》，外语教学与研究出版社 2007 年版，第 57—58 页。

③ ［法］路易·拉卢瓦：《论中国古典戏剧》，王云喜译，见钱林森主编：《法国汉学家论中国文学：古典戏剧和小说》，外语教学与研究出版社 2007 年版，第 58 页。

国戏曲传统的影响。

随着中西戏剧交流的不断深入，法国学者对中国戏曲的研究不再停留于从形式上进行一般的描述和介绍，还注意深入中国戏曲的内在意蕴，发掘其渊源悠久的哲学内涵、美学思想以及东西方文化之间的差异。法国戏剧家阿尔托（Antonin Artaud）就将中国古典哲学思想与中国戏曲联系起来考究。他在其论文集《戏剧及其两重性》（1938）中十分推崇《道德经·十一章》起首句："三十辐共一毂，当其无，有车之用。"该句意思是说，三十根辐条绕着一个轮毂，在那空虚之处，才产生了车的作用。这句话是中国传统美学"虚实相生"观的形象诠释。老子关于"空"与"无"的美学哲思，可谓中国戏曲"涵虚性"的理论之源，而这种"涵虚"风格也正是 20 世纪西方戏剧借以摆脱传统，寻求超越与突破的重要依据。阿尔托从老子"有"与"无"的辩证哲思中得到启发，于上世纪 30 年代提出了"从无走向形，又从形返回无"的戏剧美学构想[①]。由中国戏曲的美学特征的探讨，进而深入其背后所蕴含的中国哲学精神，体现了这一时期法国汉学家、戏剧家对中国戏曲的真切理解。与 18 世纪马若瑟、伏尔泰等人对中国戏曲的引进一样，它同样表现了一种文化的选择。但不同的是，前者的文化选择在很大程度上是建立在对中国戏曲艺术的误解之上的，而后者则是建立在对中国戏曲艺术本身深刻理解基础上的，而这正是 20 世纪以来法国学界对中国戏曲探索深化和突进的表现。

二、中国戏曲在德国的流传与接受

1749 年，杜哈德的《中国通志》被翻译成德文，《赵氏孤儿》也成为首个流传德国的中国戏曲。实际上，就 18 世纪而言，它也是唯一流传于欧洲的中国戏曲。进入 19 世纪，中国古典戏剧源源不断被译介到德国。德国的一些文学史书也都开始有意识地设立一些有关中国古典戏曲的内容，如克莱因（Klein）的《戏剧史》等。1887 年，鲁道夫·冯·戈特沙尔（Rudolf von Cott-schall）编辑了《中国戏剧》一文，翻译了许多中国戏曲作品，如《汉宫秋》《金

---

① 参见童道明：《〈丝绸之路〉与〈道德经〉》，《文艺报》1987 年 4 月 18 日。

钱记》《合汗衫》《倩女离魂》，标志着中国古典戏曲在德国的进一步传播。

掀起19世纪德国译介中国戏曲的热潮，并推动中国戏曲在德国传播进入20世纪的是《灰阑记》的翻译。《灰阑记》是一部描写封建社会一夫多妻制下的妻妾之争及清官为民申冤的社会问题剧。主要写马员外之妻谋杀亲夫，嫁祸于妾，霸占其子和家产。包公出于正义，在街坊邻里都被人收买而难得真情的情况下，定下巧计，在地上画个灰阑，将孩子放在其中，告知谁用力将孩子拉出圈外，孩子就属于谁。亲生母亲爱子心切，不忍拉拽。包公据情断案，处治了马氏等人，将孩子判给生母海棠。这是一部并不太出名的元曲，然而该故事所呈现出的东方情趣以及所蕴含的中国哲学精神却异乎寻常地为西方推崇。最早将该剧译介到西方的是法国汉学家儒莲。1876年，德国人冯塞卡（A. E. Wolheim da Fonseca）据儒莲的译文将《灰阑记》改编成德文。此译本经过转译，已完全欧化。译本所注重的是故事，而不是元曲本身的形式美（如词句、诗文）等。到了20世纪，《灰阑记》在德国不但有了成功的译本，而且还有极富创造力的改编本，更有在其影响下产生的创作。当时《灰阑记》的译本有：阿尔弗雷德·佛尔阁（Alfred Forke）的译本（1927），约翰尼斯·冯·京特（Johannes Von Guenther）的译本，题为《灰阑记：中国六幕戏剧》（1942），以及施洛特曼（Heing Schlotermann）的译本（1955）。其中，佛尔阁翻译的《灰阑记》全部从原文准确地翻译成德文，是最成功的德译本。①

---

①　佛尔阁（Alfred Forke，1867—1944）不仅是一位元曲翻译家，也是一位著名的汉学家。他对中国的语言、历史、文化传统有深刻的理解和研究，代表作有《中国古代哲学史》（1927）、《中国中世纪哲学史》（1934）、《中国近代哲学史》（1938），此外还译有《汉六朝诗选》和《唐宋诗选》。由此可见，他几乎涉及了整个中国哲学范畴和文学史的全部。他的元曲译著取名《中国元代戏曲》，但直到他去世后的1978年，才由科隆大学汉学教授吉姆（Martin Gimm）整理出版。在《中国元代戏曲》中共有十个元杂剧的译本，并按照不同形式分成三类：1.历史剧：《气英布》（无名氏）、《汉宫秋》（马致远）、《连环记》（无名氏）、《梧桐雨》（白朴）；2.哲学宗教剧：《黄粱梦》（马致远）、《铁拐李》（岳伯川）、《来生债》（无名氏）；3.喜剧：《看钱奴》（无名氏）、《鸳鸯被》（无名氏）、《留鞋记》（曾瑞卿）。据吉姆为《中国元代戏曲》所写的前言可以知道，佛尔阁原译稿前有长达37页的序言，这篇序言表现了佛尔阁对中国戏曲全方位的认识。序言共分五部分：1.中国戏曲的起源；2.元杂剧；3.对元杂剧的评价和它在世界文学中的地位；4.悲剧；5.元杂剧的翻译。由此可见，他对中国戏剧的认识是深入而全面的。

　　《灰阑记》的改编本出自德国剧作家克拉邦德之手。克拉邦德本人并不懂汉语，他根据前人的翻译成果将其改编成剧本，并于 1925 年在德国舞台上映。该改编本是第一个被搬上西方戏剧舞台表演的《灰阑记》。克拉邦德的改编本总框架大致来自中国原作，但在人物形象的塑造上有很大改动，由此赋予改作以自己的鲜明特点。其改动主要表现在以下几个方面：一是将张海棠这一平常妓女描写成一个纯洁无瑕的女子，她是因环境所逼才沦为卖唱女，而非卖身之妓。二是将马员外这一极其平常的财主描写成一个毫无心肝、专门剥削老百姓脂膏供自己挥霍的资本家，并且后来又因与海棠这样天真正直的女子在一起而受到感化，痛改前非成了好人。三是将海棠之兄这个在原剧中不太重要的角色，改成了一个激烈反对资本主义的社会主义者，后又因皇帝的赏识做了朝廷法官，变成了保皇党。四是原剧中判案的包公也发生了不可思议的变化。改作中包公变成了一位王子。这位王子先是一个冒险家、无所事事的流浪汉和幻想家。一天，他扮作贫穷的猎人到一茶馆，同海棠打趣说笑，大谈爱情，并要买她回家，海棠却被富人马员外出高价买走。但到了晚上，他竟潜入海棠卧室偷情。数年后，他当了皇帝，在审判海棠杀夫案时又与海棠邂逅。最后，象征着月轮的灰阑使这对母子同皇帝——孩子的亲生父亲重新团聚。这种极富想象力的艺术处理，给作品增添了一种浪漫情调和喜剧色彩。

　　显然，克拉邦德的改作与原剧有天壤之别，它已脱离了原剧的精神与韵味，而是一出典型的欧洲戏剧，里面有动人的爱情也有强烈的政治倾向，这些改动无疑削弱了原剧中的中国精神。不过，克拉邦德本人无意在德国舞台上如实地再现一部中国古代剧作，他是通过改编寄托自己的一种乌托邦式社会政治理想。尽管如此，这位自诩为"老中国人"的作家，还是不遗余力地把自己的中国知识塞入自己的剧本里，并努力去捕捉原剧精髓，因此他所改编的《灰阑记》也为介绍中国传统文化作出了贡献。他的《灰阑记》最成功之处，就是其中的抒情诗达到了相当高的程度。在他的诗作里，"中国的感情、中国的空气、中国人的人生观，有时活现于行间字里"①。显然，克拉邦

————————

① 陈铨：《中德文学研究》，辽宁教育出版社 1997 年版，第 71 页。

德改编的《灰阑记》不仅表达了自己对中国哲学精神、伦理道德的理解，同时还在文字上体现出了中国古典戏曲中诗词的意蕴，与中国戏曲作品在文本上更为接近。尤为值得肯定的是，他还在其改作中向西方人介绍了中国戏曲的传统艺术形式，如角色上台自报家门等。这样，当其剧作搬到舞台上表演的时候，德国观众也不会觉得太唐突和奇怪，这为以后布莱希特彻底推翻"第四堵墙"，破除舞台"幻觉"，创造新的戏剧形式埋下了伏笔。克拉邦德的《灰阑记》虽然不是最完美的中国戏曲改编本，但它为西方改编中国戏曲作品掀开了新的一页。

根据克拉邦德的《灰阑记》，德国大戏剧家布莱希特改编创作了《高加索灰阑记》，在当时的欧洲影响很大。早在 1920 年，布莱希特就与克拉邦德相识，并由此接触到后者改编的《灰阑记》。"灰阑断案"这个题材引起了他极大的兴趣。后来，他曾写过一个短篇小说《奥古斯堡灰阑记》，接着又于1944 年至 1945 年间创作了剧本《高加索灰阑记》。与李行道创作的元杂剧以及克拉邦德的改编本进行比较，布莱希特的作品与后两者有许多根本不同之处。他为了适应西方的文化背景，在戏剧主题、人物、结构等方面都进行了改动。改作本把故事的背景设在欧亚之交的高加索地区。女主角不再是妓院里的艺妓，而是高加索总督府内一位厨房侍女格鲁雪。在叛军夺取城池、杀死总督之后，总督府家眷顾不上亲生儿子亡命而逃。格鲁雪冒着生命危险毅然救出孩子，历尽千辛万苦抚育他成长。数年后叛乱平息，总督夫人返回故地，她为了继承总督遗产强行索要儿子。格鲁雪坚决不从，官司打到法官阿兹台克那里。法官是在叛乱统治的年代走马上任的，对下层社会的人民抱有同情心。他相信格鲁雪的申辩，并为之感动。法官用灰阑来检验小孩的"真正"母亲，并决定孩子归格鲁雪所有。

如果说之前西方的中国戏曲改编本主要是借用戏曲故事框架，运用西方戏剧的形式来演绎异国情调的东方故事，那么布莱希特的改编方式则恰恰相反。他只是截取了原剧中能体现出中国哲学思想与伦理道德的故事片段，创作出一个完全是西方特征的戏剧故事。剧中所演绎的故事仅仅吸收了中国原作中以灰阑断案的情节，在其他方面，包括断案的结论都进行了意义深远的改动。这种改动不仅没有削弱剧作的主题，相反却使戏剧主题在不同文化背景中得到了升华。中国原作《灰阑记》主要是对包拯的智慧以及海棠崇高母爱的歌颂；克拉邦德的改编本中王子与平民女子之间的浪漫爱情，王子判案的英明等使该剧成为一出歌颂爱情、赞颂圣明君主、宣扬平等的具有政治倾向剧；而《高加索灰阑记》则更深一层，布莱希特在一个更加广阔的社会背景之下，反映了一个时代的生活，歌颂了下层社会的女佣格鲁雪的优秀品质以及更崇高的母爱。布莱希特不仅通过判案的结果来揭示这个主题，而且在"楔子"和"下场诗"中给出了暗示和总结。"楔子"说的是在一处经历战乱的废墟上，两个农庄的庄员为一个山谷地的归属问题争论不休。这个山谷原来归牧羊的农庄所有，但在希特勒军队进攻之时他离开了这个山谷。而在这片丘陵地带坚持战斗、用鲜血和生命捍卫了它的是一个果园农庄的庄员。结果后者获得了这块土地的所有权。这个"楔子"预示了《高加索灰阑记》的主题，成为其前奏，在全剧结尾，布莱希特通过歌手进一步阐明主题："一切归善于对待的，比如说，孩子归慈爱的母亲，为了成材成器；车辆归好车夫，开起来顺利；山谷归灌溉人，好让它开花结果。"

布莱希特的改作虽然在故事情节上与原剧相去甚远，但却吸取了中国戏曲艺术的精华，将以往没有得到足够重视的中国戏曲的艺术形式融入了这个西方故事中，剧作鲜明闪耀着中国戏曲的神韵。《灰阑记》改编于 20 世纪初，此时西方戏剧正处于一个转折期，酝酿突破传统的戏剧形式。而中国戏曲自由、空灵、写意的形式不仅有助于内容的表达，更富有审美之韵致。当时的改编者们虽然仍痴迷于中国戏曲文化中的哲学思想和伦理观念，但戏曲艺术的神韵也开始受到越来越多的重视。他们发现中国戏曲中值得选择的不仅仅是其异国情调的故事和理想，其别具一格的艺术形

图 4-1　布莱希特《高加索灰阑记》剧照

式更值得学习与借鉴。在这一点上，布莱希特表现出更充分的自觉。比如，《高加索灰阑记》在结构上就借鉴了中国戏曲的一些长处。这突出表现在时空关系的处理上。在欧洲的传统戏剧，时间、地点必须是整一的，如果要表现时间的推移与跨越、场景的变换，只能在两幕的间歇之中。《高》剧在结构上分为五幕一楔子，这与中国元杂剧"四折一楔子"的结构是相类似的，而且该剧吸取了中国戏曲时空自由流动的长处，剧本的每一幕场景都穿梭于不断变化的时空中，使作品的起承转合条理清晰。再就叙事风格而言，布莱希特使用"传统中国剧作艺术中那些非自然主义的或'再现型'的手法。这些手法帮助他把那些必须要说明的材料以一种精炼、清晰的形式介绍给观众"①。在歌手这个角色里面，布莱希特融摄了中国戏曲中的叙事手法——人物角色的自报家门、对场景的描述、对剧情发展的叙述，以及他们在抒情演唱中对感情和思想的表达。布莱希特借鉴了中国戏曲又说又唱的表现手法，无疑增强了戏剧的感染力。此外，就是虚拟性表演动作的运用。虚拟动作是中国戏曲表演风格的一个鲜明标记。在布莱希特改作中，虚拟表意动作所产生的"陌生化"艺术效果有效吸引了观众的注意力，使演员意识到观众正在注意他们并取得布莱希特在中国戏曲舞台上所观察到的效果："中国戏曲演员的表演……使人得到的印象，他的表演在被人观看。这种表演立即背离了欧洲舞台上的一种特定幻觉。观众作为观察者对舞台上实际发生的事情不可能产生视而不见的幻觉。"②如此，观众就不致在与戏剧人物的认同过程中失去自我，从而有效实现了布莱希特所主张的"间离"。

　　布莱希特的种种改造发扬了中国戏曲中不同于西方戏剧的表现手法，使剧本闪烁着中国戏曲的神韵，更在中西戏剧的融合发展中成功实践了自己创造的一种新的戏剧理论——叙述性戏剧。③《高加索灰阑记》1948 年于美国用英语首次上演，此改编本被转译成多种语言广为流行，在西方世界闪烁出耀眼的光辉。

---

　　① 都文伟：《百老汇的中国题材与中国戏曲》，上海三联书店 2002 年版，第 111 页。

　　② ［德］布莱希特：《布莱希特论戏剧》，丁扬忠等译，中国戏剧出版社 1990 年版，第 192 页。

　　③ 关于布莱希特"叙述性戏剧"剧作观，详见本章第三节。

三、中国戏曲在美国的流传与接受

中国戏曲在美国的传播与在欧洲国家的传播方式有所不同。欧洲国家了解中国戏曲是从各国语言的译本开始的，他们往往首先被中国戏曲中典型的东方故事所吸引，然后才开始研究戏曲故事中的人物、情节，再到戏曲艺术形式的分析和中国传统文化和哲学、美学观念的探究。而与欧洲相比，美国有着得天独厚的优势。首先是其官方语言是英语，因此在英国出版发行的中国戏曲的译本、改编本、研究论著也常常同时在美国出版。再者，与欧洲观众相比，他们还有更多机会观看中国戏曲表演。因此，美国大众最初了解中国戏曲可以说是从演出形式开始的。

早在19世纪中期开始，中国戏曲就一直活跃在美国华人社区舞台上，并以其原汁原味的艺术魅力吸引了当地为数众多的非华人观众。当时华人社区剧院上演的中国戏曲主要是粤剧，评论家介绍中国戏曲的演出内容、舞台形式和表现手法也是针对这一剧种。虽然20世纪20年代美国电影进入华人社区并垄断了当地娱乐业，但华人社区的中国戏曲表演却从未停止过。中国戏曲剧团也不时受邀访美为美国观众演出。1930年，20世纪最伟大的表演艺术家之一梅兰芳访美作巡回演出，使中国戏曲在美国的影响达到了高峰。梅兰芳精湛的表演获得了美国观众的普遍好评，使美国观众进一步领会到了中国戏曲博大精深的文化意蕴，成为中美戏剧交流的重要里程碑并产生了深远影响。

除了当地华人、中国著名演员或戏剧团体在美国演出中国戏曲之外，美国人还根据他们所理解的中国戏曲，改编、摹仿创作中国戏，并由美国人登台演绎。美国作家想象或创作的"中国"剧目主要出现在两次世界大战期间，这些剧目基本上是倾心于古老的中国及其传统文化，其中有：《黄马褂》（1912）、《中国情人》（1921）、《中国灯笼》（1922）、《爱之焰》（1924）、《中国玫瑰》（1925）、《观音》（1926）、《琪琪》（1928）、《中国夜莺》（1934）、《大地之游》（1944）等。这些故事大都是发生在古代中国的爱情故事。在舞台上，他们营造了一种充满异国情趣的戏剧奇观，一种为迎合西方人趣味的视角。这类剧中最有代表性的是《黄马褂》。

　　《黄马褂》由哈利·本里默（J. H. Benrimo）和乔治·黑兹尔顿（George C. Hazelton）所作。该剧讲述了一个发生于王室的复仇故事：从前有位武王叫武声音，王后叫慈母，育有一男婴。王妃杜鹃花心生嫉妒，陷害慈母。武王令农夫李辛去杀慈母，李辛不忍下手。慈母带着男婴逃离王宫，终含恨死于途中。李辛在逃亡中发现了被遗弃的男婴，遂将之收养，取名武豪杰。二十年后，武豪杰在闯荡江湖期间与美女梅花蕾相爱，并获知了自己的身世，遂走上了复仇的历程。其时，杜鹃花所生之子武花丁已篡夺了王位。武豪杰在梅花蕾与一位哲人的帮助下，排除重重障碍，将武花丁打败并囚禁，最终夺回王位，披上了本属于自己的象征王权的黄马褂。细读这部剧作，不难发现其剧情基本内容与中国元杂剧《赵氏孤儿》有惊人的相似之处。剧作者本里默本人对此也做出了解释：“《黄马褂》真正起源是《世纪杂志》上一篇关于中国戏剧的文章，当时我还是个孩子，已经懂得把它剪下来珍藏。”①《黄马褂》植根于中国戏曲《赵氏孤儿》是无疑的，但在主题表现上，与《赵氏孤儿》却是有很大差别的。《赵氏孤儿》通过强调弱者对于残暴的反抗，表达了对弱小者的同情，歌颂了义士大无畏的自我牺牲精神。而《黄马褂》则是以爱情为主线，武豪杰与梅花蕾的爱情在剧中成了复仇成功的决定性因素，对至高无上的爱情的歌颂无疑成为《黄马褂》的重要内核。这种中西混合的主题无疑体现了作家有意调和中美文化的努力。

　　《黄马褂》虽在主题表现上掺杂了西方的理念，但在表演上则运用了中国戏曲的表现手法，烙上了鲜明的中国风印记。首先是传统的中国舞台原则的运用。比如对演员的上下场进行指定，舞台空间比较简陋，只设了椅子、桌子、垫子等这些在中国戏曲舞台上常用的具有象征意义的基本道具，同时还将乐队安排到了台上。在上下场切换场景的同时，还常常伴有演员的自我介绍，这些都是中国戏曲的舞台程式。此外，演员们的表演也采用了中国戏曲的虚拟化和风格化动作。在音乐方面，采用了中式打击乐作为配乐。《黄马褂》的问世是在当时西方反现实主义之风的激励下，美国戏剧界对中国戏剧实践的一次实验性尝试，其对中国戏曲风格的全方位呈现在西方戏剧史上

---

① 转引自都文伟：《百老汇的中国题材与中国戏曲》，上海三联书店 2002 年版，第 155 页。

前所未有。《黄马褂》1912 年 11 月于百老汇福尔顿剧院上演，并获得巨大成功，首次演出即持续了 10 个星期。以后的二三十年间，在美国纽约及其他一些城市的舞台上不断重演，几乎场场爆满。《黄马褂》不仅在美国产生了深远影响，而且辐射西方主要欧洲国家。到 1928 年底，该剧在 17 个国家约 40 个城市上演。世界级戏剧艺术大师莱因哈特、斯坦尼斯拉夫斯基、泰罗夫（Tairov）、贝纳文特（Benavente）都曾排演过该剧。

除了由美国人自己创作上演的中国剧以外，美国作家还将中国戏曲原作进行改编上演，同样也反映出一种梦幻般的异国情趣。20 世纪前期，有好几出传统中国戏曲被改编后搬上了美国舞台。其中有：1912 年由肯尼迪（Charles Rann Kennedy）在法国作家拉卢瓦根据马致远的《汉宫秋》编写的剧本的基础上再改编上演的《汉宫花》、1930 年由西德尼·霍尔德（Sidney Howard）和威廉·欧文（William Irwin）根据高明的传奇《琵琶记》改编上演的《琵琶吟》、1936 年熊式一改编上演的《宝钗夫人》（1935 年先于伦敦上演）等。从 1925 年到 1950 年间有几个《灰阑记》的改编本在美国演出，布莱希特的《高加索灰阑记》即在其列。在所有这些改编本中，只有《琵琶吟》完全出自美国人之手，可算得上是真正的美国改编本。

中国元杂剧《琵琶记》属于南戏，讲的是蔡邕和其妻赵五娘的故事。新婚不久的蔡邕进京赶考，妻子赵五娘留守尽力照看双亲。蔡邕考取状元后被逼与宰相之女牛姬成婚。老家闹饥荒，父母双亲亡故。赵五娘卖发葬完二老后进京寻找丈夫。一路上，她只能靠乞讨和弹琵琶为生，把满腔的悲伤倾诉在歌声中。赵五娘来到京城后，得知丈夫已获功名，还重新娶亲，但他仍惦念着父母，并不知晓家中所发生之事。五娘来到牛家，面会牛姬。两人互相说明身份后，牛姬宽容大度，认五娘为第一夫人，并称其大姐。最后，蔡邕带着两个妻子回老家祭奠父母。中国《琵琶记》的主题为"孝"。中国传统伦理中的"孝"要求子女有责任服从父母，在父母生前照顾父母，父母死后守孝三年，并以功名利禄光宗耀祖等。这些要求在《琵琶记》的剧情中都有充分的表现。改编之作《琵琶吟》虽然在剧情上依据了原剧的内容发展，但在很大程度上削弱了"孝"之主题，却以浪漫的爱情取而代之。虽然《琵琶吟》中也提到了"孝"，但从没有把它作为主要人物行为举止的动因，而蔡邕和赵五娘之间的忠诚爱情却成了人物性格发展的依据，两者的爱情故事在剧中被大大地浪漫化了。改编本与原作之间主题上的变化恰好说明了中西文化背景的区别，爱情故事更适合于西方。在艺术表演方面，与《黄马褂》每一个戏剧组件都体现了中国戏曲传统不同，《琵琶吟》只采用了一些。如舞台中央只设一凸出平台，在背景幕布的衬托下，先后代表蔡邕的陋室、宰相府的豪宅、皇宫、寺庙、衙门等，象征性布景的运用体现了空舞台原则的部分概念。演员表演也有虚拟化色彩，用约定俗成的手势表示敲门、开门、关门等。《琵琶吟》中一个重要技法就是一人分饰两角，首次把中国戏曲中一个既是舞台监督又扮演其他角色的人物介绍给了美国戏剧界。一人分饰多角的手法增强了剧本的戏剧性。如果说《黄马褂》是直接受唐人街的中国戏曲的影响而创作的，那么《琵琶吟》则是与中国戏曲现场演出的直接接触和书本影响共同作用的结果，这两部作品代表了两种不同的影响方式。

20 世纪前半叶，美国学界对中国戏曲的研究与探索也大大推动了其戏剧舞台所进行的学习中国戏曲的实践。其间出现了一些比较有系统的研究专著。该时期的首部戏剧著作当为约翰斯顿（Reginald Fleming Johnston）的《中国戏剧》（1921）。该书介绍了中国戏曲的发展历史与演出特点，尤其对中国传统空舞台的审美价值作了充分肯定。1922 年，凯蒂·芭斯（Kate Buss）的《中国戏剧的研究》出版，该书对中国戏曲表演的方方面面作了系统研究，在英语世界中当属首次。1925 年，曾在中国北京待过的美国比较文学教授佐科（A. E. Zuker）出版《中国戏剧》一书，该书分章讲解了中国戏曲的发展史，对中西方戏剧作了对比研究，并介绍了梅兰芳，认为中国传统舞台的表现手法可资西方借鉴。梅兰芳访美之行的成功引发了 30 年代英语世界对以京剧为代表的中国戏曲的认识热潮。阿灵顿（L. C. Arlington）的《自古至今的中国戏剧》（1930）和程修龄（Cecilia S. L. Zung）的《中国戏剧之秘密》（1937）是其间的主要著作。30 年代除了一些介绍、评论中国戏曲的专著以外，大量评介戏曲的文章还散见于不同文学杂志上，研究内容涉及中国戏曲的方方面面。40 年代，由于第二次世界大战的爆发，美国关于中国戏曲的研究成果遂有减少。

该时期美国学者在研究中国戏曲的同时也从未间断过对中国戏曲的翻

译。其中《灰阑记》《西厢记》等著名杂剧就有不少版本的译本，南戏有《琵琶记》（1946），昆曲有《林冲夜奔》（1939），京剧有《打金枝》（1913）、《王宝钏》（1935）、《打渔杀家》（1936、1937）等，仅阿灵顿的《著名中国剧本》（1937）就收有《战宛城》《长坂坡》《击鼓骂曹》《奇双会》等十几种京剧的英文译本和其他一些剧本的英文概要。在所有译本中，当时最有影响的是《灰阑记》《王宝钏》《西厢记》和《琵琶记》，它们体现了美国翻译中国剧本的深度与广度，同时也为西方读者打开了中国戏曲宝库的大门。

四、中国戏曲在英国与俄苏的流传与接受

20 世纪前半叶，英国对中国古典戏曲也有一定译介，但总体来说不够多。在英国译介的为数不多的中国古典戏曲里，元杂剧《西厢记》当为英国人最为熟悉的一部。由于《西厢记》的前身是唐传奇《莺莺传》和《董解元西厢记诸宫调》，所以后两者也都在英国得到了译介。早在 1919 年，韦利就译介了《莺莺传》，后来韦利其他译著集出版时，曾不止一次收入《莺莺传》的译文。华裔学者熊式一也为向英国人译介杂剧《西厢记》作出了努力，他的英译本 1935 年于伦敦出版。在戈尔登·博顿利（Gordon Bottomley）为《西厢记》英译本写的前言里，把崔莺莺同莎士比亚名剧《罗密欧与朱丽叶》里殉情的朱丽叶相提并论，认为她俩在大家风范方面不相上下，又说张生为爱情所受的煎熬不亚于中世纪著名爱情传说《特里斯坦与伊瑟尔》（德国作曲家瓦格纳写过一部同名歌剧）的男主人公。这些永恒的爱情题材原本就是古今中外息息相通的。《西厢记》的其他译本还有亨利·H.哈特（Henry H. Hart）翻译的《西厢记：中世纪戏剧》（1936）。此外，詹姆斯·拉弗（James Laver）翻译了《灰阑记》（1929），这是根据阿尔弗雷德·亨施克（Alfred Henschke）的德文改编本转译的，这也是《灰阑记》在英国最早的译本。

俄苏在这一时期对中国古典戏曲的介绍与研究相对冷寂。其间一些杂志上偶尔刊载过介绍中国戏曲的文章，但大多比较短小，价值意义不大。直到 1929 年，汉学家瓦西里耶夫（汉名王希礼）发表了长篇综合性论文《中国的戏剧》，详细介绍了中国戏曲表演艺术的种种特点，重要的是，该文在叙述

中国戏剧发展史的时候，已经参照了王国维、刘师培、宋春舫等人的论著。

该时期，中国戏曲在俄苏的传播发生了一件意义重大而影响深远的事情，那就是 1935 年梅兰芳剧团访苏。从 1935 年 3 月 23 日起，梅兰芳剧团在莫斯科音乐厅公演 6 天。当时的苏联文艺界对梅兰芳的演出给予很高评价。当时观看了演出的戏剧家们如斯坦尼斯拉夫斯基、梅耶荷德、丹钦科、布莱希特都迷上了中国戏曲，他们都为这位演员出神入化、登峰造极的演技和中国古典戏曲所具有的深奥魅力所倾倒。他们从中国戏曲的表演当中，看到了中西两种戏剧的分歧与可融合的元素，看到了西方戏剧可能的发展方向。尤其是布莱希特与梅耶荷德，他们在看过梅兰芳的演出后获得了创新的灵感，在与中西传统戏剧的汇合与碰撞中积极探索，创立了各自的理论体系。关于梅兰芳访苏的意义及其影响，本章将在后面几节作专题论述。

第二节　梅兰芳巡演美、苏及其深远影响

中国戏曲中，近百年来影响最大、流传最广的当属京剧。京剧的历史虽然不长，只有 200 多年，却最为充分地反映了中国戏曲文化的特点，体现着中国古典美学的风貌和中国人文精神的内涵。

严格意义上讲，中国戏曲美学精神对西方产生根本性影响，应当开始于 20 世纪 30 年代梅兰芳的访美、访苏巡回演出。京剧艺术殿堂中群英荟萃，著名旦角演员梅兰芳是其中的代表人物之一。梅兰芳不仅演艺超群，卓然成派，而且在引领中国京剧走向世界的过程中功勋卓著。梅兰芳就京剧艺术与西方进行交流，对西方产生影响，包括两个方面：一方面是他在中国成名以后，来拜访他的国际友人络绎不绝，向他学戏，与他交流，把他的艺术风范和京剧成就传向西方和整个世界；另一方面是梅兰芳几次出国访问演出，到北美，到欧洲，把中国京剧艺术和中国戏曲文化传播到西方和整个世界。

梅兰芳从小学戏、演戏，到 20 岁出头，1915 年左右，已经在京剧舞台上确立了自己的地位。当时一些外国著名人士访问中国，有两个重要节目是很少放弃的，那就是，一登长城，二看梅剧。梅兰芳的京剧成为 20 世纪

初北京城的一道文化景观。1924 年，泰戈尔访问中国，其间恰逢他的生日，中国方面特地安排梅兰芳在开明戏院演出京剧《洛神》为其庆生。泰戈尔看戏后赞叹不已，并写了一首诗表达对梅兰芳的赞誉："亲爱的，你用我不懂的语言的面纱，遮盖着你的容颜；正像那遥远如同一脉缥缈的云霞，被水雾笼罩着的峰峦。"①除了与这些海外名人交往外，梅兰芳的京剧艺术对西方人的影响更多是通过西方观众观看他的演出实现的。为了让西方人更多地了解中国京剧的魅力和中国京剧文化的内涵，梅兰芳酝酿着到西方去演出京剧，使更多西方人认识中国，认识中国京剧。他的这个愿望在 1930 年终于得以实现，这一年他访美演出京剧，在美国掀起了一阵舞台旋风。

一、梅兰芳访美及其深远影响

20 世纪 20 年代后期，梅兰芳的京剧艺术已臻出神入化之境，名声远播。尤其对他在舞台上以一个男子身份塑造出多彩多姿的女性艺术形象，海外人士十分心仪。为了向西方进一步介绍中国优秀的京剧文化，1930 年，梅兰芳率团到美国作巡回访问演出。这是中国戏曲美学对西方产生重大影响的事件。

梅兰芳剧团到达纽约后，受到了热烈欢迎与热切期待。"这个北京来的演员的消息报道和各种文章占满报纸的版面，文章介绍他的艺术与背景情况，这是百老汇在向这位中国舞台的偶像致敬，百老汇已经准备好享用一席从未经历过的盛宴"②。梅兰芳一到纽约，就应邀去华盛顿为政界人士演了一场夜戏，国务院全体官员和各国大使以及地方官绅 500 多人出席观赏。当时胡佛总统因公离开了华盛顿而错失良机，因未观看到梅兰芳的演出而深表遗憾，事后通过美国外交部与中国公使商量，想请梅兰芳剧团返回华盛顿演出，以饱眼福。但梅兰芳剧团早已和旧金山的剧院订好合同，梅兰芳只好回函总统致歉。

---

① 转引自许庆龙、劳斌：《梅兰芳》，中国国际广播出版社 1996 年版，第 129 页。

② A. C. Scott, *Mei Lan-fang, The Life and Times of a Peking Actor*, Hong Kong: Hong Kong University Press, 1971, p. 108.

图4-2 美国报纸介绍梅兰芳与中国京剧　　　图4-3 百老汇的第49街大剧院旧景

　　1930年2月16日晚，在百老汇的第49街大剧院举行了梅兰芳在纽约的首场公演。此前几天，与当时报刊杂志沸沸扬扬的舆论宣传相呼应，剧场内外张灯结彩，进行了精心布置，一派喜气洋洋，完全洋溢着中国文化传统中的情感氛围。舞台布景完全是中国旧式戏台风格的呈现，体现了与西方文化迥然不同的东方趣味，对西方人产生了强烈吸引力。

　　为了使美国观众能对中国京剧感兴趣，梅兰芳剧团专门挑选了接近西方人审美趣味的剧目，如《贵妃醉酒》《霸王别姬》《天女散花》《汾河湾》等，①而且每晚都是文戏、武戏和京剧舞蹈结合在一起上演。这样的文武搭配、唱做搭配极大地调动了美国观众的审美积极性，引起了强烈反响。"纽约的那些时日就等着看这位处于舆论中心的中国演员，一位在舞台下谦逊而不摆

————————

　　① 根据梅兰芳的京剧设计者和访美的主要组织者齐如山提供的第一手资料，梅兰芳访美准备的剧目包括：《霸王别姬》《贵妃醉酒》《黛玉葬花》《佳期拷红》《琴挑偷诗》《洛神》《思凡》《游园惊梦》《御碑亭》《晴雯撕扇》《汾河湾》《虹霓关》《金山寺》《打渔杀家》《木兰从军》《天女散花》《群英会》《空城计》《捉放曹》《青石山》《打城隍》等（其中后五出是关于别人的戏），以及杯盘舞（《麻姑献寿》）、拂舞（《上元夫人》）、袖舞（《天女散花》《上元夫人》）、绶舞（《天女散花》）、镰舞（《嫦娥奔月》）、剑舞（《霸王别姬》《樊江关》）、刺舞（《廉锦枫》）、羽舞（《西施》）、戟舞（《木兰从军》《虹霓关》）、散花舞（《天女散花》）等舞蹈节目。参见齐如山：《梅兰芳游美记》，岳麓书社1985年版，第25—26页。

明星派头但却成就卓然的小个子中国人。批评界在各报刊杂志不约而同地一致表达其赏赞之情，毫无疑问地肯定梅兰芳的表演所创造的令人难忘的印象"①。演出了3天之后，两个星期的戏票就被预售一空，后不得不在国家剧院续演3周。纽约演毕之后，剧团还巡演了芝加哥、华盛顿、旧金山、洛杉矶、圣地亚哥以及西雅图等城市，前后共表演了72天戏，历时长达半年。这是梅兰芳登台以来最为密集的一个演出季节，且无比辉煌。所到之处，无不受到政界、商界、学界、新闻界、戏剧界、艺术界和华侨界隆重欢迎和接待。

图 4-4 梅兰芳（左）在美国演《汾河湾》

梅兰芳在纽约演出的时间最长。他在纽约演出期间，美国歌唱家、音乐家、戏剧家、名导演、名演员、剧场经理纷纷前去观摩，而艺术界的著名画家、雕塑家和摄影师都争相要求为梅兰芳免费画像或塑像。梅兰芳在洛杉矶演出期间，好莱坞有十几个大小不等的电影公司热情邀请梅兰芳和他的剧组成员参观，而且都乐意为他们拍摄电影。各电影公司的经理、导演和演员都去观摩梅兰芳的演出，从中悟出京剧的道白、表情与唱工正合当时西方电影发展的趋势。美国戏剧界许多著名人士，像斯塔克·扬（Stark Yong）等大戏剧家，卓别林、范朋克（Douglas Fairbanks）、玛丽·璧克馥（Mary

---

① A. C. Scott, *Mei Lan-fang, The Life and Times of a Peking Actor*, Hong Kong: Hong Kong University Press, 1971, pp. 109-110.

图 4-5 梅兰芳（左四）与卓别林（左二）等人合影

Pickford）等电影演员，露丝·丹尼斯和泰德·萧恩等舞蹈家都十分欣赏京剧艺术，认为京剧结构巧妙，思想深奥，经常美得出人意料。他们与梅兰芳大有惺惺相惜之意，如卓别林说梅兰芳京剧中的虚拟性表现与他的喜剧表演是一致的。卓别林与梅兰芳由此结下了深厚情谊。当时哥伦比亚大学、芝加哥大学、旧金山大学等知名学府还纷纷邀请梅兰芳前往讲学，加利福尼亚大学以及波摩拿学院还授予其文学博士荣誉学位。

梅兰芳的演出淋漓尽致地展现了中国戏曲表演艺术的精华，得到当时美国评论家们的交口称赞，他们一致认为梅的表演中有许多值得美国戏剧借鉴参考之处。美国女戏剧家帕特里克·坎贝尔太太（Mrs. Patrick Campbell）

图 4-6 1930 年梅兰芳（前排左六）在美国演出期间出席我国驻美使馆的欢迎会

兴致勃勃地观看梅兰芳演出达五六次之多。她认为京剧的表演程式比西方戏剧高明几倍。京剧表演的写意性，在当时就被这位美国女戏剧家敏锐地发觉了，难怪她预见说："梅君在这里演戏以后，美国剧一定受极大的影响，或者把组织法变化变化——变成中剧化，也未可知。"①

著名剧作家、评论家斯塔克·扬对梅兰芳的精湛技艺赞叹不已，他在《梅兰芳与其剧团节目》一文中评论道："在一个属于古老民族的传统艺术和一个被他们的人民承认为伟大艺术家面前，我们大多数观众必定会感到自卑……梅兰芳的表演中有足够的东西使我觉得他的演出代表了本季演出的最高峰，也是自杜丝②的访问和莫斯科艺术剧院上演契诃夫剧以后任何一个戏剧节里的最高峰。"③

剧评家布鲁克斯·阿特金逊（J. Brooks Atkinson）在《纽约时报》发文称赞道："这种艺术具有它独特的风格和规范，犹如青山一般古老……但它却像中国的古瓷瓶和挂毯一样优美。如果你能摆脱仅因它与众不同而就认为它可笑的浅薄错觉，你就能开始欣赏它的哑剧和服装的精美之处，你还会依稀觉得自己不是在与瞬息即逝的感觉相接触，而是与那经过几个世纪千锤百炼而取得的奇特而成熟的经验相接触。你也许甚至还会有片刻痛苦的沉思：我们自己的戏剧形式尽管非常鲜明，却显得僵硬刻板，在想象力方面从来没有像京剧那样驰骋自由。"④

中国戏曲非凡的想象力和空荡荡的舞台布置则引起了剧评家罗勃特·里特尔的兴趣，他在纽约报纸发表评论文章写道："我也许只懂得其中的百分之五，而不了解其他大部分，但这足以使我为我们的舞台和一般西方的舞台上的表演感到惶恐谦卑，因为这是一种以令人迷惑而撩人的方式使之臻于完美的、古老而正规的艺术，相比之下我们的表演似乎没有传统，根本没有旧

---

① 转引自齐如山：《梅兰芳游美记》，岳麓书社1985年版，第135页。

② 艾丽奥诺拉·杜丝（Eleonora Douse，1859—1924），意大利著名演员，曾助演莎士比亚、易卜生和萧伯纳等作家的剧本，她以演技简练而不矫揉造作著称，得到萧伯纳高度赞扬。

③ 转引自齐如山：《梅兰芳游美记》，岳麓书社1985年版，第176页。

④ 转引自齐如山：《梅兰芳游美记》，岳麓书社1985年版，第176页。

的根基。"① 对梅兰芳的演技他也予以高度赞赏:"梅兰芳在舞台上出现 3 分钟,你就会承认他是你所见到的一位最杰出的演员。演员、歌唱家和舞蹈家三位一体……你看他在舞台上表演,会觉得自己仿佛置身于一个古老的神话优美和谐而永恒的领域里……每个富有表情的姿势都像中国古画那样浓重而细腻。"②

与里特尔一样,大多数评论家为梅兰芳的身段动作和风姿所倾倒,用《纽约晚间邮报》记者约翰·梅森·布朗的话来说,梅兰芳的表演"从任何角度看都是中国戏剧表演的最高峰,它不仅把我们从本国舞台上乏味的现实主义中解放出来,而且是如此古老美丽,充满生气,以至于我们要热忱地鼓励更多具有冒险精神的戏剧创作者去接受它"③。

梅兰芳成功地访问美国演出京剧,无疑是中国与西方戏剧交流中的一个重要里程碑,体现了中国戏曲美学精神对西方的重大影响。"由于梅兰芳的访问演出,带动的中美戏剧交流显现出最大的特色:比较研究、美学研究和现实研究。这些研究的直接结果是,对美国戏剧产生了新异刺激的推动。让美国戏剧舞台很快获得启悟,从写实主义的僵局中挣脱出来"④。自此,中国戏曲艺术的虚拟性、程式化等表现手法不断为美国剧坛所借鉴,为他们反拨现实主义戏剧模式产生了重要的推助作用。

二、梅兰芳访苏及其深远影响

梅兰芳的美国之行,为他带来了国际性声誉。访问美国后不久的 1935 年,梅兰芳受苏联政府的邀请,率团访问了苏联,受到苏联观众的热烈欢迎。更有意味的是,通过这次访问演出,中国京剧对德国剧作家布莱希特的创作产生了巨大的影响,为他的表现主义戏剧理论提供了实践依据,成了表

---

① 李仲明:《京剧大师梅兰芳》,民主与建设出版社 2012 年版,第 141 页。
② 李仲明:《京剧大师梅兰芳》,民主与建设出版社 2012 年版,第 141 页。
③ 转引自都文伟:《百老汇的中国题材与中国戏剧》,上海三联书店 2002 年版,第156 页。
④ 吴戈:《中美戏剧交流的文化解读》,云南大学出版社 2006 年版,第 134 页。

现主义戏剧的"助产士"，是中国美学精神对西方影响的又一重要篇章。

经过近一年的准备，梅兰芳率团带着《打渔杀家》《贵妃醉酒》《木兰从军》等十几个最拿手剧目再次走出了国门。① 如果说前次访问美国还是属于商业性的演出，这次对苏联的访问则大不相同，这次是受苏联政府的对外文化协会之邀，梅兰芳以国宾身份出访。苏联政府特派专轮到上海迎接梅兰芳一行，并专门成立"梅兰芳接待委员会"，委员会成员包括斯坦尼斯拉夫斯基、梅耶荷德、丹钦科、塔伊罗夫、爱森斯坦、特列季亚科夫等人，他们都是当时苏联文艺界知名人士，从中可看出苏联对此次访问的高度重视。

图4-7　梅兰芳1935年在莫斯科演出时的海报

1935年3月12日，梅兰芳京剧团一行来到莫斯科。莫斯科的天气虽然寒冷，但苏联人民却表现出异乎寻常的热情。《真理报》《消息报》《莫斯科晚报》《莫斯科日报》（英文、法文）等各大报刊，都连续不断地报道有关梅兰芳访苏演出的新闻。3月5日开始发售的各场戏票，不到一周就被抢购一

---

① 梅兰芳剧团访苏带去的剧目有正剧：《汾河湾》《刺虎》《打渔杀家》《宇宙锋》《虹霓关》《贵妃醉酒》；副剧：《红线盗盒》（剑舞）、《西施》（羽舞）、《麻姑献寿》（袖舞）、《木兰从军》（戟舞）、《思凡》（拂舞）、《抗金兵》（戎装舞）、《青石山》（武术剧）、《盗丹》（武术剧）、《盗仙草》（武术剧）、《夜奔》（姿态剧）、《嫁妹》（姿态剧）。参见梁燕：《梅兰芳与京剧在海外》，大象出版社2016年版，第511页。

空。为了使苏联观众更好地了解中国京剧，苏联方面还以俄文特意编印了三种介绍性书籍在剧院出售。这三种书籍是：《梅兰芳与中国戏剧》《梅兰芳在苏联上演的六种戏曲和六种舞蹈之解说》《大剧院所演三种京剧的对白》。这三种书都成了畅销书。由于梅兰芳剧团和苏联方面都为演出作了充分准备，访苏演出在苏联音乐厅一炮打响，取得了开门红。京剧团在莫斯科、列宁格勒演出了《打渔杀家》等节目，受到了热烈的喝彩和欢呼，剧团有时不得不谢幕达 18 次之久。剧团原定在此演出 8 场，结果应观众的要求，延长为 14 场。① 那段日子，人们议论得最多的话题就是中国京剧和梅兰芳，梅兰芳和中国京剧对苏联人民所产生的影响由此可见一斑。

以导演《战舰波将金号》而闻名世界影坛的爱森斯坦，十分欣赏和喜爱梅兰芳的表演艺术，在苏联对外文化协会为欢迎梅兰芳访苏而出版的《梅兰芳和中国戏剧》中，他以题为《梨园仙子》的文章这样介绍道："梅兰芳的声望远远超越了中国的疆域；你在旧金山每个华裔知识分子家里，在纽约唐人街的店铺里，在柏林时新的中国餐馆里，在墨西哥纽卡坦州的酒馆里——在凡是有一颗记得祖国的中国人的心在跳动的地方，你都能发现他的肖像或侧身像……但是梅兰芳不仅在他的同胞当中享有盛名，他那伟大的艺术也征服了其他国家具有不同文化传统的人民的心

图 4-8　梅兰芳、王少亭表演《打渔杀家》

① 梅兰芳本定在莫斯科表演 5 日，在列宁格勒表演 3 日。后应苏联对外文化协会的请求，莫斯科改为 6 日，列宁格勒改为 8 日。但因购不到票而不得入场者，仍不知凡几。所以当梅兰芳从列宁格勒演剧归来，对外文化协会又续请梅氏于 4 月 13 日在莫斯科大剧院表演一次，作为临别纪念。

灵。"①爱森斯坦自在莫斯科观看了梅兰芳的演出后，决定将梅氏的演技拍成一段电影，发行到苏联各地，以便让广大苏联观众欣赏到。梅兰芳觉得这是一个更广泛地向苏联观众传播中国戏剧文化的机会，双方一拍即合，将《虹霓关》中东方氏与王伯当对枪

图 4-9　爱森斯坦导演《虹霓关》

舞蹈的那场戏搬上了银幕。这次合作成功后，两人还曾在一起谈论电影和戏剧的关系。梅兰芳深有感慨地认为，电影虽是世界潮流所趋，但戏剧有其自身的传统与特征，其在色彩、立体、感觉等诸方面都与电影有别，而且演员在每一次的戏剧演出中都会有发挥、有创造，从而不断给观众以新鲜感。所以，电影和舞台戏剧要各自发挥优势，常葆艺术的青春活力。爱森斯坦十分赞同梅兰芳的见解，特意将自己的美学论著《电影造型的原则》赠送给梅兰芳。

在苏期间，梅兰芳与斯坦尼斯拉夫斯基、丹钦科、梅耶荷德、高尔基、阿·托尔斯泰等戏剧家、文学家都有过交往。剧团访问演出结束后，4 月 14 日，苏联文艺界在莫斯科对外文化协会礼堂对中国戏曲艺术进行了集中研讨，专程赴苏观摩梅氏表演的德国戏剧家布莱希特也参加了本次活动，梅兰芳的表演艺术得到了高度评价。

斯坦尼斯拉夫斯基指出："梅兰芳博士以他那无比优美的姿态开启一扇看不见的门，或者突然转身面对那看不见的对手，他这时让我们看到的不仅是动作，而且也是行动本身，有目的的行动。"斯坦尼斯拉夫斯基认为梅兰芳的表演是对他的"体验"理论的很好证明，即"演员应该觉得自己就是他

---

① 梅绍武：《我的父亲梅兰芳》，百花文艺出版社 1984 年版，第 129 页。

图 4-10　梅兰芳与斯坦尼斯拉夫斯基合影

所扮演的那个主人公；他应该忘记自己是个演员，而应好像同他那个角色融合在一起"①。

爱森斯坦认为："中国艺术通过它严格的传统，把我们领回到感性思维阶段，领回到中国象形文字所保存的那种形象、思维和感性相统一的整体……中国戏剧引导我们回归到我们自己的思维底层上，凡是具有创造性的艺术家都永远不应该与传统失去联系。回归到古代意识领域那个充满光辉灿烂的宝藏的洞穴中去，在那里我们可以探索原始的统一的奥秘，形象与表达的统一，理性和感性的统一，阴阳原则的统一。"② 这里，爱森斯坦从梅兰芳的京剧艺术中透过感性的外观体味到了被理性束缚多时的生命本原。他对梅兰芳美学思想的接受正反映着他重新调整艺术中感性和理性、主体和客体的良好愿望。

当时对梅兰芳的艺术评价最高、共鸣最强烈的是梅耶荷德。他富有前瞻性地预言道："梅兰芳博士这次访问的意义，比起我们在座任何一位今天所能想到的意义要重要得多。我们目前仅仅处于惊讶和着迷的状态。可是，在我们的中国客人走后，他们给予我们这些本国新戏剧的创建人的影响，将会像一枚定时炸弹那样爆炸开来。"③ 他旗帜鲜明地指出要借鉴中国戏曲的传

---

①　梅绍武：《国际文艺界论梅兰芳》，见《争取京剧艺术的新繁荣：纪念徽班进京二百周年振兴京剧学术讨论会文集》，中国戏剧出版社 1992 年版，第 716 页。

②　梅绍武：《国际文艺界论梅兰芳》，见《争取京剧艺术的新繁荣：纪念徽班进京二百周年振兴京剧学术讨论会文集》，中国戏剧出版社 1992 年版，第 718 页。

③　梅绍武：《国际文艺界论梅兰芳》，见《争取京剧艺术的新繁荣：纪念徽班进京二百周年振兴京剧学术讨论会文集》，中国戏剧出版社 1992 年版，第 716 页。

统。他当时正准备重新排演格里包耶多夫的《聪明误》，观看了梅兰芳的精彩表演以后，他决定全部推翻自己以前所做的工作，并认为若按梅氏的方式排演普希金的《鲍里斯·戈都诺夫》的话，"那就会是一次穿越诗人精妙绝伦的画廊的游览，从而避免走许多弯路，不会掉进那个把一切都呕进深底

图 4-11　梅兰芳与梅耶荷德（右一）等交谈

的自然主义泥坑"①。中国戏曲艺术的象征性、写意性特色使梅耶荷德深受启发，使其孜孜以求的"假定性"演剧观的形成获得了重要参照，并最终"胸有成竹地把戏剧艺术引向它的假定性本质"②。

　　当时在莫斯科工作的英国导演戈登·克雷（Gordon Craig）也观看了梅兰芳的演出。戈登·克雷一向反对演员受感情支配而无节制地在舞台上自我表现出风头，认为演员应该严格节制自我，要努力超越角色，通过发挥创造性的想象理性地进行人物塑造，以达致一种充满象征的艺术表现。他尤其反对在舞台上机械复制或简单模仿纯客观的现实生活，他看到中国戏曲精湛的象征性表现手法与其长期的戏剧梦想竟如此合拍，不由惊喜万分，感触良多。他在那次座谈会上发言道："观赏梅兰芳的戏剧，犹如步入我从未相信会变成现实的梦境一般。这是视觉音乐的典范，其中每一细节都服从有机结构的要求。先生们，面具（指京剧脸谱）的神奇魅力从未消失！梅兰芳扮演白衣娘子时，摒弃一切摹仿手法，一切陈腐的心理状态，而成为纯正的形态。我们亲眼目睹了那一瞬间，正如尼采所说，'人已不再是一位艺术家，

① 梅绍武：《国际文艺界论梅兰芳》，见《争取京剧艺术的新繁荣：纪念徽班进京二百周年振兴京剧学术讨论会文集》，中国戏剧出版社 1992 年版，第 716 页。

② 童道明编选：《梅耶荷德论集》，华东师范大学出版社 1994 年版，第 52 页。

而是自己变成了一件艺术品.'当然,这种独特的艺术只能来自东方……愿梅兰芳艺术那种超凡的修养成为一种追求的理想,一盏指导我们演员的明灯!请允许一位年迈的戏剧梦想家向一位把他的梦想变成现实的艺术家鞠躬致敬!"①京剧艺术的深邃高超使得这位年高德劭的英国戏剧家不得不向比他年轻得多的中国表演艺术家表示由衷的敬意。

当年布莱希特在莫斯科观看梅兰芳的演出期间,也正是他潜心探索叙述剧的"间离效果"之时。他为梅兰芳的精湛演出所深深倾倒,惊喜地发现他孜孜探求的舞台表现原来正深藏于古老的东方戏曲之中,长期酝酿于心的思想火花遂为之点燃。次年,他撰写论文《论中国戏曲表演艺术的陌生化效果》,正式提出了其理论中的核心美学原则"间离效果",其实质就是要破除写实主义戏剧的艺术幻觉。布莱希特戏剧理论的提出是戏剧界发生的一件大事,对西方戏剧的现代发展影响深远。

与访问美国相比,梅兰芳访苏的时间并不长,但其对苏联的美学影响却绝不比对美国的影响小,甚至可以说要更大。那是因为,当时苏联的文艺美学思想在全世界处于领先地位,俊才辈出,大师云集。戏剧中的体验派以斯坦尼斯拉夫斯基为代表,风头正劲;戏剧中的表现派以布莱希特为代表,正逐渐酝酿成熟。梅兰芳的戏曲美学对他们产生影响,可谓具有事半功倍之效。梅兰芳的苏联之行,为戏剧理论家后来所总结的世界现实主义戏剧三大艺术体系(斯坦尼斯拉夫斯基体系、布莱希特体系、梅兰芳体系)奠定了基础。

梅兰芳访美、访苏交流演出的本意是要向西方展现中国戏曲独特的艺术魅力,没有想到却让当时一拨正努力探寻西方戏剧革新之途的戏剧家,从中获得了向写实主义戏剧传统挑战的法宝,真可谓"众里寻他千百度,蓦然回首,那人却在灯火阑珊处"。梅兰芳在中国历史上首次走出国门到西方表演京剧,使中国的京剧艺术和戏曲文化让全世界更多的人得以认识和了解,使中国戏曲美学对西方产生了重大影响,这是功不可没的。

---

① 梅绍武:《国际文艺界论梅兰芳》,见《争取京剧艺术的新繁荣:纪念徽班进京二百周年振兴京剧学术讨论会文集》,中国戏剧出版社1992年版,第721页。

第三节　中国戏曲与布莱希特的"间离效果"

德国戏剧家布莱希特是 20 世纪最成功的戏剧大师之一，他不仅创作了大量流芳百世的艺术作品，还创造出了具有划时代意义的戏剧理论，开辟了一个崭新的戏剧时代，深刻地影响了世界文化艺术的走向。而在这位戏剧大师身上无疑闪烁着东方美学对西方影响的耀眼光芒，正如其艺术伴侣魏格尔所言："布莱希特的哲学思想和艺术原则和中国有着密切的关系，布莱希特的戏剧里流着中国艺术的血液。"[①] 布莱希特所提出的戏剧理论和他的艺术实践，充分显示了西方戏剧和中国戏曲的融合所能达到的艺术高度。

一、布莱希特的叙述剧与"间离效果"

布莱希特作为一个伟大的革新者，在戏剧理论和创作实践两方面突破了欧洲传统戏剧思想的规范。这主要体现在两个方面：一是把叙事方法引入戏剧，主张广泛深入地反映社会现实；二是打破"第四堵墙"，强调演出的"间离效果"（Verfremdungseffekt）[②]，从而充分调动观众的主观能动性。

对于欧洲传统美学而言，布莱希特提出的戏剧思想对之是一种挑战。欧洲传统美学一直是以亚里士多德的《诗学》为基础的，《诗学》所提出的文艺思想，其基本内涵主要可归结为两个方面：一是"摹仿说"，即文艺是对人和客观现实世界的摹仿；二是"陶冶说"，即文艺摹仿的目的是借引起"怜

---

① 转引自丁扬忠：《布莱希特论戏剧·译序》，见《布莱希特论戏剧》，丁扬忠等译，中国戏剧出版社 1990 年版，第 9 页。

② 布莱希特所采用的名词——Verfremdungseffekt，在我国有几种翻译，如"陌生化效果""离情作用""间情法""间离效果"等，这是布莱希特为了阐述自己的表演理论而创造的一个艺术术语，也是他的叙述剧理论的核心问题。

悯与恐惧"来陶冶观众的情感。欧洲启蒙运动时期，启蒙主义者们将之解释
为"净化说"，也就是通过引起怜悯与恐惧之情达到一种感情共鸣与道德净
化。这种文艺思想雄踞欧洲两千余年，影响和支配着艺术家的创作，成为接
受者的主要审美标准。布莱希特是一位马克思主义者，他历经两次世界大
战，目睹了 20 世纪 20 年代至 30 年代世界经济危机给社会带来的灾难，深
切感受到资本主义剥削制度的不合理性。作为一位现实主义戏剧大师，他在
20 年代便深感以戏剧情节（戏剧性）为基础、以感情共鸣为目的的传统戏
剧，越来越不适应启发群众反对剥削和资本统治的斗争需要，并且也无法揭
示当今社会矛盾之本质。布莱希特十分重视戏剧之教育作用，他主张现时的
戏剧不能仅仅停留于反映世界之象，而必须加深观众对现实社会的深刻认识
和理解，使之成为改造世界的工具。

　　布莱希特认为，传统的亚里士多德戏剧存在两大缺陷：其一，它使观众
在看戏时只会关注戏剧性情节而迷醉在娱乐之中，从而丧失了理性判断与独
立思考能力。在《戏剧小工具篇》中，他指出："古人正是这样按照亚里斯
多德的理论创造他们的悲剧的，除了使人获得娱乐之外，既不怀有更高的奢
望，也不降低要求……那种亚里斯多德式的卡塔西斯——借助恐惧与怜悯来
净化或者净化恐惧与怜悯——是一种陶冶，它不仅是以娱乐的方式，而且恰
好是以娱乐为其目的而进行的。对戏剧期望过多或者允许它做得过分，则只
会降低其本身的目的。"①其二，传统的亚氏戏剧停留于反映或解释世界，它
只是通过戏剧事件描述了主人公的命运，却没有指出主人公为何有如此命
运，并且应该有怎样的命运，从而使戏剧的教育作用大打折扣。布莱希特渴
望戏剧变成"哲学家们的事情"，不但能够"解释世界"，而且还要"改变世
界"②。他在 1930 年撰写的《关于革新》一文中，提出"现代戏剧应是叙述剧"
的理论，主张在戏剧中增强叙述性因素，以最大限度地扩大戏剧艺术反映现
实的可能性。在该文中，布莱希特将"戏剧性表演形式"和"叙述性表演形
式"的区别进行了列表对比：

---

① 《布莱希特论戏剧》，丁扬忠等译，中国戏剧出版社 1990 年版，第 6—7 页。

② 《布莱希特论戏剧》，丁扬忠等译，中国戏剧出版社 1990 年版，第 71 页。

戏剧性表演形式	叙述性表演形式
行动	叙述
把观众吸引到剧情中去	使观众成为旁观者
消耗他的主观能动性	唤起他的主观能动性
让他产生感情	要求他做出判断
保持感受	促成认识
把人预想成大家都熟悉的	把人作为探讨的对象
不变的人	可变的和改变中的人
关注结局	关注过程
前一场戏为了后一场戏	每一场戏都是独立的
事件直线发展	曲线发展

概括而言，布莱希特的叙述剧的重要特点就是主张冷静地叙述一个事件，而对于观众，则要求他们冷静观察舞台上的一切，并自己作出理性判断。其主要目的就是要对观众进行思想启蒙，通过启发观众的理智从而让观众受到教育，以提高观众对于社会现实的认识，促使他们对社会问题采取积极的政治态度。

那么怎样才能达到这种目的呢？布莱希特采取的理论原则即"间离效果"。对此术语，布莱希特有多种解释，归纳起来有两层含义。一是指演员在表演的时候，要与角色保持一定的距离，不要把自己完全融入角色，以免使观众与剧中人物产生共鸣。二是指令人感到陌生而惊奇的表演方法。演员要通过表演，把日常生活中司空见惯的东西用艺术手段反映出来，使观众感到陌生和惊奇，激发他们思考现实。布莱希特说："所谓间离效果，简言之，就是一种使所要表现的人与人之间的事物，带有令人触目惊心的、引人寻求解释、不是想当然的和不简单自然的特点。这种效果的目的是使观众能够从社会角度做出正确的批判。"[1] 这段话是从演员表演的角度指出"间离效果"

---

[1] 《布莱希特论戏剧》，丁扬忠等译，中国戏剧出版社 1990 年版，第 83—84 页。

与一般表演方法的区别，以及其最终目的。要而言之，"间离效果"是布莱希特在表演理论上提出来的一个新颖的美学概念，其本质是一种阻止观众在观看演出时完全入戏的手法。它的内涵是，演员在表演的过程中，要辩证地处理好演员、角色、观众的关系，以间情打破共鸣，破除催眠般的舞台幻觉，启迪观众的深广联想与理性思考。

二、中国戏曲对布莱希特的启示影响

布莱希特的叙述剧体系不是凭空创造出来的，在布莱希特自己看来，其戏剧思想的理论源泉有三：欧洲启蒙主义戏剧理论、德国中世纪民间戏剧、中国传统戏曲艺术。① 而叙述剧与中国戏曲的亲缘关系，则具体表现为，在"间离效果"美学思想的形成过程中，中国戏曲艺术的重要启发和推助作用。

早在 1926 年，布莱希特就提出了关于叙述剧的设想，但是，以什么样的艺术手法对之加以表现，却是他在多年间孜孜探求的。1935 年，中国京

① 布莱希特"叙述剧"概念的直接提出当归因于他与德国著名导演艾尔文·皮斯卡托的合作。20 世纪 20 年代至 30 年代，德国戏剧成了世界剧坛上引人瞩目的中心之一，柏林的"现代戏剧"越来越明显地以其"叙事性"见长于世。这一时期是德国工人运动蓬勃发展的年代，德国无产阶级文学运动，从 19 世纪中期以来，再一次出现了生动活泼的局面，关于文学艺术的论争十分活跃。许多文学家、艺术家大胆探索适应新形势、表达新思想的表现方法。当时著名导演艾尔文·皮斯卡托的"政治戏剧"，在舞台技术、表演方法等方面进行了许多发人深思的革新。皮斯卡托主张现代戏剧不应再表现个人的命运，而应该表现时代本身，他认为新戏剧学的英雄因素是群众的命运，戏剧应该用革命思想教育观众。他在导演中广泛采用解说词、幻灯、照片、文献资料、电影等手段，借以表现人物心理、行动和剧情的时代背景，达到启发观众思考的目的，在当时柏林的戏剧生活中形成一个颇有影响的流派，为叙述剧的创立提供了有益的经验。他在 1924 年导演了阿尔丰斯·巴克的《旗帜》，副标题为"叙述剧"，在戏剧界第一次提出了"叙述剧"这个概念。布莱希特从 1926 年开始，曾经与皮斯卡托合作导演并改编过阿·托尔斯泰的《拉斯普金》、莱奥·拉尼亚的《时势》和哈谢克的《好兵帅克》等剧目。皮斯卡托的戏剧实践，尤其是在题材的选择和舞台技术革新方面，给了布莱希特许多启发。布莱希特接受了"叙述剧"这个术语，并且补充以"非亚里士多德式戏剧"的概念，奠定了他的关心重大社会题材、强调教育性和为特定的社会目的服务的戏剧理论的基础。苏联布莱希特研究者弗拉德金认为，叙述剧的主张，既是布莱希特个人实践的结果，也是他的同时代和合作者艺术实践的经验总结，这种认识无疑是正确的。

剧表演艺术家梅兰芳应邀赴莫斯科和列宁格勒巡回演出，其间，受纳粹迫害而正流亡莫斯科的布莱希特有幸得以观演，演出之后，他还参加了一场小型座谈会。座谈会上，梅兰芳穿便装为大家表演了一段京剧清唱，不用任何化妆，没有任何灯光布景，完全打破了"第四堵墙"的幻觉。布莱希特深受启发，惊喜地发现，他长期所探索的"间离效果"深藏于中国戏曲之中。对于梅兰芳的那段清唱，布莱希特感悟颇深："梅兰芳穿着黑色礼服在示范表演着妇女的动作。这使我们清楚地看出两个形象，一个在表演着，另一个在被表演着。在晚上这位博士（父亲、银行家）的表演变成了另一个形象，无论脸部表情、人物服饰和神态都变了，忽而惊愕，忽而嫉妒，忽而调皮捣蛋，声音也不同了，那个穿着黑色礼服的梅兰芳几乎消失得无影无踪了。如果我们不是这样了解他，假如他不是这样名声显赫，从太平洋到乌拉尔尽人皆知的话，我们根本就认不出他来了。他表演的重点不是去表演一位妇女怎样走路和哭泣，而是表演出一位特定的妇女怎样走路和哭泣。他对'事物本质'的见解主要是对妇女的批判性和哲理性的认识。假如人们看见的是在现实中的一个相同的事件，遇见的是一位真实的妇女，这也就谈不上任何艺术和艺术效果了。"①该段后两句道出了布莱希特观看梅兰芳表演后所受启迪，即舞台角色不应是生活中的真实妇女，舞台艺术也不应是生活中的真实事件，演员与角色之间必须拉开距离，从而实现"表演"和"被表演"的和谐统一。

在第二年撰写的《中国戏剧表演艺术中的陌生化效果》和《论中国人的戏剧传统》两篇文章中，布莱希特正式提出辩证处理演员、角色、观众三者关系的舞美原则——陌生化效果（即"间离效果"）。前一篇文章开篇就直接指出："这篇文章简要地论述中国戏剧表演艺术中的陌生化效果的运用。这种效果终于在德国被采用乃是在尝试建立非亚里士多德式（不是建立在感情共鸣基础上）的戏剧，亦即史诗戏剧的时候。这种尝试就是要在表演的时候，阻止观众与剧中人物在感情上完全融和为一。"②布莱希特在这里实际上坦言自己受了中国戏曲的影响，他正是从中国戏曲艺术的美学表现中，发现

---

① 《布莱希特论戏剧》，丁扬忠等译，中国戏剧出版社 1990 年版，第 205 页。
② 《布莱希特论戏剧》，丁扬忠等译，中国戏剧出版社 1990 年版，第 191 页。

了与自己的戏剧思想有相通之处的艺术手法的。正如布莱希特研究者莱茵霍尔德·格里姆所言：“促使布莱希特创立自己的理论的最终推动力是他后来才得到的，这就是他同中国京剧演员梅兰芳的会晤。梅兰芳有意识的、保持间隔的却又具有高度艺术性的表演风格，极其出色地体现了陌生化的表演方式。为此，布莱希特进行了多年的努力。诗人在这里找到了他所寻求的一切。”①

在《中国戏剧表演艺术中的陌生化效果》一文中，布莱希特不仅认为中国戏曲表演方法就是一种理想的间离方法，还从多方面评价了中国戏曲的表演艺术。概括起来，可以看出他主要在以下两个方面受到了中国戏曲的启发：

其一，是演员与角色的辩证关系。西方戏剧的演员表演采用的是“共鸣”手法，演员与剧中角色融为一体，布莱希特认为中国戏曲与之有别，中国戏曲演员往往与角色保持着距离，是在表现角色，其采用的艺术手法就是程式化、象征性。他盛赞梅兰芳在《打渔杀家》中驾船的表演技巧，舞台上空无一物，梅兰芳手持一根不长的木桨，通过种种形体表现，演绎出时而穿过急湍的河流、时而绕过惊险的河湾的场景。这种艺术化的动作，使得他所表演的东西让人觉得有点惊愕，“这种艺术使平日看来司空见惯的事物从理所当然的范畴里提高到新的境界”②。布莱希特认为中国戏曲舞台象征性的特点客观上也起到了“间离”作用。如不同色彩的脸谱象征人物的不同性格，四个兵象征千军万马，一张小桌子代表一座高山，一定的手势又象征着上马、下马、开门、关门等。这就使得演员们知晓自身是在表演艺术，也使观众明了自身是在观看演出，从而打破了西方戏剧的“舞台幻觉”。借助这些程式和规律，演员随时可进入角色，又随时可被打断。演员和角色的此种距离关系，正好为演戏过程中深化观众的认知程度提供了契机。

其二，是演员和观众的辩证关系。西方戏剧的演出采取的是“第四堵墙”的原则，所谓“第四堵墙”，是指造成舞美与观众之间一种幻觉的“墙”。布莱希特认为，中国戏曲并不存在“第四堵墙”，而通常采用自报家门等手法，

①　[德] 莱茵霍尔德·格里姆：《关于一个概念的本质与起源的几点见解》，见张黎：《布莱希特研究》，中国社会科学出版社 1984 年版，第 184 页。

②　《布莱希特论戏剧》，丁扬忠等译，中国戏剧出版社 1990 年版，第 193 页。

以"破除生活幻觉"。"中国戏曲演员的表演，除了围绕他的三堵墙之外，并不存在第四堵墙。他使人得到的印象，他的表演在被人看。这种表演立即背离了欧洲舞台上一种特定的幻觉。观众作为观察者对舞台上实际发生的事情不可能产生视而不见的幻觉。欧洲舞台上已经发展起来的一系列丰富的技艺，把演员隐藏在四堵墙中，而各种场面安排又让观众看清楚，这种技艺就显得多余了"①。布莱希特的认识是正确的，东方舞台和西方舞台最大区别就在于，西方舞台一向讲究用"第四堵墙"造成生活幻觉，而东方舞台尤其是中国戏曲从来不用第四堵墙，主张"破除生活幻觉"。中国戏曲坦承是在演戏，演员像卖艺人一样，总是选择一个最能向观众表演的位置。观众则被时刻提醒着，这不是生活，而是在演戏，从而使观众对舞台上发生的一切保持观察者立场。如此，第二层的"间离效果"就产生了。

三、布莱希特的误读与创造性接受

美国文艺理论家哈罗德·布鲁姆认为，"影响即误读"。一方接受另一方影响的过程，即是多方面进行误读的过程。毫无疑问，布莱希特对于中国戏曲的解读和认识，应是敏锐地抓住了其中的某些特质所在，然而，他用"间离效果"作为重要标准来解释和评价中国戏曲，这又未免存在着某种误读。

的确，鉴于中国古典美学久远深厚的写意传统，也由于中国戏曲自身的歌舞性质，中国戏曲演员在舞台演出中并不完全化为角色，两者在某种意义上会有一定的距离；加之，中国观众在观演过程中，也并非仅仅关心剧情故事，他们对表演者也予以极大关注，不断对表演者的演技作出直接反应和评价，而不会沉浸于什么艺术幻觉之中。然而，布莱希特的叙述剧和中国戏曲毕竟是根植于两种不同文化中的艺术形式，中国戏曲与布莱希特的"间离效果"在表面的类似中却蕴含着不同的精神实质。

第一，从艺术展示的动机来看。无论是中国戏曲还是布莱希特叙述剧，两者都直接呈现给观众以某种艺术手法，让观众知晓这是在演戏而非真实生

---

① 《布莱希特论戏剧》，丁扬忠等译，中国戏剧出版社 1990 年版，第 192—193 页。

活，从而破除了生活幻觉。然而，这种表现技法的耦合只是表层的，其精神实质则体现了两大艺术表现体系的不同动机。布莱希特戏剧陌生化手法的目的，是企图通过"间离"使观众对剧情、人物保持清醒认识，以避免使观众过度沉浸于剧情而无法进行理性思考，其核心是对传统亚氏戏剧写实幻觉的消解和破除。而中国戏曲在长期的发展过程中，积淀形成了特定的写意传统，中国戏曲对艺术手法的展示是写意性的有机因子，其核心则是一种艺术审美表现。中国戏曲中惯用的一些程式化手法，是演员在规定情境中创造出来的一种艺术真实和完美境界，体现出鲜明的艺术性与强烈的观赏性，其目的并非为了让演员或观众保持冷静。中国戏曲中出现的一些叙述性成分（如"自报家门"、歌唱等）也并非是出于"间离"的需要，而是多方面原因所致，其中包括中国说唱艺术传统和观众群体文化水平较低等因素。加之，中国戏曲通常是在户外流动性演出，观众群体并不固定，因此在每一场开始之前，演员们都尽量把之前的剧情做一番简单回顾，从而便于刚到场的观众尽快了解剧情。布莱希特对此显然是产生了误读。

第二，从观众的反应来看。中国戏曲和布氏戏剧的观众和演员之间都存在"距离"，但观众的观赏态度却是不一样的。布莱希特通过"间离"防止观众沉溺于虚幻情境，其目的是为了让观众保持清醒和冷静，以利于观众进行理性思考和判断。对于自己的戏剧思想，布莱希特曾有一个形象譬喻，就是希望观众在接受戏剧信息时能像"悠悠然吸烟"一般沉着理性。而对于中国戏曲而言，尽管观众看戏时并非沉浸于艺术的幻觉之中，然而他们也并非是一边看戏一边作理性思考的。中国观众和戏曲的虚拟情境保持距离，并非是为了保持清醒的头脑，而仅仅是为了审美鉴赏的需要，即主要是欣赏演员的唱、念、做、打的功夫，是为了欣赏演员的表演技艺。所以中国演员带给观众某种惊奇，主要是舞台形象的艺术性所致，而不是因为使他们见到了新鲜事物或造成了新的认识。如黄佐临所言，"他们的兴趣，在于鉴别演员的理解水平和技术的表现水平"①。这是一种审美的鉴赏，而剧情的思想性则是

---

① 黄佐临：《布莱希特〈中国戏剧艺术中的陌生化效果〉读后补充》，见中国戏剧出版社编辑部：《论布莱希特戏剧艺术》，中国戏剧出版社 1984 年版，第 263 页。

约定俗成的，观众们并未与之拉开距离去做理性反思。因此，这与布莱希特心之所向的陌生化效果所达到的境界还是有所出入的。

第三，就演员的情感体验来看，布莱希特也有误读。布莱希特写道："中国戏曲演员的表演对西方演员来说会感到很冷静的。这不是中国戏曲抛弃感情的表现！演员表演着巨大热情的故事，但他的表演不流于狂热急躁。在表演人物内心深处激动的瞬间，演员的嘴唇咬着一绺发辫，颤动着。但这好像一种程式惯例，缺乏奔放的感情。很明显这是在通过另一个人来重述一个事件，这是一个艺术化的描绘……演员表演时处于冷静状态，如上所述乃是由于演员与被表现的形象保持着一定的距离，力求避免将自己的感情变为观众的感情。也没有受到他所表演的人物的强迫；坐着的不是观众，却像是亲近的邻居。"[1]可以看出，布莱希特觉察到了中国戏曲的程式化，但这并不意味着演员的表演是为了使观众完全不动感情。实际上，中国戏曲中演员总是力求通过自己出神入化的表演来感染观众。强调演员要恰如其分地传达出某种特定情感以引起观众共鸣，关于这一点，我国古典曲论也颇多论述。中国表演艺术大师在总结其创作经验时也强调了这一点。梅兰芳认为，在表演过程中，脸上的表情是最难言说的，既要刻画出人物喜怒哀乐之心理，又要展现出剧中人物心理的错综复杂与矛盾多变，以最大限度地感染观众，而要达到这一点，"首先要忘了自己是个演员，再跟剧中人融成一体，才能够做得深刻而细致"[2]。这和苏联戏剧大师斯坦尼斯拉夫斯基体系的理论原则颇为一致。对于中国戏曲演员之情绪体验以及对观众的情感感染，布莱希特显然估计不足。

的确，中国戏曲在舞美表现上追求艺术的假定性，它是非写实主义的，但却不是反写实主义。中国戏曲从未追求在舞台上制造艺术幻觉，故而也就谈不上人为刻意地制造某种"间离效果"去破除艺术幻觉。"如果说，布氏的·'陌生化效果'是一种'破除生活幻觉的技巧'，而中国戏曲则是'先天'的就不追求生活幻觉的一种戏剧"[3]。布莱希特是在探索与时代合拍的戏剧美

---

① 《布莱希特论戏剧》，丁扬忠等译，中国戏剧出版社 1990 年版，第 194 页。

② 梅兰芳：《舞台生活四十年》（第 1 卷），中国戏剧出版社 1961 年版，第 153 页。

③ 黄佐临：《布莱希特〈中国戏剧艺术中的陌生化效果〉读后补充》，见中国戏剧出版社编辑部：《论布莱希特戏剧艺术》，中国戏剧出版社 1984 年版，第 265 页。

学理想的过程中，看到了中国戏曲艺术中某些可以为他的"间离效果"理论服务的技巧，于是便采取了"拿来主义"的态度，并进行了一定的理论发挥。他借鉴和吸收中国戏曲艺术中的某些表现手法，目的是为了验证和丰富他既定的新型戏剧主张。从这个意义上来说，布莱希特的误读无疑是一种美丽和浪漫的创造性接受。

综上所述，布莱希特在建构其叙述剧理论体系的过程中，以一位艺术大师的敏锐洞察出了中国戏曲的一些美学特质，并成功地拿来为己所用，使其孜孜追求的"间离效果"理论由朦胧走向清晰，形成了独具特色的布莱希特戏剧，这无疑是一种推陈出新的创造。过高地评价中国戏曲对布莱希特的影响固然不对，但如果无视中国戏曲的这种影响作用，就难以对布莱希特戏剧作出全面、科学的分析。在布莱希特潜移默化的影响之下，20 世纪的西方戏剧出现了一种新的趋势，日益从写实朝着写意的方向发展，使我们依稀察觉到了中国戏曲美学精神的再现。所有这些都证明了"西方现实主义戏剧的一次重大变革，便是与东方戏剧，特别是与中国戏曲的交往的直接结果"①。

第四节　中国戏曲与梅耶荷德的"假定性"

梅耶荷德是 20 世纪俄苏最伟大的戏剧革新者之一，其突出成就是创立了"假定性"演剧理论，并在戏剧实践中进行了大胆的创新探索，对 20 世纪前期 30 年间整个俄苏戏剧的繁荣与革新作出了卓越贡献。梅耶荷德的演剧理论与斯坦尼斯拉夫斯基演剧体系一起，被公认为 20 世纪俄苏戏剧艺术史上最珍贵的遗产。梅耶荷德热爱中国传统文化，惊叹于中国戏曲的特殊艺术表现力。其"假定性"戏剧理论与中国戏曲的"写意"原理存在诸多相通之处，梅耶荷德演剧理论的形成，离不开他对中国戏曲的关注与接受。他自己就这样说过："我深信，苏联戏剧艺术的最新成就，是建筑在日本和中国

---

①　[美]乔·克诺德尔：《戏剧概观》，见朱维之等主编：《比较文学论文集》，南开大学出版社 1984 年版，第 148 页。

的假定性戏剧的基础之上的。"① 俄罗斯汉学家谢洛娃也曾明确指出："东方戏剧，主要是中国和日本戏剧中的美学因素，对梅耶荷德的戏剧理论和导演实践都产生了影响。"② 所有这些充分说明，梅耶荷德的"假定性"演剧理论和中国传统戏曲美学的渊源关系。

一、"假定性"演剧观：反自然主义

梅耶荷德的戏剧美学思想形成于 19 世纪末 20 世纪初。这一时期，自然主义在俄国演剧艺术中占据着统治地位。其基本特征是从戏剧应当表现纯生活的观念出发，力求在舞台上制造幻觉。在戏剧表演中的具体表现就是，往往把生活中一些琐碎的实物直接搬上舞台，在自然再现中追求逼真的舞台效果。对于演员来说，要假戏真做，要以"第四堵墙"造成幻觉赖以产生的环境，与角色完全融为一体。而对于观众来说，透过"第四堵墙"，看到的是与生活一样的完完全全的真实。那时在戏剧演出过程中，舞台上搭起了带有真正的楼梯和木门的多层楼房，常常是"用真正的清水制成瀑布和雨水，从台上发出吓人的响雷，让观众看到在空中的一根铁丝上移动着月亮"③，舞台后景也常有蛙鸣犬吠、蜻蜓飞舞。在梅耶荷德看来，这样的戏剧表演急于说出一切，使得戏剧成了作者思想的直接图解与呈现，极大地低估了观众的理解力与想象力，降低了作品的艺术表现力。

梅耶荷德对这种自然主义的演剧表现予以旗帜鲜明的反对。他在 1936 年和业余剧团演员们的一次谈话中就这样坦陈："我很早就是自然主义的敌人，大概是从 1905 年起，当我开始写文章和发表演说的时候……我就具体表明了什么叫自然主义的对立面。但是，就像你们所知道的那样，任何一个

---

① 转引自童道明：《他山集——戏剧流派·假定性及其他》，中国戏剧出版社 1983 年版，第 97 页。

② ［苏］谢洛娃：《梅耶荷德的戏剧观念与中国戏剧理论》，见童道明编选：《梅耶荷德论集》，华东师范大学出版社 1994 年版，第 120 页。

③ ［苏］谢洛娃：《梅耶荷德的戏剧观念与中国戏剧理论》，见童道明编选：《梅耶荷德论集》，华东师范大学出版社 1994 年版，第 121 页。

怀着狂热和某种东西斗争的人，难免要矫枉过正。"① 在他看来，这种自然主义手法是有悖于演剧艺术的规律的，因为艺术毕竟不是生活，艺术的形象是截然不同于生活形象的，艺术形象有自己的表现规律，而不能与生活形象"逼真地"相似。俄国著名作家马雅可夫斯基有句名言："戏剧舞台不是一般地反映生活的镜子，而是放大镜。"梅耶荷德的戏剧思想与此不谋而合。梅耶荷德认为，任何戏剧艺术都离不开假定性，假定性审美是戏剧的本质所在。梅耶荷德一切理论与实践的旨归就是破除自然主义的戏剧传统，用假定性取而代之。"梅耶荷德戏剧观念的主旨是反对舞台上的自然主义，反对戏剧艺术中的'纯生活'，即偶然的、一时的生活现象的再现；为维护戏剧作为戏剧艺术存在的权利而斗争，为发挥揭示生活现象内在本质的戏剧假定性本质而斗争"②。所谓戏剧的假定性，指的是戏剧艺术的舞台时空以及表现手法都应是虚拟的变形，而非绝然等同于自然的真实，戏剧是在虚拟的非逼真性中体现艺术的真实。艺术来源于生活，但艺术又不是生活，它是高于生活的，假定性体现了生活真实和艺术真实既密切联系然而又不是全然等同的辩证关系。梅耶荷德反复强调普希金的观点，认为"戏剧艺术就其本质来说，就是不同真的一样"③。

正由于戏剧艺术与生活本真不同，它既不是生活本身，也不是对生活的精确模仿，因此在舞台上利用"第四堵墙"去营造生活的幻觉就显得毫无必要。梅耶荷德要创造出一种特殊的舞台世界，在这个艺术世界里，他要超越自然主义反映社会生活，更深刻地表现出时代精神。在其假定性戏剧理论的支撑下，梅耶荷德推倒框式舞台，进行了大胆的革新探索。如1910 年 10 月他在亚历山德拉剧院演出《唐·璜》，舞台上不用帷幕，从舞台前沿到乐池都铺上木板，整个舞台像一艘大船驶入观众大厅的港湾。背

① ［苏］B.罗斯托斯基：《关于梅耶荷德》，见童道明编选：《梅耶荷德论集》，华东师范大学出版社 1994 年版，第 68 页。

② ［苏］谢洛娃：《梅耶荷德的戏剧观念与中国戏剧理论》，见童道明编选：《梅耶荷德论集》，华东师范大学出版社 1994 年版，第 119 页。

③ 童道明：《他山集——戏剧流派·假定性及其他》，中国戏剧出版社 1983 年版，第 75 页。

景不只是衬景，而是每一幕都变换的哥洛文的著名绘画作品。梅耶荷德在《唐·璜》中破除了传统戏剧表演中观众厅里的那种逼真，他的探索和改革也因此遭到了一些人的指责。在 1924 年 4 月一次《森林》的讨论会上，有人就批评他是一个"搞破坏的专家"。所谓破坏，实际上就是打破了传统框式舞台的舞台幻觉，在假定的非逼真性中去表现全部生活，以实现戏剧的艺术真实。

梅耶荷德的"假定性"戏剧理念及其改革实践从俄国本土和西欧汲取了多方面的思想和艺术资源。普希金关于"戏剧艺术的实质正好就是排除逼真性"的观点，列夫·托尔斯泰关于"不把很多东西说透""读者或观众自己会把作者言犹未尽的话说出来"的见解，契诃夫关于"舞台需要一定的假定性"的主张，德国哲学家叔本华的关于艺术作品应当"经常去唤醒想像力"的美学观念等都对梅耶荷德演剧观的形成起到了直接的启迪作用。

二、中国戏曲美学精神的启示烛照

除了俄国本土以及西欧的思想和艺术资源，在那个时期，梅耶荷德对于中国文化的热爱以及与中国戏曲的亲密接触，毫无疑问也推助了其假定性演剧理论的形成。

19 世纪末 20 世纪初正是俄国的白银时代，"白银时代俄罗斯文化密集型高涨的氛围为他的这种接近提供了条件"[①]。这个时期，列夫·托尔斯泰研究评述了《道德经》等大量的中国哲学著作，在俄国文学艺术领域里，人们对中国艺术和文学表现出浓厚兴趣，出现了巴尔蒙特、费特、吉米辽夫早期翻译的中国诗歌和阿列克谢耶夫翻译的《二十四诗品》和散文，这些都使梅耶荷德获得了广泛接触中国文化和艺术的时机。梅耶荷德当时阅读了大量有关中国文化艺术的专著，"可以深信不疑地说，大多数研究东方的翻译书籍刊物，尤其是国内出版的，都为梅耶荷德所熟悉。所有这些书籍刊物形成了

---

① 汪介之:《悠远的回响——俄罗斯作家与中国文化》，宁夏人民出版社 2002 年版，第 282 页。

他对戏剧的见解，认为戏剧是一种假定性艺术，这种艺术是按照舞台以及演员技能的特殊规律去反映世界的"①。另外，梅耶荷德还有机会欣赏了中国、日本等东方的传统绘画和戏剧，这些体现着另一种美学观念的艺术表现，为梅耶荷德呈现了一个崭新的艺术世界。

梅耶荷德在当时已经敏锐地捕捉到了东方艺术的"写意"特色，这一发现使他深受启发，并使其孜孜以求的"假定性"演剧观的形成获得了重要参照。"他越来越明确地意识到：戏剧无需仿照生活并竭力复现其外在形态，它有自己的舞台表现手段，有自己的能够为观众所明了的语言，戏剧就是靠着这种特殊的表现手段和特殊的语言来塑造舞台形象的"②。梅耶荷德认为，西方的传统戏剧迷失了航向而陷入了陈旧的窠臼，而东方的戏剧传统却保持着本真的鲜活，只有从东方戏剧中汲取养料，西方戏剧才能推陈出新，创造新的辉煌。1914 年至 1917 年间，梅耶荷德为莫斯科艺术学校开设的课程中，对中国和日本等东方国家的戏剧舞台场面与艺术表现就有专门的研究探讨。1918 年，他在排演歌剧《夜莺》时，让一些配角演员扮演中国幽灵，就有意借鉴东方戏剧的艺术表现，"他们的动作因素是：舞蹈、面部表情、手势、形体造型"③。梅耶荷德的学生伊里因斯基在《我所了解的梅耶荷德》一文中肯定地指出："梅耶荷德的主要功绩是在于，他回顾了中国和日本的民间戏剧的假定性传统，胸有成竹地把戏剧艺术引向它的假定性本质。"④ 同时认为，"梅耶荷德是第一个运用假定性来解放舞台和创立十月革命后的新的戏剧艺术的戏剧导演"⑤。

① ［苏］谢洛娃：《梅耶荷德的戏剧观念与中国戏剧理论》，见童道明编选：《梅耶荷德论集》，华东师范大学出版社 1994 年版，第 123 页。

② 汪介之、陈建华：《悠远的回响——俄罗斯作家与中国文化》，宁夏人民出版社 2002 年版，第 283 页。

③ ［苏］K．鲁德尼茨基：《梅耶荷德传》，童道明、郝一星译，中国戏剧出版社 1987 年版，第 369 页。

④ ［苏］伊里因斯基：《我所了解的梅耶荷德》，见童道明编选：《梅耶荷德论集》，华东师范大学出版社 1994 年版，第 52 页。

⑤ ［苏］伊里因斯基：《我所了解的梅耶荷德》，见童道明编选：《梅耶荷德论集》，华东师范大学出版社 1994 年版，第 52 页。

　　严格而言，中国戏曲对梅耶荷德产生实质性影响，是从梅兰芳访苏演出开始的。1935 年 3 月至 4 月间，中国戏剧艺术大师梅兰芳率领的团队应邀到莫斯科访问演出，梅耶荷德直接观摩了中国艺术家的精彩演出。梅兰芳的演出对当时正与俄苏写实主义戏剧坚决斗争的梅耶荷德可谓鼓舞极大，梅耶荷德不无兴奋地说："梅兰芳博士的剧团在我们这里出现，其意义远比我们设想的更为深远。我们这些正在建设新戏剧的人，现在感到惊奇和欣喜，同时我们也非常激动。因为我们确信，当梅兰芳离开我国之后，我们仍然会感到他的特殊影响的存在。"① 对于戏剧的假定性本质，梅耶荷德有了进一步领悟，他在《论梅兰芳的表演艺术》文中高度评价了梅兰芳访苏演出的意义，并系统阐述了对中国戏曲艺术的看法，认为要学习借鉴中国戏曲艺术的精华。他指出，"有不少很不高明的导演……很多人只想作简单的摹仿……这些都是次要的。而那些独具慧眼的艺术家，肯定会从中汲取最宝贵的、失去了它们戏剧生命就会枯竭的精华"②。这个精华，梅耶荷德认为就是戏剧的假定性本质。而在梅兰芳剧团的表演中，他认为普希金所言"戏剧艺术的本质正在于不同真的一样"的原则得到了最理想的体现。梅耶荷德对中国戏曲表现出由衷仰慕，他发现自己多年的探索追求与中国戏曲艺术在假定性本质上不谋而合，这可以说是梅兰芳访苏所体现的最重要意义所在。他甚至预言："再过二十五年到五十年之后，未来戏剧艺术的光荣将建立在这个基础上（即中国戏曲的假定性艺术的基础——引者），将会出现西欧戏剧艺术和中国戏曲艺术的某种结合。"③ 对于梅耶荷德而言，梅兰芳的访苏演出犹如一场及时雨，他冀望借此次演出为契机，将当时俄苏戏剧从自然主义倾向中挣脱出来，并将之引入假定性本质中去。

---

　　① 　[瑞典] 拉尔斯·克莱贝尔格：《艺术的强大动力》，李小蒸译，《中华戏曲》1993 年第 14 期。

　　② 　[苏] 梅耶荷德：《论梅兰芳的表演艺术》，见童道明：《他山集——戏剧流派·假定性及其他》，中国戏剧出版社 1983 年版，第 404 页。

　　③ 　转引自童道明：《他山集——戏剧流派·假定性及其他》，中国戏剧出版社 1983 年版，第 92 页。

三、梅氏演剧实践对中国戏曲的借鉴

强调戏剧艺术的假定性本质，既是梅耶荷德高度评价东方戏剧艺术的立足点，也是他执着于自己的戏剧革新理想的支撑点所在。梅耶荷德大胆地借鉴了中国戏曲的美学元素，在自己的文化语境中对戏剧艺术进行改革探索，在他导演的一系列剧目中，到处可以看到中国戏曲的这种影响。

（一）假定性舞美设计

立足于戏剧艺术的假定性本质，梅耶荷德极力摒弃造成舞台幻觉的手段，打破传统的框式舞台方式，着力净化戏剧舞台，突破原来的时空局限，以使演员获得更广阔的表演天地，表演更具有审美价值。在《森林》《序曲》《最后的斗争》《第二军长》等剧中，用没有幕布遮挡的剧院砖墙为背景的凉亭或鸟笼，取代了现实主义剧院中通常有的细致地表现室内外物质环境的布景或是风格化剧院的背景布幕，舞台上的一切虚饰、道具和造成戏剧幻觉的手段都被梅耶荷德废除了。《澡堂》以大面积的标语字幕为背景，其假定性舞台设计更是别开生面。"从《唐·璜》的漂亮的舞台景观，到《娜拉》中的异想天开地把零乱的后台展览在观众面前；从《假面舞会》的富丽堂皇的舞台背景，博物馆陈设般的家具摆设和五道十分讲究的幕布，到没有任何幕布的光脱脱的舞台"①，这些"奇妙的梅耶荷德式的变形"突出彰显了其为净化戏剧舞台所作的不懈努力。梅耶荷德于 1924 年排演的《森林》在假定性舞美设计上有着更为集中的体现。舞台台面上没有任何布景，仅舞台上方有一架小桥，桥身平稳延伸到观众席前。桥无任何固定的地点含义，不过是提供给演员表演的一个支点，这类似中国戏曲舞台上的一桌二椅。戏剧运用暗转、追光、切光等灯光技术调节突破时空局限，从一个场景到另一个场景，舞台时时发生着变化：当两个流浪艺人在上边走的时候，它是大路；当聂夏斯利夫采夫在上边表演垂钓动作时，它是真正的桥；而当阿克秋霞和彼得在

① ［苏］托甫斯托诺戈夫：《谈谈梅耶荷德》，见童道明编选：《梅耶荷德论集》，华东师范大学出版社 1994 年版，第 109 页。

上边谈情说爱时，它又变成了一座绿草如茵的山坡。这里，梅耶荷德成功地借鉴了中国戏曲自由处理时空关系的假定性手法，创造了空间结构的新形式，并把原剧切割为"多场景"。梅耶荷德对传统的"破坏"收获了前所未有的成功，列宁格勒高尔基剧院总导演托甫斯托诺戈夫在《谈谈梅耶荷德》一文中这样评价："要没有他排演的《森林》，我们对于奥斯特洛夫斯基的滑稽和崇高的结构，对于这位俄国生活型剧作家和世界戏剧传统的密切联系的了解，就会可怜得多。要是没有梅耶荷德的这个异端式的卓越演出，《森林》的演出史该变得何等贫乏苍白！"①

（二）假定性表演构思

戏剧既然要在"假定的非逼真性中"表现生活，演员的假定性表演便成为演剧活动的重要条件。演员的表演是在一种想象的生活环境中的舞台行动，而不是对现实生活中动作的机械模仿，其具有虚拟性、夸饰性、象征性等特征，中国传统戏剧的假定性在这方面有着本质体现。梅耶荷德的学生奥赫洛普柯夫曾从这个角度高度赞美了以梅兰芳为代表的中国传统戏曲艺术："我们看了梅兰芳的全部演出……想象！戏剧艺术应该为它高唱颂歌。因为这是靠了想象，空荡荡的舞台背景才变成了一抹山林，空空如也的舞台台板才变成了一碧湖水，一个手持刀戟的武士才变成了千军万马……"②梅耶荷德十分重视在整个演出过程中通过演员的表演技巧激发观众的想象力，他说："即使没有台词和戏装，没有脚灯和侧幕，也没有大剧院，只要有演员和他的动作技巧在，戏剧仍然是戏剧。"③观摩了梅兰芳剧团的演出后，梅耶荷德反复强调要学习中国演员的假定性表演技巧。他对梅兰芳善用面部表情，尤其是以眼神和手势等来表现人物内心活动与思想情感的艺术之魅极为

---

① ［苏］托甫斯托诺戈夫：《谈谈梅耶荷德》，见童道明编选：《梅耶荷德论集》，华东师范大学出版社 1994 年版，第 105 页。

② 童道明：《他山集——戏剧流派·假定性及其他》，中国戏剧出版社 1983 年版，第 76 页。

③ ［苏］谢洛娃：《梅耶荷德的戏剧观念与中国戏剧理论》，见童道明编选：《梅耶荷德论集》，华东师范大学出版社 1994 年版，第 124 页。

叹服，他对演员们说："可以直率地说，看过梅兰芳的表演再到我们的所有
剧院去走一遭之后，你们就会说：可以把我们所有演员的手都砍去得了，因
为它们毫无用处。"①在梅耶荷德看来，手的表演技巧是中国戏剧艺术中最重
要的东西，并再三要求演员们学习借鉴。他编排的《森林》在这方面有经典
表现：演员伊里因斯基表演阿尔卡什卡钓鱼，将渔钩用力甩得远远的，然后
扯起渔竿，把钓上的鱼从钩上摘下来，放进壶里。事实是，当时舞台上不仅
根本无鱼，甚至竿梢上连渔线也没有。在梅耶荷德的戏剧实验中，这类表演
并不少见，这些虚拟的动作创造出高度神似的艺术逼真，极大地调动了观众
的想象力，体现出高度的审美张力，从中我们看到了中国戏曲虚拟表演艺术
的精彩表现。

（三）"停顿"的美学运用

中国戏曲表演中的"停顿"及其美学意义，梅耶荷德也非常重视。"停顿"
又称为沉默、哑场等，指演员表演时没有台词、没有动作。戏曲表演中的
"停顿"是人物语言与情感、思想的结晶，它表现了"一种比形体动作和言
语动作更强烈的情感内容"②，能化虚为实，给观众以丰富的联想空间，从而
产生"此时无声胜有声"的艺术魅力。中国古代哲学历来视虚无、宁静等为
情感表现的极至境界，在虚实、有无的辩证关系上有诸多精辟论述。《道德
经》言："虚而不屈，动而愈出"（第五章）、"有无相生，难易相成"（第二
章）、"天下万物生于有，有生于无"（第四十章）。庄子则曰："夫虚静恬淡
寂寞无为者，天地之平而道德之至"（《庄子》外篇《天道》）。这些思想成为
中国文艺创作中处理无与有、虚与实等关系的哲学基础。中国古典文论中，
所谓"不著一字，尽得风流。语不涉难，已不堪忧"（司空图《二十四诗品·含
蓄》），"含不尽之意见于言外"（欧阳修《六一诗话》）等，都是强调写诗著
文中的言外之意，韵外之致。在中国传统戏曲的表演中，"停顿"即是这种
虚实结合、有无相生的生命表现形式的美学运用。如清代戏曲家徐大椿在

---

① ［苏］梅耶荷德：《论梅兰芳的表演艺术》，见童道明：《他山集——戏剧流派·假定性
及其他》，中国戏剧出版社 1983 年版，第 405 页。

② 吴戈：《戏剧本质新论》，云南大学出版社 2012 年版，第 212 页。

《乐府新声》中所言："唱曲之妙，全在顿挫……顿挫得款，则其中之神理自出，如喜悦之处，一顿挫而和乐出；伤感之处，一顿挫而悲恨出；风月之场，一顿挫而艳情出；威武之人，一顿挫而英气出；此曲情之所最重也。"[1] 梅耶荷德对中国传统文化以及戏曲的艺术精神有充分领悟，他十分重视演员在戏剧演出中"停顿"动作的运用，并指出："间歇（即停顿——引者）不是没有动作或停止动作，而是要像音乐那样，间歇本身便含有动作的因素"[2]。梅耶荷德要求演员们要"学会停顿"，要"倾听寂静"，在其导演的《钦差大臣》《委任状》《假面舞会》等剧作中有着不少"停顿"的精彩运用。他甚至视"停顿"为表现行动高潮的一种特殊手法，他导演的瑞典剧作家斯特林堡的剧作《有罪——无罪》，到处都是停顿，像是缄默的叫喊，以用表面的宁静表现巨大而丰富的情感。

（四）程式化动作表现

程式化的动作表现，是中国戏曲最鲜明的特征之一。这种舞台表演的程式性主要是指演员在舞台上的整体规范化，它源于戏曲演员在长期的"手、眼、身、法、步"的训练中所学到的几代人，甚至是千百年来所积淀流传下来的一套表演模式。对于不同年龄、不同性别、不同性格的人物，中国戏曲都有一套完整的表演程式来表现，它在姿态的优美、节奏的鲜明、形象的张力等方面多有体现。中国戏曲演员的这种程式化表演可以在一瞥、一瞪或是举手投足之间就表达出角色的心理变化。这种程式化表演一方面便于观众理解，另一方面也增强了戏剧表演的美学意蕴与艺术张力。梅耶荷德对中国戏曲的这一美学特征极为赞赏，他认为中国戏曲演员的面部表情、形体动作和手势等都有造型，舞台动作中融汇着舞蹈的成分，因此富有艺术的表现力。在中国戏曲艺术的启发下，他开创了对演员进行一系列程式化训练的方法——"形体力学"。梅耶荷德让演员每天进行"动态的"动作训练，要求演员通过严格的训练，能够达到灵活控制形体，动作优美雅致，步法从容不

---

[1] 蔡仲德：《中国音乐美学史资料注释》（下），人民音乐出版社 1982 年版，第 687 页。

[2] ［苏］梅耶荷德：《梅耶荷德论演技》，孙德馨译，《外国戏剧资料》1979 年第 3 期。

迫。梅耶荷德的"形体力学"还要求演员能利用话语、动作和手势的节奏揭示出人物的心理态度，这与中国戏曲演员用唱词、念白和形体动作来表达人物的身份或心理是一致的。很显然，梅耶荷德以演员的形体动作来寓示环境的变化或表演剧情的假定性手法与中国戏曲有着异曲同工之妙。

综上所述，在梅耶荷德"假定性"演剧观的建构过程中，中国戏曲起了重要的启发与烛照作用。在导演实践上，梅耶荷德充分借鉴、汲取了中国戏曲的美学元素，作为其舞台实验创作的重要源泉。梅耶荷德对于中国戏曲艺术的关注与接受，贯穿于其艺术探索的全过程。在两个世纪之交的白银时代，他就开始意识到中国戏曲的巨大魅力以及它所显示的一种系统的、成熟的戏剧观念，并在不间断的研究、比较和革新实验中，自觉以中国戏曲美学观念作为重要参照，对俄苏戏剧进行改革创新，从而为俄苏戏剧艺术打开了一片崭新的天地。

第五章　紫气东来

——中国绘画美学精神之融汇

中国画是哲学，是诗歌，是寓意的顶峰。

——（苏）彼得洛夫

20 世纪前期，中国艺术的"写意"精神不仅对西方戏剧产生了重大影响，并且也深深影响了西方绘画艺术的现代嬗变。英国美术评论家苏立文（Michael Sullivan）指出："现代西方艺术的重要发展，与东方绘画有着明显的相通之处，这使人很自然地认为现代艺术的这些革命性进展，或多或少受到了东方艺术的影响……如果说印象派画家在解决纯形式和纯视觉问题的有限范围内，受到了东方艺术的强烈影响，那么我们也有理由认为，东方艺术对于现代西方艺术发展所产生的影响更加强烈，不仅技法，连哲学思想都明显地受了东方的影响。"①

中国绘画作为东方艺术的典型代表，其对西方的影响可谓源远流长。早在西方文艺复兴时期，通过以马可·波罗为代表的西方游历家以及方济各会修士，中国宋元时期的绘画艺术就在遥远的彼端影响了 14 世纪的意大利艺术，尤其影响了锡耶纳绘画的诞生。17、18 世纪，中国绘画及其美学趣味更是对西方画坛产生了重大的冲击，中国器物和工艺品的装饰性构图被一部分欧洲画家采用，形成了一股"洛可可"风格的艺术时尚。19 世纪末 20 世纪初，西方世界由于自身的文明危机，再一次将目光转向东方，绵绵不断地汲取东方的营养。如果说洛可可艺术所吸收的仅仅是中国工艺品的某种装饰性因素，以及在西方人眼里的奇异趣味，那么，这一次西方在自己的绘画中融入的东方因素已经不仅仅是趣味，"而是更广泛地联系着东方的文化，更加深刻地切入到东方人的世界观和东方的哲学观念"②。

① ［英］苏立文:《东西方美术的交流》，陈瑞林译，江苏美术出版社 1998 年版，第281—282 页。

② 童炜钢:《西方人眼中的东方绘画艺术》，上海教育出版社 2004 年版，第 182 页。

第一节　中西传统绘画美学与文化渊源

中西绘画美学是两个既有联系又有区别的艺术理论体系，也可以说是两种不同的艺术境界。从总体上看，中西传统绘画都是和谐的艺术，即古典主义的艺术，两者都强调再现和表现的结合。然而，由于中西文化传统以及哲学思维方式的差异，中西绘画在历史发展的过程中，逐渐积淀形成了各自不同的表现形式和审美特点。清代松年在《颐园论画》中说："西洋画工细求酷肖，赋色真与天生无异，细细观之，纯以皴染烘托而成，所以分出阴阳，立见凹凸……则洋画无余韵矣。中国作画，专讲笔墨勾勒，全体以气运成，形态既肖，神自满足。"① 这里指出了中西绘画在民族风格上的主要区别：西方绘画侧重于再现和摹仿，以写实取胜；而中国绘画则侧重于表现和抒情，以写意见长。造成这种美学差异的根本原因，在于两者根植于不同的民族土壤，有着各自不同的文化传统和审美取向。

一、中国传统绘画的写意表现

中国传统绘画在历史发展的长河中，逐渐形成了独特的艺术思维系统和形式语言体系，即不是注重写实的逼真性，而是强调写意表现，着力于表现主体的内心情感世界，创造意境之美。无论是工笔画还是写意画，无不追求"以形传神""气韵生动"，强调以中国笔墨艺术独特的语言形式去彰显意味隽永、诗意悠远的审美化境，达到一种"境生象外"的审美效果。比如花鸟画，画家的功力不在于重现花鸟的视觉逼真，而在于表现身临其境的生动气韵；再如画梅，就要画出其凌霜傲雪的姿态与孤芳自赏的意味，而不强求朵朵梅花如何真实，所谓"画中有诗""诗情画意"。

早在东晋时期，著名画家顾恺之就提出了"传神"论，主张抓住人物

---

① 周积寅编著：《中国画论辑要》，江苏美术出版社 1985 年版，第 288 页。

的典型特征来表现其内在精神，达到形象传神的艺术效果："四体妍蚩，本无关于妙处，传神写照，正在阿堵中"①。这是从"画形"的角度切入对"传神"的追求，他的"传神"论开后世画论"神似"为美思想的先河。在顾恺之的基础上，南朝画论家谢赫则提出了"六法"说，将"气韵生动"置于首位："六法者何？一、气韵生动是也，二、古法用笔是也，三、应物象形是也，四、随类赋彩是也，五、经营位置是也，六、传移模写是也。"②尽管后面五法都与"用笔"有关，但结合具体的画家品评，可以看出，从"入神"入手寻找作品的"气韵"之美，是谢赫画论的主旨。此后，"传神""气韵生动"成为中国绘画的最高追求。唐代画论家张彦远则用"形"与"神"的结合发展了谢赫提出的"气韵生动"，并强调用笔时的"意存笔先，画尽意在"，力求神全意周而不拘形似。中国古代画论中的"意象""意气""神气""墨气""笔气""神韵""神采"等表达，都是强调在艺术创作中的笔墨意趣、气韵生动、虚实相生、得意忘形，以达致韵外之致、象外之境的审美意趣。

中国历代画家、文论家对此多有论述。魏国玄学家王弼在《周易略例·明象》中指出："得意在忘象，得象在忘言。故立象以尽意，而象可忘也；重画以尽情，而画可忘也。"③东晋王羲之在《论书》中云："须得书意转深，点画之间，皆有意。"④五代荆浩在《笔法记》中指出："似者，得其形，遗其气。真者，气质俱盛。""气者，心随笔运，取象不惑；韵者，隐迹立形，备仪不俗。"⑤宋代郭若虚在《图画见闻志·论气韵非师》中云："凡画必周

① （南朝·宋）刘义庆：《世说新语·巧艺》，见彭莱编著：《古代画论》，上海书店出版社2009年版，第37页。

② （南朝·齐）谢赫：《古画品录》，见彭莱编著：《古代画论》，上海书店出版社2009年版，第56页。

③ （魏）王弼：《周易略例·明象》，见祁志祥：《中国美学通史》（第1卷），人民出版社2008年版，第190页。

④ （东晋）王羲之：《论书》，见祁志祥：《中国美学通史》（第1卷），人民出版社2008年版，第320页。

⑤ （五代后梁）荆浩：《笔法记》，见彭莱编著：《古代画论》，上海书店出版社2009年版，第114、115页。

气韵，方号世珍，不尔，虽竭巧思，止同众工之事，虽曰画，而非画"①。明代董其昌《画旨》卷上云："画家六法，一曰'气韵生动'。'气韵'不可学，此生而知之，自然天授……画家以'神品'为宗极。"② 清代方薰在《山静居画论》中指出："气韵生动为第一义，然必以气为主。气盛则纵横挥洒，机无滞碍，其间韵自生动矣。"③ 清代美学家廖燕在《意园图序》中进行了总括："万物在天地中，天地在我意中，即以意为造物，收烟云、丘壑、楼台、人物于一卷之内，皆以一意为之而有余。"④

中国绘画在形成这种独特的艺术审美思维和创作表现特征的过程中，主要有两个艺术门类对其产生了根本影响。第一是书法。中国绘画以笔墨为载体，借助于流动的线条，更易于画面笔情墨韵的营造和对象精神气质的捕捉，成就一个清淡幽雅的艺术境界。第二就是诗。诗画结合，中外皆同。宋代赵孟坚说："画谓之无声诗。"苏东坡称赞王维的诗画说："味摩诘之诗，诗中有画；观摩诘之画，画中有诗。"古希腊诗人普鲁塔克也说过："诗是无形画，画是有形诗。"⑤ 中西古典艺术这种"诗画一律"的美学特征，却为何导致了中西绘画迥然相异的形式表现呢？关键因素还是中国绘画对"境生象外"审美化境的追求。

由此可见，中国传统绘画以"气韵生动""境生象外"为最高境界，是一种以写意象、写心境、写情怀为特征的绘画实践。中国绘画描绘形象的目的，不是像西方写实绘画那样去创造一个视觉幻像的世界，而是要借助挥洒自如的笔墨和灵活飞动的线条摄取万物的骨相与气韵，造就一个饱含创作主

---

① （宋）郭若虚：《图画见闻志·论气韵非师》，见彭莱编著：《古代画论》，上海书店出版社 2009 年版，第 165 页。

② （明）董其昌：《画旨》（卷上），见祁志祥：《中国美学通史》（第 3 卷），人民出版社 2008 年版，第 290 页。

③ （清）方薰：《山静居画论》，见彭莱编著：《古代画论》，上海书店出版社 2009 年版，第 332—333 页。

④ （清）廖燕：《意园图序》，见胡经之主编：《中国古代美学丛编》（上），中华书局 1988 年版，第 270 页。

⑤ 中国社会科学院外国文学研究所编：《欧美古典作家论现实主义和浪漫主义》，中国社会科学出版社 1980 年版，第 56 页。

体情感的独特艺术世界。关于中国传统绘画的写形造境之特点，宗白华先生曾这样精彩地描述道："中国画不重物象的刻画，而倾向抽象的笔墨表达人格心情与意境。中国画是一种建筑的形线美、音乐的节奏美、舞蹈的姿态美。其要素不在机械的写实，而在创造意象……画家用笔墨的浓淡、点线的交错、明暗虚实的互映、形体气势的开合，谱成一幅如音乐如舞蹈的图案。物体形象固宛然在目，然而飞动摇曳、似真似幻，全溶解浑化在笔墨点线的互流互错之中！"①

二、西方传统绘画的写实再现

与中国传统绘画不同，西方传统绘画就其主流而言，追求实物描绘，强调刻画审美客体在自然中的具体形象，侧重表现和谐、均衡的形式美，重写实、重再现成为西方传统绘画艺术的重要审美特征。由于西方绘画造型准确，笔法精细，画面逼真，法国文艺批评家丹纳将之称为"摹仿的艺术"②。

西方自古就有以真为美的美学传统。古罗马作家普林尼（Gaius Plinius Secundus）在他所著的《博物志》中记载了这样一段故事：古希腊两位著名画家宙克西斯和巴拉修斯比试画艺，宙克西斯画的葡萄几可乱真，以至骗得飞鸟纷纷前来啄食；而巴拉修斯则画了一幅被帘幕掩盖着的作品，他邀请宙克西斯来欣赏，谁料宙克西斯竟伸手去掀画中帘。于是他不得不服输，因为他的画只能瞒过鸟儿，而巴拉修斯则能骗过自己的眼睛。这种以真为美的传统，自荷马、亚里士多德后一脉相承，在西方风行了漫长的世纪。

西方传统绘画更强调刻画审美客体在自然中的具体形象，比如，在人物画中强调多样统一的形式观念，把美看成是比例与和谐，艺术家对人体的各个组成部分，比如，头部、躯干、肢体的不同特点，骨骼的轮廓，肌肉的起伏，须发的走向都刻画得细致入微、高度真实，而且人体各个构成部分则被统一在整体形式之中，在风景和静物画中也基本上遵循着这一原则。此外，

---

① 宗白华：《论中西画法的渊源与基础》，见《美学散步》，上海人民出版社 1981 年版，第 121 页。

② ［法］丹纳：《艺术哲学》，傅雷译，人民文学出版社 1963 年版，第 18 页。

图 5-1　王维《江干雪霁图》（局部）　　　　　图 5-2　拉斐尔《德·普拉托圣母》

根据再现法则，为了客观真实地描绘自然物体，西方绘画强调点、线、面中以面为主的组合形式，以突出绘画的质感与真实感。西方古典绘画在文艺复兴以前，画家对摹仿对象以绘画中的原理基本上是在两度平面上再现；文艺复兴时期，为了追求视觉忠实性，在二度空间基础上增加了深度这一维，即三度空间或称三维空间。其构图特点不是静态的比例关系，而是以一个固定的角度、一个特定的观察点作为透视整个物体的视点，观察、组织所描绘景物各部位的相应位置与相互关联，追求对象的真实与环境的真实，这即所谓的"焦点透视"。造型上，西方绘画讲究用光线的明暗来显示物体形象，用色来区别物与物的差异，光与色的运用以及色度、色性的掌握是其主要的造型技法。重视人物与环境的关系，注重比例、和谐，采取焦点透视，讲究光与色的运用等，这些都大大加强了西方传统绘画的逼真感与艺术感染力。

　　文艺复兴时期普遍尊重客观现实，达·芬奇认为艺术的本质在于反映自然界最基本的比例关系或和谐，因此要注意明暗、体积、色彩、形状、位置、远近、动静等功能在创作中的运用，他的《最后的晚餐》《蒙娜丽莎》《泉》等就是这方面的代表作品。除了达·芬奇，文艺复兴前后的一拨画家，如乔托、米开朗琪罗、波提切利、拉菲尔等都秉持这样的画法，他们均以精确透视和几何秩序进行创作，表现出人文主义精神，同时创造了逼真的三维空间。此后的两个多世纪，追寻古典主义、启蒙主义的绘画仍然遵循着写实的传统，直至 19 世纪兴起的浪漫主义运动，才强烈要求突破现状，提出在作品中表现艺术家主观个性的要求。以印象派绘画为转折点，西方绘画的审美观念出现了由"写实"向"非写实"的嬗变，追求从再现外部世界走向表现内心世界，在美学观念上实现了现代转捩。西方绘画在创作主体与客体关系上虽有一个从再现到表现的转型，但从艺术实践来看，写实再现则是其传统绘画的重要美学观照。

三、中西绘画美学的文化渊源

中西传统绘画美学特征的殊异，其根本原因取决于各自独特的民族土壤、独特的文化传统与思维方式。

中国绘画艺术的这种美学追求，深深植根于东方的文化土壤之中，体现着中华民族的哲学思维方式和审美意识。中国古代哲学思想总体上持的是"天人合一"的终极宇宙观。钱穆先生在其所著的《中国思想史》中说："中国思想，则认为天地中有万物，万物中有人类，人类中有我。由我而言，我不啻为人类中心，人类不啻为万事万物之中心，而我又为其中心之中心。而与人群与物与天，寻本而言，则浑然一体，既非相对，亦非绝对。"[①]在中国人的眼中，万物都是生生不息的生灵，山河、日月、天地无不与人类生存息息相关，人与自然的和谐一致是人生的最高理想境界。《周易·文言》说："夫大人者，与天地合其德，与日月合其明，与四时合其序，与鬼神合其吉凶，先天而天弗违，后天而奉天时。"《中庸》说："能尽人之性，则能尽物之性；能尽物之性，则可以赞天地之化育；可以赞天地之化育，则可以与天地参矣。"《孟子·尽心》说："万物皆备于我。"这里讲的实际上都是"天人合一"的思想。老庄哲学则以"道"为核心，诠释人与自然的同一，把天地和谐视

---

① 钱穆：《中国思想史》，兰台出版社 2001 年版，第 5—6 页。

为最高境界。老子认为人和宇宙自然是由同一个本原构成的，这个本原就是"道"。《道德经》中说："道生一，一生二，二生三，三生万物。"而人的认识发展的最高境界又要达致人与天的统一，这个统一点还是"道"，即所谓"人法地，地法天，天法道，道法自然"。"道"是世界内在的本原和宇宙发展的总规律，它象征着世界的统一性，以及宇宙生命总体的完美和谐。老子"道"的学说，充分体现了中国人"天人合一"宇宙观的直觉体悟的深刻感受。《庄子·齐物论》则更明确地指出："天地与我并生，而万物与我为一。"

总之，中国哲学思想将宇宙视为一个有机的生命，天地万物与人的心灵应当息息相通。受中国传统哲学观的影响，形成了中国人独特的思维和审美表述。体现在绘画艺术中，就是追求主观精神与客观现象的混融一体，以达到情景交融、物我两忘的艺术境界。

西方传统绘画摹仿、写实的审美倾向，就其根本而言，源于西方人的哲学思维特征和美学追求。西方绘画艺术发源于古希腊、古罗马，基于崇尚理性、崇尚形式的哲学取向，写实主义、描摹与再现一直是西方盛行的美学传统。西方思想在古希腊时代就产生了将整个世界一分为二的思维模式，即有一个主观世界和一个客观世界。人作为主观世界的主体，根本任务就是探索客观世界的奥秘。自古希腊以来，人们就相信世界是合乎理性的，是可以理解和把握的，进而发展成了一套以理性和逻辑为基础的认识论体系。哲学家们认为宇宙是按照某种规律进行的，而不是随意或偶然的。他们把隐藏在千变万化的事物内部或背后的东西，称为"逻各斯"，认识这种事物的"理性"或"逻各斯"，就是希腊哲学的任务。

古希腊毕达哥拉斯学派哲学思想的核心，就是认为数是万物的本原或原则，万物都因摹仿数而存在，数的原则统治着宇宙间的一切，并且万物之中都存在着某种可以凭借理性加以认识和把握的数量关系。其影响深远的成果就是美学上和谐理论的提出。他们以数的观点去探究音乐节奏的和谐，并将之延伸至建筑、雕刻等其他艺术领域，总结出了一些经验规范。毕达哥拉斯的弟子、著名雕塑家波力克利特在其专论人体比例的著作《法式》中就对这些规范进行了记载，认为"美寓于身体各部分的比例之中，即手指与手指、手指与手腕、手腕与手掌、手掌与下臂、下臂与上臂的比例，以及这各个部分相互之间的比例之中"①。一生以追求真理和智慧为己任的苏格拉底的哲学宗旨可以归结为他的一句名言——"知识就是道德",这表达了希腊人对世界本质和通过何种途径认识世界的典型态度,其中贯穿着理性主义原则和道德学原则。亚里士多德作为古希腊美学思想的集大成者,他以古希腊固有的传统为文艺制定的纲领性要求就是"摹仿"。他在《诗学》一书的开篇便开宗明义地说:一切艺术"实际上就是摹仿"。亚里士多德认为艺术体现现实世界的特点就是摹仿,故要求艺术形象要尽可能地与客观对象切近,达到逼真、酷似的效果。他还提出了艺术家摹仿现实的三种形式:"照事物本来的样子去摹仿,照事物为人们所说所想的样子去摹仿,或者是照事物的应当有的样子去摹仿。"②亚里士多德的摹仿说支配了西方的艺术理论和实践长达两千余年。

文艺复兴时期的艺术家们承接了希腊传统,一般都坚持"艺术摹仿自然"的观点。随着科学的发展,艺术的摹仿日益科学化,以透视学、色彩学和解剖学作为艺术创作的三大支柱,追求忠实描摹客观世界,使艺术不断走向自然、具体和实在,给人一种如临其境、如见其人的逼真幻觉。著名雕刻家和画家阿尔伯蒂(Leone Battista Alberti)在《论雕刻》里说:"雕刻家要做到逼真……他们所刻画的形象归根到底须尽量像活的东西,就雕像来说,须尽量像人。"③达·芬奇则用"镜子"作比喻,他说:"画家的心应该像一面镜子,经常把所反映事物的色彩摄进来,里面摆着多少事物,就摄取多少形象。"④这种摹仿、写实的绘画形式如涓涓细流不断,一直是西方艺术家们孜孜以求的目标。此后涌现的现实主义、古典主义、自然主义等,都是再现写实传统的继续和发展。西方传统绘画的理论和实践确实表现出与东方写意画传统迥然相异的美学路线。

通过中西绘画的并置比较,可以看出,中西绘画植根于不同的文化土壤,两者有着各自不同的发展轨迹,在表现形式和美学特征上呈现出截然不

---

① [波]塔塔尔凯维奇:《古代美学》,理然译,广西人民出版社 1990 年版,第 52 页。
② 朱光潜:《西方美学史》(上),人民文学出版社 1979 年版,第 74 页。
③ 朱光潜:《西方美学史》(上),人民文学出版社 1979 年版,第 158 页。
④ 朱光潜:《西方美学史》(上),人民文学出版社 1979 年版,第 158 页。

同的风貌。西方绘画注重美与真的统一，强调对自然的摹仿和逼真再现，形成了重客体、重技术、重分析、重理性的艺术精神；而中国绘画注重美与善的统一，强调画家的修养与写意表现，形成了重主体、重造境、重综合、重感性的艺术精神。前者可称之为"画之术"，而后者则可称之为"心之艺"。两者各有千秋，并没有高下优劣之分，共同构成了世界艺术发展史上的奇葩双峰。当然，中西绘画虽然有着本质的区别，但两者的差异也是就整体上相对而言的。当我们强调中国绘画的写意取向且追求"天人合一"的和谐美时，不能不看到其中也含有写实的因素。例如，中国画论中也有"远山无皴，远水无波，远树无枝，远人无目"这样的关于绘画中如何表现自然空间感觉的理论总结，但总体而言，中国艺术家们并没有像古希腊和文艺复兴时期的艺术家们那样，把美术创作与自然科学紧密地联系在一起。中国艺术家因为认同人与自然和谐一致的状态，因而客观世界的本质与主观精神的本质是相通的。同样，西方传统绘画虽然注重写实，但其中也不乏写意的成分，追求真、善、美的高度统一，并在不同程度上寄托着艺术家们的审美情感。中西方传统绘画历经漫长的发展道路以后，逐渐走向了互相渗透和融合，并呈现出反方向回归的趋向，即东方绘画由古典、表现转向现代、再现，而西方绘画则由古典、再现转向了现代、表现。两者融合的结果，就总体趋势而言，则是绘画的审美追求朝着"写意"的大方向发展。自 19 世纪末 20 世纪初以来，西方现代派绘画在理论与面貌上越来越多地向东方绘画艺术靠拢，这其中重要的促进因素就是东方美学精神的启示和影响。

第二节　西方绘画的现代嬗变与东方启示

英国著名历史哲学家柯林伍德（Robin Crearge Collingwood）曾指出："在经常研究科学或哲学发展的历史学家看来，艺术史呈现着一幅痛苦的、令人不安的景象，因为它的一般进程似乎并非前进而是后退……在艺术方面，一度正常兴起的派别，当它继续存在下去时，却渐渐地衰落了。一个新兴的派别往往以惊人的爆发力量登上它的顶峰……但是当这个派别一旦获得成就，衰微之感便随之而来。已经获得的造就不但没有培育和净化后一代的趣味，反而加以破坏。"①柯林伍德的这段话深刻地阐述了艺术发展的一般规律，即"否定之否定"。这样的艺术规律同样体现在西方画坛上。19 世纪中叶以降，自印象派绘画之始，西方绘画观念即出现了由"写实"向"非写实"的渐变转型，接踵而来的后印象派、野兽派、立体派、未来派、达达派、表现派、超现实主义、抽象主义等现代绘画艺术的繁衍变异，则是逐步抽象化地表现个人主观的内心世界，从而完全离弃了曾被西方奉为精典的写实绘画艺术，呈现出一种反传统的特质。西方绘画的现代转型，具有其社会、经济和文化的原因，而以中国为代表的东方艺术精神的启示与影响则在其中起了重要的促进作用。

一、西方现代绘画的发生语境

"物质生活的生产方式制约着整个社会生活、政治生活和精神生活的过程，不是人们的意识决定人们的存在，相反，是人们的社会存在决定人们的意识"②。翻开人类文明的发展史，不难发现，任何一次大的变革都离不开那个时代的特定的生存环境和社会背景。西方现代绘画亦是如此，它的产生有着深刻的社会历史原因，是与西方现代社会的进程紧密相连的。

科技理性造成的社会异化是现代绘画产生的社会基础。"正如迄今人类社会发展业已表明的那样，在物质生产力意义上社会的现代化发展不可避免地以某种程度的精神分裂或异化为代价，因为这种由追求速度而来的单一发展必然破坏了生命的整体性。当这种单一性还未超越人的心理承受力时，对生命之整体的破坏还不会引发精神领域的反抗。一旦情形不是如此，精神领域的对应调整则势不可挡"③。19 世纪后半叶资本主义进入垄断阶段，西方物

---

① ［英］R.G.柯林伍德：《知识的地图》，转引自［英］赫伯特·里德：《现代绘画简史》，刘萍君译，上海人民美术出版社 1979 年版，第 4 页。

② 《马克思恩格斯论文学与艺术》，陆梅林辑注，人民文学出版社 1982 年版，第 32—33 页。

③ 王才勇：《印象派与东亚美术》，江苏人民出版社 2008 年版，第 21 页。

质主义盛行，精神价值日益失落，人性异化不断加剧。置身于复杂残酷的现实之中，当时的一些艺术家一方面对现实生活产生不满，另一方面又时时感到自身"意义的匮乏"和存在的虚无，他们觉得找不到出路而内心变得极端压抑和苦闷。由于感到对现实生活的无能为力，于是他们便采取消极避世的态度躲进"象牙塔"之中。"在他们看来，现实世界是肮脏、浑浊和虚幻飘渺的，而只有他们的思想、心灵和艺术才是真诚、纯洁和实在的"①。因而，他们反对艺术反映现实生活，而是用一种极端变形的反传统、反理性的方法去表现主观心灵的感受，表现一种抽象的概念和童年的梦幻。

西方现代哲学思想为现代绘画的产生提供了理论依据。"进化论""量子力学""相对论"的出现，极大地改变了由牛顿力学所确定的对宇宙体系的经典看法，使人类对世界的认识以加速度方式延伸。人们不再认为世界有限，也不再认为存在永恒不变的物质，固体的物质只不过是处于永久变化状态的粒子的某种形式的结合，以往对于世界的认识只不过是局部的、相对的。另一方面，19世纪末20世纪初，西方国家出现了一股非理性主义哲学思潮，如柏格森的直觉主义、弗洛伊德的精神分析学说、叔本华的唯意志论、克罗齐的直觉主义等，其共同特点是把关注思考的目光从客观物理世界转向主观心理世界，注重人心灵深处无意识世界的发掘。尼采在其唯意志论哲学中，除了"权利意志"思想，主要是"梦境"和"醉境"理论，认为艺术家即是高度扩张自我、表现自我的人。柏格森思想的核心是强调直觉和非理性，认为艺术即是"生命冲动"，无须反映现实，无论是艺术创造还是鉴赏，都只是纯粹的直觉活动，与理性分析无关。弗洛伊德的"精神分析"学说认为艺术创作的基础是潜意识，"艺术作品，正和梦一样，是下意识里的愿望获得一种假想的满足"②。这一艺术观对西方现代绘画产生了巨大影响，以至在20世纪所有的现代艺术中几乎都能找到潜意识内涵。

摄影的冲击和挑战是西方现代绘画直接的催生剂。1839年，法国人达盖尔（Daguerre）发明了最早的银版摄影技术，随后即席卷整个西方世界。

---

①　冯建民：《论现代派的艺术特征》，《文艺研究》1982年第3期。

②　《弗洛伊德自传》，廖运范译，东方出版社2005年版，第70页。

摄影技术被广泛接受，使得基于相同构图原则的西方传统绘画受到了空前的冲击和挑战。在摄影术发明之前，西方绘画作为写实的视觉艺术，其主要功能就是写真记事和道德教化。摄影术发明之后，传统的写实绘画在摄影术面前相形见绌，它似乎表明，哪怕是最敏锐的眼睛、最高明的技巧也难以达到如此完美的再现。新古典主义大师安格尔（Jean Auguste Dominique Ingres）指出："摄影术真的是巧夺天工，我很希望能画到这样逼真，然而任何画家可能也办不到。"[①] 既然没有什么能比摄影更精确地记录基于三维空间的客观物象的最真实状态，那么任何写实绘画画得再好也失去了意义。正是在这样的情况下，绘画存在的合理性问题必然受到了质疑。而绘画要摆脱这种困境，就必然要另辟蹊径，寻找新的出路。正如英国艺术史家贡布里希（E. H. Gombrich）所言："在摄影术发明之前，几乎每一个自尊的人一生都至少坐下来请人画一次肖像。在摄影术出现以后，人们就很少再去受那份罪了，除非他们想加惠和帮助一位画家朋友。于是艺术家就受到越来越大的压力，不得不去探索摄影术无法效仿的领域。"[②] 自 19 世纪中叶起，西方的美术家们就开始了自我否定和新的思考，现代绘画的产生由此进入了一个倒计时的时代。

二、东方艺术精神的启示影响

西方绘画的现代嬗变，肇源于其所处的特定时代和社会环境，然而在这种审美转型过程中，以中国为代表的东方艺术精神的启示影响则是一个重要促进因素。

19 世纪中叶以前，西方人对于包括中国和日本在内的东方绘画除了偶尔采用一些东方题材，感受一些异国情调，产生一种新奇感以外，对它的表现体系基本上是抱着轻视和不理解的态度。他们认为东方人不懂科学，不懂空间透视法，因而画出来的人物不合比例，画出来的风景不讲透视。到

---

① 转引自李文方：《世界摄影史》，黑龙江人民出版社 2004 年版，第 16 页。

② [英]贡布里希：《艺术发展史》，范景中译，天津人民美术出版社 1998 年版，第 294 页。

了 19 世纪中叶，当西方开始检讨写实主义绘画的偏颇时，始觉西方美学观念的局限和以往观察非西方系统绘画时的狭隘眼光，意识到东方艺术中包含着丰富的个性精神和表现手段。于是，日本、中国、印度、非洲、大洋洲、美洲土著等异质艺术的营养就源源不断地进入了西方艺术体系。英国美术史专家赫伯特·里德（Herbert Read）在《现代雕塑简史》里总结现代艺术的精神来源时认为，过去的一百年中，起码有七种外来的风格已经注入了现代艺术的主要潮流之中，其中就包括了以中国、日本为代表的远东艺术。其实，早在 17、18 世纪，中国艺术趣味就对西方画坛产生过重大冲击。在近代欧洲与中国的交流中，由于新航路的发现，以瓷器为主的中国工艺美术品随着东西方贸易的频繁在欧洲得到了广泛传播，并对欧洲人的日常生活和审美情趣产生了很大影响。当时的上层社会中出现了一股影响广泛的"中国风"，在"中国风"的冲击和影响下，18 世纪的欧洲出现了被称为"洛可可"风格的艺术时尚。直至 18 世纪下半叶，这股中国时尚才逐渐消退。欧洲艺术史上的"中国风"是东方美术进入西方艺术创作的开始，从跨文化传播的逻辑来看，两种异质文化在互相影响伊始不免是一种外在的视角，一方对另一方的渗透是一个漫长的过程，此前不可避免地会出现彼此外在的互看，但这种外在的互看作为交流的开始并非对此后的发展缺乏意义，在新的历史条件下，则可以转变成为再一次接受对方影响的内驱力。19 世纪后半叶，当西方艺术家们再次将目光转向东方美术时，很快就出现了西方艺术史上的第二次东方热，最终助促了印象画派的产生和整个欧洲画风的根本性转变。

当时他们着重关注的是深受中国美术影响的日本着色版画浮世绘。19 世纪后半叶，由于同日本贸易的进一步扩大，日本古董开始充斥欧洲市场，在这些古董中，日本的版画浮世绘由于它的艺术价值，立即引起了极大的关注，并对欧洲画坛产生了强烈冲击。以马奈为核心的印象派、后印象派、纳比绘画小组、象征主义等都通过日本版画表现出了对东方艺术的极大热情。他们在创作中努力融汇某些东方因素，并在画风上逐渐发生一些变化，如舍弃三维空间透视，采用线条花纹勾勒平涂色面，寓意的或象征的艺术构思等。东方美术的这次西渐标志着东方艺术开始对西方产生实质性影响，并直接进入正处于萌芽中的西方绘画的现代转型。虽然包括日本在内的当今学者一再强调日本美术与中国美术不同而反对将二者简单地相提并论，但就欧洲 19 世纪后半叶的东方观来看，他们并未在中国与日本之间做出明确区分，而且日本艺术被普遍看成源于中国。当时日本着色版画之所以较之中国绘画更引起欧洲画家的关注，也许是由于前者较之中国绘画曾发生过多次西化转向，在用色强度及线条的饱和度方面融入了某些西方印迹，从而对西方绘画来说更具有一定程度的对应性。但这一点绝不说明当时西方所受的只是日本版画的影响，因为除了日本版画，当时的艺术家们还关注来自东方包括中国的视觉艺术和工艺美术。而且更重要的是，他们虽然主要关注的是日本版画，但加以接受的并非这些版画特有的表达方式，而是由其体现出的东方艺术不同于西方传统的一般方式。因此，与其说他们从日本版画中获得了什么启发，毋宁说是由日本版画入手从东方艺术精神的一般特点中获得了创新的启示。

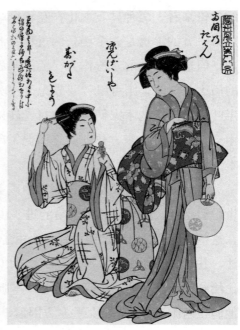

图 5-3 （明）陈洪绶仕女图　　　　图 5-4 日本浮世绘中的仕女图

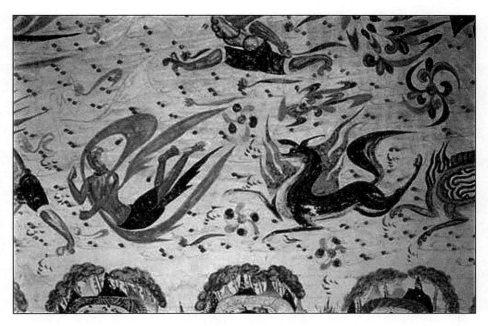

图 5-5　西魏壁画《飞廉　飞天》（敦煌 285 窟北坡）

　　西方艺术史上的"日本风"在 19 世纪后半叶随着西方绘画现代之路的渐次展开很快退出历史舞台，东方美术西渐的辉煌驿站基本结束，但这个西渐的过程并未终止。事实是，随着此驿站的结束，以中国、日本为代表的东方美术恰如涓涓溪流绵绵不断地滋润着西方艺术家，并从思想观念和表现形式等不同角度对西方绘画产生了深及内里的影响。中国与日本不同，日本从 19 世纪开始有意识地向欧洲输出艺术品，而中国的古代艺术瑰宝却在近代因战乱和社会动荡而大量流落海外。仅以敦煌壁画为例，1905 年德国考古学家阿尔波特来到敦煌，仅以六包俄国日用品，骗得了两大包敦煌遗书。1907 年 3 月法国的伯希和于敦煌精选了 6000 件写卷和精品而归。1909 年，日本人大谷光瑞来到敦煌，掠取 7000 余件古文献。1911 年，他第三次来中国，又从王道士手中骗得经卷 469 卷，唐代彩塑两尊。1914 年至 1915 年俄国的鄂登堡偷去写卷 3000 卷以上，丝织品 150 余件，壁画 500 余幅。① 这

① 王传杰：《野兽主义与现代表现主义绘画》，江西美术出版社 2008 年版，第 116 页。

些仅仅是有历史记载的，还不包括在战争中被掠夺和一批批被偷盗出境的，其数量之大可以想象。以搜集中国艺术品历史悠久的大英博物馆为例，那里收藏的中国古代文物和书画作品就有数万件之多！如此众多的艺术品辗转西方，可以想象其在西方艺术界所引起的冲击。更为重要的是，基于 19 世纪末 20 世纪初西方的社会语境，西方艺术家们已经充满了革新传统的愿望，而正是其时，以敦煌为代表的东方艺术以各种形式闯入西方世界，再经学者的研究和宣扬，不可避免地会使西方艺术家们怦然心动。这些艺术品以其鲜明的形象表现了与西方传统美学观念迥然有异的新鲜趣味，对西方绘画艺术的现代革新起到了推波助澜的作用。

除此之外，随着 20 世纪以来东西方交流的进一步扩大，中国不少著名艺术大师开始在西方开办画展，使西方进一步领略到了东方艺术的独特魅力。如一代宗师张大千就曾在西方多次举办画展：1933 年以作品参加巴黎波蒙博物馆举办的"中国近代绘画展览"，1935 年他的作品在英国伯灵顿美术馆展出，1938 年在西欧、北美举办"张善子、张大千兄弟画展"，1946 年参加联合国文教组织在巴黎举办的世界美术现代画展，该画展后移至伦敦、日内瓦、布拉格等地展出等。50 年代以后，他更是多次在西方举办个人画展。著名艺术大师徐悲鸿于 1933 年至 1934 年，先后去法、意、苏等国举办中国近代绘画展览，去比利时、德国举办个人画展。艺术大师刘海粟 1930 年在巴黎举办画展，巴黎大学教授路易·拉洛拉誉其是"中国文艺复兴大师"[①]。1929 年与 1930 年，他的作品两次入选法国秋季沙龙。1931 年，在德国法兰克福大学中国学院讲演《中国绘画六法论》，并举办"刘氏国画展览会"，随后又应邀移展到海德堡。他在 1933 年至 1935 年第二次欧游期间，先后在德国柏林、汉堡、莱茵河各省，荷兰海牙、阿姆斯特丹，瑞士日内瓦、博尔纳，英国伦敦，法国巴黎等十多个文化鼎盛的大城市举行"中国绘画展览会"，在欧洲艺坛产生了极大的震撼。这些艺术大师在西方对中国绘画的集中展出，在促进东西方文化交流的同时，也把东方绘画艺术的写意观念进一步传达给了西方世界，从而于无声处为西方现代绘画提供了营养。

---

① 岑其：《艺术人生——走近大师刘海粟》，西泠印社出版社 2006 年版，第 76—77 页。

三、东西方"主观表现"之内在同构

以中国为代表的东方艺术精神是西方现代绘画的精神来源之一，从西方现代画派的艺术实践与美学观念，我们可以看出这种影响的蛛丝马迹，特别是在强调"主观表现"这一点上，西方现代绘画与东方艺术精神体现着内在的同构性。

西方绘画艺术舍弃长期以来的写实风格而转向非写实，肇始于印象派。从艺术表现来看，印象派追求用光和色彩之丰富，这与东方绘画的表现体系在表面上虽不相同，但在重神韵、重趣味这一点上，它们与东方绘画有着内在的精神联系。从印象派开始的西方绘画的东方化，预示着现代派的萌芽。不过，印象派反写实还不够彻底，在观念上仍没有实现根本突破，其所表现的主要还是外在世界。随着后印象派的粉墨登场，西方绘画中强调主观表现的因素日益明显。后印象派继承了印象派的明丽色调与用光韵律，同时对印象派的客观化和自然主义性质则持否定态度，注重通过艺术技法表现艺术家的内心感受，无论在色彩、线条还是构图上都赋予强烈情感。摒弃传统写实而大量采用夸张、变形、象征等手法，这是后印象派的重要特征。这与中国绘画不求形似而讲究笔墨、注重神韵之特点颇为相似。西方人终于发现，绘画的意义在于表达主观，随之兴起的象征主义就明确提出这种观点，象征主义的艺术纲领就是反对对现实世界的自然描摹，力求通过象征暗示来表达某种潜意识感觉。关于象征主义的美学观，青年评论家阿尔贝·奥里埃在 1891 年一期的《法兰西信使》撰文总结道："艺术的任务是……①思想的，因为艺术的唯一理想是表达思想；②象征的，因为艺术是通过形式来表达这种思想的；③综合的，因为艺术是凭藉一种广泛全面的技术来介绍这些形式，这些符号；④主观的，因为客体不仅仅作为一个客体被考虑，而是作为主体所感到的思想体现被考虑的；⑤最后一点是装饰的，因为装饰绘画，正确地说，为埃及人以及大概希腊人和原始派（文艺复兴早期）的艺术家所认为的装饰绘画，只不过是一种主观的，综合的，象征的，思想的兼容并蓄的艺术表现形式而已。"[①]象征主义的这些观点与东方传统

---

① 转引自邵大箴：《西方现代美术思潮》，四川美术出版社 1990 年版，第 24 页。

艺术思想有着更多相通之处。因为在东方思想中，主客观是和谐统一的，艺术所从事的是一种返璞归真的工作，人与自然的和谐是艺术创作的最高追求，中国画家将之具体化为"写意"，这接近于西方的象征主义理论。

从印象派到象征主义，这是西方现代绘画的最初阶段，20世纪现代派的探索和追求与这一阶段有至为紧密的联系，这一阶段在艺术中提出来的许多问题，为20世纪的现代诸流派加以引申和发展。20世纪早期的野兽派、立体派、未来派、表现派、构成派、抽象派、达达主义和超现实主义等几乎无一不是在朝着将客观可见的"真实"形象进行解体的方向发展。现代派艺术家终于看到了东方艺术的价值，并明确提出要向东方艺术汲取精华。英国美学家赫伯特·里德（Herbert Read，1893—1968）说："东方的艺术……总是不力求去表现客观景象可视形态的幻象……每一种艺术形式都是一个意志的表现，一个欲望的满足。东方的艺术满足了东方的艺术家，因为它的形式已经完全满足了他的意志。他在他的线条中得到了节奏，在他的色彩中得到和谐，在他的形式中得到了完整。然而，他获得这许多长处，并不有恃于透视及明暗法。最终东方艺术家也完成了一件具备着艺术品之第一效能的创作，这艺术品第一效能，乃是使我们的视觉的快感客观化，只是取悦于我们的视觉。东方人对于艺术品，除了一种象征的作用——以它的形式来表现宇宙的永恒的秩序及和谐——之外，不再别的要求。"[1]这是西方艺术家在总结了西方艺术的曲折道路以后才领悟到的真理，其对东方艺术的重新评价，实乃深刻的美学思考。

1909年至1920年间，西方艺术家发表了一系列宣言，猛烈攻击并试图改变传统的艺术观念。1909年，现代艺术的奠基者之一法国画家康定斯基（Kandinsky）出版《论艺术里的精神》一书，他那句"没有哪种艺术是不能存在的"名言为现代艺术运动定下了基调。1910年发表的《未来派宣言》，更明确昭示蔑视任何形式的摹仿。纵观该时期画家的言论和画派的宣言，我们可以看到许多他们反对摹仿、反对绘画的写实性论述。如马蒂斯："我的道路是不停地寻找忠实临写以外的表现的可能性"[2]；诺尔德："固定的

---

① 转引自邵大箴：《西方现代美术思潮》，四川美术出版社1990年版，第31页。

② [德]瓦尔特·赫斯编著：《欧洲现代画派画论选》，宗白华译，人民美术出版社1980年版，第50、51页。

美学规律是不存在的。艺术家顺从着他的天性、他的本能制作作品"①；克尔希奈："我的画幅是譬喻，不是摹仿品。形式与色彩不是自身美，而是那些通过心灵的意志创造出来的美"②；毕加索："绘画有自身的价值，不在于对事物的如实的描写。我问我自己，人们不能光画他所看到的东西，而必须首先要画出他对事物的认识"③；蒙德里安："（绘画）或多或少的是一幻象、想象，并且由于它不是真正'实在'，它就停留在生活的外边。""因此'自我'能虚构……按照自我的形象来创造美，对真正的生活以及真的美不再注意"④；《未来派宣言》："（绘画）不呼应任何现实的东西，而是按照一个我们内心的数学，音乐似的准备着和加强着观赏者的情感"⑤。这些现代艺术家所持有的主张，于东方艺术家看来也许无甚高明之处，然而在当时对西方传统绘画观的冲击则是巨大的。正如英国美术评论家苏立文所言："20世纪西方的美学思想发生了深刻的变化。可是这些西方现代艺术的观点，对于东方的艺术家来说，只不过都是一些不言自明的浅显道理罢了。"⑥

以上我们简单回顾了西方现代绘画发生、发展的概况，可以看出，西方现代绘画产生的根本原因在于西方自身社会文化的变革，这种变革深刻影响着艺术家们的政治立场和态度，同时也以一定的方式影响着他们的美学观念和美学风格，而在西方绘画的美学转型过程中，与西方异质的以中国为代表的东方美学精神则是一个重要的影响与促进因素，这得益于西方艺术家对东方艺术的不断认识和了解。凭借这些新的美学思考，现代艺术家们从各自的理解出发，不断背离着写实的传统，他们有的用抽象的方法，有的用极度变

---

① [德]瓦尔特·赫斯编著：《欧洲现代画派画论选》，宗白华译，人民美术出版社1980年版，第64、65页。

② [德]瓦尔特·赫斯编著：《欧洲现代画派画论选》，宗白华译，人民美术出版社1980年版，第67页。

③ [德]瓦尔特·赫斯编著：《欧洲现代画派画论选》，宗白华译，人民美术出版社1980年版，第76页。

④ [德]瓦尔特·赫斯编著：《欧洲现代画派画论选》，宗白华译，人民美术出版社1980年版，第157页。

⑤ [德]瓦尔特·赫斯编著：《欧洲现代画派画论选》，宗白华译，人民美术出版社1980年版，第108页。

⑥ [英]苏立文：《东西方美术的交流》，陈瑞林译，江苏美术出版社1998年版，第284页。

形的方法，破坏着事物的常见形态，从而追求表现画家心中的事物、心中的世界，不断催生着新的、有价值的艺术实践。

第三节　西方现代绘画艺术中的中国色彩

自19世纪末印象主义以来，西方绘画逐渐开始了由传统再现向现代表现的美学转型。眼花缭乱的西方现代画派绵绵不断地汲取东方的营养，其所呈现的某些精神要义与中国艺术体现着内在同构性。考察西方现代绘画的艺术实践，我们的确可以发现其所受到以中国为代表的东方美学精神直接或间接的影响。正如英国美术评论家苏立文所指出的，这种影响不仅表现在"技法"上，甚至在"哲学思想"上都有明显的体现。当然，这种影响并非是等量和直线式的，而是以一种看似相似实质"变形"了的方式融入了西方现代绘画的血脉。

一、散点透视：方寸之内驰情百里之回

西方传统绘画由于一贯讲究以科学写实的方式去表现外界事物，故一般采用"焦点透视"。这是从物理学的原理出发，用固定的视点表现同一个空间。长期以来，焦点透视在西方传统绘画中成为不容置疑之规范法则，这种方法的运用就如同摄像一样，使得绘画呈现出强烈的视幻觉，从而也使事物看上去更为逼真。正如宗白华先生所言："西洋人站在固定地点，由固定角度透视深空，他的视线失落于无穷，弛于无极。"[①]"所以西洋透视法在平面上幻出逼真的空间构造，如镜中影，水中月，其幻愈真，则其真愈幻"[②]。

中国画家对于画面的空间表现与西方有着不同的理解，宗白华先生甚至

---

① 宗白华：《中国诗画中所表现的空间意识》，见《美学散步》，上海人民出版社1981年版，第112页。

② 宗白华：《中西画法所表现的空间意识》，见《美学散步》，上海人民出版社1981年版，第142页。

认为这是"中西绘画里一个顶触目的差别"[①]。中国传统绘画大都采用"散点透视"，即画家不受立足点和观察视域的限制，而是根据需要对对象进行动态的观察和把握。这是一种不受时空限制、把时间和空间相结合的表现方法。与西方准确地表现物象的三维空间的立场不同，"中国画的透视法是提神太虚，从世外鸟瞰的立场观照全整的律动的大自然，他的空间立场是在时间中徘徊移动，游目周览，集合数层与多方的视点谱成一幅超象虚灵的诗情画境"[②]。南朝宋时的画论家王微指出：画山水"非以案城域、辨方州、标镇阜、划浸流。本乎形者融灵，而动者变心"[③]。宋代郭熙曾提出"高远""深远""平远"的"三远论"（《林泉高致·山水训》），在中国绘画史上产生了深远影响。继之，北宋韩拙又提出了"阔远""迷远""幽远"的"三远论"（《山水纯全集·论山》），元代黄公望又提到"平远""阔远""高远"的"三远论"（《写山水诀》），元代以后的画论中又不断有人就透视问题进行了论述。这些透视法给画家的经营以广阔天地，画家可以突破时空限制，在同一画幅上交错使用不同的视点来结构形象，使景物有隐有显，有开有合，造成一种独特的艺术表现效果。如宋张择端的长达 5 米的《清明上河图》，就是采用多视点的方法，突破时空局限，同一时间里展现不同环境。我们可以同时看见城中每条街巷和店铺、货摊之情景，这在实际生活中是不可能的。不仅如此，画家在这幅长卷中，对屋宇、街景采用俯视，而对人物采用平视，将不同的视点结合使用，形成了鲜明的情感节奏。西方的"焦点透视"是无论如何也体现不出这样的效果的。宗白华先生深刻描述了中西传统绘画空间表现的迥异机理："西洋画在一个近立方形的框里幻出一个锥形的透视空间，由近至远，层层推出，以至于目极难穷的远天，令人心往不返，驰情入幻……中国画则喜欢在一竖立方形的直幅里，令人抬头先见远山，然后由远至近，逐渐

---

① 宗白华：《中西画法所表现的空间意识》，见《美学散步》，上海人民出版社 1981 年版，第 136 页。

② 宗白华：《论中西画法的渊源和基础》，见《美学散步》，上海人民出版社 1981 年版，第 133 页。

③ （南朝·宋）王微：《叙画》，见彭莱编著：《古代画论》，上海书店出版社 2009 年版，第 48 页。

返于画家或观者所流连盘桓的水边林下。"①

图 5-6　董其昌《昼锦堂图》

　　其实，中国古代画家早就掌握了焦点透视。南朝宋画家宗炳在其《画山水序》里就有："今张绡素以远映，则崐阆之形，可围于方寸之内。竖划三寸，当千仞之高；横墨数尺，体百里之遥。"② 这里的"张绡素以远映"，就是镜面成像的透视方法。在唐代的敦煌壁画中，画家们描绘西方极乐世界的亭台楼阁时已经精妙圆熟地掌握了这种透视方法。但中国山水画是要表现无限深远的空间与万水千山的意境的，这就不是"张绡素以远映"的焦点透视法所能胜任的了。中国古代画家是深谙焦点透视"一叶障目不见泰山"的局限的，因而放弃了这种方法。

　　19 世纪中后期以来，当逼真再现客观对象已非西方艺术主要表现目的之时，就意味着西方对空间的传统认识的抛弃。20 世纪初的立体派就认为，画家们从一个固定的视角来观察事物的方法已经过时，任何事物都有不同的面，从不同的方向去看会呈现不同的形状，只有把不同的面的形状同时表现出来，才能对事物有完整的认识。立体派的创始人之一勃拉克（Georges Brapue）就说道："传统的透视法并不能使我满意。它那机械性永远也不会使人充分掌握事物的本质。它从固定视点开始就再也不能偏离开去。但是视

---

　　①　宗白华：《中西画法所表现的空间意识》，见《美学散步》，上海人民出版社 1981 年版，第 144 页。

　　②　（南朝宋）宗炳：《画山水序》，见彭莱编著：《古代画论》，上海书店出版社 2009 年版，第 47 页。

点这个东西实在是无关紧要的……这特别地被我已经发现的这个崭新空间的可能性激动着：这是变成为立体派指导思想的一种热情。因此，我专心致志地画静物，因为画静物时，你就有实在的，甚至是可控的空间。"①他们打破传统绘画的造型特点，在同一平面上表现事物的多个侧面。于是，这一派画家就依靠他们内心对世界的理解，将所见事物拆解，再拼凑成新的、不同侧面同时可见的立体。1920年，从立体主义发展而来的构成主义发表宣言，对传统观点表达了更强烈的反对："我们反对把体积作为造型艺术的空间形式。我们无法用体积来测量空间。正如我们无法用尺码来测量流水一样。空间只不过是一种具有连续性的深度。"②这个主张表达出西方美术的一个革命性思想，那就是造型艺术可以通过运动来体现时间和空间的结合："我们的艺术确认一种新的原则，即运动的节奏是我们把握对现实时间的感觉的基本方式。"③

其实，对绘画的时空观的这种新的认识，早在19世纪中叶的印象派就显出端倪了。马奈（Edouard Manet）在他的绘画构图中就最早采用了多视点尝试。现代艺术之父、后印象派大师塞尚的伟大之处"在于他并不认为定点透视、空间透视是艺术表达的唯一法则，他更尊

图5-7　塞尚《圣维克多山》（1904—1906）

①　[英] 马黎·格哈杜斯等：《立体派与未来派绘画》，徐云、江一鸥译，漓江出版社1986年版，第56页。

②　[英] 苏立文：《东西方美术的交流》，陈瑞林译，江苏美术出版社1998年版，第284页。

③　[英] 苏立文：《东西方美术的交流》，陈瑞林译，江苏美术出版社1998年版，第283—284页。

重自己的感觉"①。立体派正是继承了塞尚的风格，把多视点的表现发展到极致。事实上，大多数现代派艺术家同意，在现实世界里，没有一个对象是静止不变的，即使在眼睛全神贯注于某一对象的时候，这个对象仍然时刻在变化：眼珠的颤动，脑袋的晃动，光线的变化，都会造成物体视觉形象的改变，更不要说随着视点的移动而带来的形象变化。基于这样一种新的认识，现代派艺术家们开始打破以往准确地表现物体的三维空间和体积的传统，自觉不自觉地从东方艺术中吸取真理。

图 5-8　毕加索《阿维农少女》　　　　图 5-9　布拉克《埃斯塔克的房子》

法国画家毕加索（Pablo Picasso，1881—1973）早期的油画秉承了欧洲传统画风，但他后来学了中国画，在画风画法方面发生了明显改变，烙上了明显的中国化印记。他创作于 1907 年的《阿维农少女》被公认为第一幅立体主义绘画，这也是毕加索个人艺术历程发生重大转折的标志。画作运用散点透视的语言，着力在二维平面表现三维空间。作品中的同一形象被结合了不同角度的视像，如画面中央的两个形象，脸部是正面表现，其鼻却是侧面表现；左边人物头部是侧面表现，其眼却是正面表现；右面

---

① 刘七一：《立体主义绘画史》，华东师范大学出版社 2004 年版，第 5 页。

形象对人物多角度形面的分解拼接，更是这方面的鲜明体现。这种画法，是对西方传统焦点透视法则的彻底打破，在西方现代艺术史上具有革命性意义。

法国画家乔治·布拉克（Georges Braque，1882—1963）是立体主义的另一位创始者，其于1908年创作的风景画《埃斯塔克的房子》是立体主义的代表作品。画作中，树木与房子都以几何形构图，且物象的排列并非前后延展，而是上下推置，画面的空间深度也大为压缩，画中的物象无论是前景还是深景都同样清晰呈现，从而创造了一个三维空间幻觉与平面感兼具的视觉画境。这里我们可以明显看出散点透视在乔治·布拉克绘画中的重大应用。

印象派领导者莫奈（Claude Monet，1840—1926）早年绘画也是欧洲传统模式，他于1871年到荷兰旅游时发现了日本浮世绘并极感兴趣，遂买下数幅带回研究，从此开始走进东方艺术的世界。特别是1899年后，莫奈对浮世绘和中国画尤为钟情迷恋，画风开始改变并逐渐形成其独有的风格。他晚年创作的《睡莲》系列很多色彩笔触明显源于中国画的大写意手法，与传统欧洲绘画完全是两种截然不同的风格。而且，他画的睡莲是仿中国长卷式，高两米，长达数十米，巨幅画作没有视觉焦点，完全抛弃了西方传统绘画的三维透视原则，更接近于中国的散点透视。

图 5-10　莫奈《睡莲》

二、写意语言：夸张变形表现"象外之意"

中国传统绘画有着独特的艺术思维系统和形式语言体系，追求的往往不是客观物象的逼真再现，而是注重"写意"表现，不求工细和形似，但求情趣与诗意，以臻"大音稀声，大象无形"的艺术至境。在表现方式上，中国绘画"取象于物，而不滞于物"，追求"笔不到意到"的绘画方式，往往通过形象的概括、夸张、变形等艺术手法，表达一种内在主观意蕴。对客观物象加以变形处理，这是中国文人画的一贯传统，从南唐的董源，到元代黄公望等画家一直延续下来。以此种美学原则为指导，此后历代文人画家以主观表现为旨趣，注重通过抽离笔墨，在夸张和变形的艺术表现中融汇画家个人性情。明代画家董其昌认为，画家不能不以古人为师，但是又不能停留在摹仿古人之阶段，而应将古人之画艺注入新鲜血液和新的活力，以获得新的生命力。为此，不可避免地要使传统形式发生变化。董其昌的画作都着力凸显变形，甚至更

图 5-11 （清）八大山人《群雁鸣集图》

多地将早期文人画大师董源、巨然笔下的形象加以变化，从而形成了自己独特的艺术风格。他的山水画中的山石、树木都被变形，本应平坦的地平线被加以抬高，各种形象参差组合与互渗，带有一种主观随意性。在中国清代八大山人的作品中，所画之鸟都是方方的眼睛，而且白眼朝天，缩颈鼓腹，所画之石大多上大下小，有岌岌倾危之状，所画之树大多东倒西歪、干枯残断，还有支离破碎的剩水残山，于夸张与变形中使画面的表现异乎常规，凸显了一种生趣，表现了一种苦涩的荒诞与幽默。这些夸张与变形等造型因素的运用，在清代的金农、石涛、郑板桥等画家的作品中可谓屡见不鲜。

图 5-12　毕加索《格尔尼卡》

在西方现代绘画中，夸张和变形手法的运用比比皆是，可以说它是现代绘画区别于传统绘画的重要形式特征之一。"在这些特定的时刻所发生的事情不是别的，就是变形……在很大程度上，'变形'这个词已成为现代主义体验的一个外在符号"①。与传统再现客观物象的写实绘画相反，现代派艺术家们的创作方法就是夸张、变形，通过内心情绪化的视觉符号表现个人主观的思想体验，以及隐微的内心世界。毕加索就高度重视想象以及对既有形式

---

① 耿幼壮：《破碎的痕迹——重读西方艺术史》，中国人民大学出版社 2005 年版，第 239 页。

的超越破坏对于艺术形象的重要作用。他的名作《格尔尼卡》取材于1937年德国空军对西班牙北部重镇格尔尼卡平民的轰炸事件，以表达对战争罪犯的控诉和对死去难民的哀悼之情。然而作品没有正面描画轰炸后的废墟场景和无辜民众，而是用平涂的色块和简洁的线条勾勒出一幅极度变形的、支离破碎的画面：嘶叫的公牛、哀嚎的战马、绝望的女人、断裂的肢体、尖锐的顶灯等，整个画面只采用了黑、白、灰三色，画家用一种超时空的形象组合进行象征展示，悲剧性气氛一览无遗，使观者产生了心灵的强烈震撼。毕加索在一幅为情人画的肖像画中，把侧面的人物形象画上了两只眼睛，这种对自然形态的故意破坏，使画面充满了无限生机与挑战。

野兽派画家马蒂斯为他妻子所画的《绿色的条纹》，人物的面容被画成五彩，面部和衣领的线条不仅歪歪曲曲，而且极不连贯；表现主义画家克尔希奈（Ernst Kirschner）的《玛尔泽丽亚》中，脸画成了尖形，身体只用几个简单的线条组成，没有任何细节的描绘。超现实主义画家马格利特（Rene Magritte）的作品也常常对人们熟悉的物体加以变形，他的名作《红模特》描绘的是一双系带的靴子，靴子下部变形为一双脚，究竟是靴子变形成了脚，还是脚变形成了靴子，颇令人玩味，就仿佛中国古代故事中的庄周梦蝶，到底是庄周梦蝶还是蝶梦庄周，似乎永远没有答案。另外，立体画派和抽象画派将形象分解乃至重组的做法，在某种程度上颇接近于中国清初山水画家王原祁。王原祁创作风格颇为独特，他往往将山石风景加以分解，并重新组合成有机整体，具有一种半抽象的意义。这种手法在中国艺术史上虽不多见，但对客观物象加以变形却是元代以后中国文人画的一贯作风。

瑞士画家保罗·克利（Paul Klee，1879—1940）坦率地承认从中国文化中领悟到了某种新质。克利非常热爱中国艺术，他曾在1916年

图5-13 保罗·克利《隐居处》

至 1917 年间阅读了大量中国古典诗文，同时认真研究中国书画，并坦言自己受中国文化的浸润而"逐渐变得中国化"①了。在艺术创作理念上，克利强调"变形"的重要性。他认为艺术创作必然从扭曲自然对象开始。只有这样，自然对象才能再生，才能给予艺术象征以生命力。克利把艺术中的"变形"比喻为自然之新生。他用树作喻，认为树根是自然之物，而树干则是艺术家，艺术家经由树根从自然中汲取原料，然而原料并非艺术，唯有树冠才是艺术品，树冠长于树干，与树根有关，但与树根不似，故想从树根去想象和确定树冠是不可能的。总之，树冠是一种"变形"。一段时间，克利创作了一系列奇妙的风景画，作品中的山石、树木看起来似乎代表着某种原始情状，颇似中国绘画。

莫奈在 1899 年开始的 28 年里，创作的题材集中于"睡莲"。《睡莲》是极具东方色彩的风景画创作。首先就题材而言就别具东方情趣。睡莲题材的创作应溯源至中国艺术，11 世纪时睡莲图随中国的禅宗传入日本，日本画家常以此为题，后这种极具东方色彩的艺术形式又随日本文化传入西方。在艺术手法上，莫奈后期的《睡莲》完全抛弃了印象派的自然主义描摹，而是在艺术

图 5-14 莫奈《池塘睡莲》

变形中通过心灵意象尽情地进行主观表现，笔触挥洒灵动，豪放不羁，景象在画家的手里完全变异，色彩斑驳，光影律动，给人一种随心所欲之感，完全是一种中国化的大写意神韵。

总之，夸张和变形是现代派绘画的惯用手法，这些都很容易使我们联想

---

① 鲍诗度：《西方现代派美术》，中国青年出版社 1993 年版，第 217 页。

到中国文人画的一贯传统。正如有学者指出："现代派美术家开始背离写实的道路，努力采用变形、象征、寓意甚至抽象的手法，是有其美学思考的。这种思考的核心是探索美术表现手段的多样化。在实践上，最明显不过的是学习东方绘画的写意语言，试图表现'象外之意'，'弦外之音'，表现一种不局限于具体物象的意境，表现一种趣味。"①

三、线性抽象：书法绘画流溢笔情墨韵

中国书法是一种独特的东方造型艺术，它以汉字为直接源头和素材，汉字的造型特点和软笔书写时点线运动的虚灵、律动与节奏，使其产生了无限艺术张力，它"无彩而具图画的灿烂，无声而具音乐的和谐"②，具有巨大的美学价值。当代美学家宗白华先生在《论中西画法的渊源与基础》一文中写道，"中国特有的艺术'书法'实为中国绘画的骨干，各种点线皴法溶解万象超入灵虚妙境，而融诗心、诗境于画景，亦成为中国画第二特色"③。其中有张力、有情感的线条是中国书法艺术的灵魂。

在西方绘画的现代嬗变过程中，中国书法艺术对其产生了重要影响，这是在抽象派绘画的发展过程中展开的。英国艺术史家赫伯特·里德曾指出抽象派绘画与中国书法的内在关联，"近年来，兴起了一个新的绘画运动，这个运动至少在某种程度上是由中国书法直接引起的——它有时被称为'有机的抽象'，有时甚至被称作'书法绘画'"④。他在《现代绘画简史》里也指明，"抽象表现主义作为一个艺术运动，不过是这种书法的表现主义的扩展和苦心经营而已，它与东方的书法艺术有着密切的关联"⑤。英国美术评论家贡布里希在《中国美术的特色》一文中也有类似的表述，"特别是在中国，纯粹

---

① 邵大箴：《西方现代美术思潮》，四川美术出版社 1990 年版，第 37 页。
② 《沈尹默论书丛稿》，生活·读书·新知三联书店 1981 年版，第 29 页。
③ 宗白华：《论中西画法的渊源与基础》，见《美学散步》，上海人民出版社 1981 年版，第 123 页。
④ 蒋彝：《中国书法》，上海书画出版社 1986 年版，第 11 页。
⑤ [英] 赫伯特·里德：《现代绘画简史》，上海人民美术出版社 1979 年版，第 143 页。

笔法技巧最为人所津津乐道，最为人所欣赏。我们记得中国画家的雄心是掌握一种运笔用墨的熟练技巧，使得他们能够乘着灵感的兴之所至画下他们头脑中的景象，很像诗人记下他的诗篇一样，对于中国人说来，写和画确实大有共同之处。我们说'书法'是中国的美术，但是实际上中国人极为赞美的不是字的形式美，而是必须给予每一个笔画以技巧和神韵"①。

美国画家马克·托比（Mark Tobey，1890—1976）是一位东方文化的崇拜者。他一直注意研究东方的书法，寓居西雅图时，经常到华人居住地去学习毛笔字。1934年，他又远渡重洋来中国研习书法，当时的书法家唐贵（音译）给予了其专门指导。托比后来又去日本学习"书道"和"画道"，并练习坐禅，这次东行使他对东方的书法之道以及禅宗、佛教产生了浓厚兴趣，并皈依了这个东方的宗教。回到西方后不久，他便开始了类似中国书法风格的绘画实验，但他不是停留于表面形式的摹仿，而是在书法中找到了一种内在的精神——禅宗，他把自己发明的方法称为"白色书写"②。他的"白色书写"绘画虽然表达的是一种西方式的体验，但其技巧却或多或少蕴含着东方的风格。他自己就说："有些评论家批评我过于东方化，说我在抄袭东方艺术，这种批评并不正确。尽管我曾在日本和中国学习东方艺术，吃力地

图5-15　托比早期作品

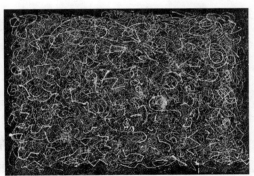

图5-16　托比白色书写系列

① ［英］贡布里希：《中国美术的特色》后记，见［苏］扎瓦茨卡娅：《外国学者论中国画》，高名潞等译，湖南美术出版社1986年版，第26—27页。

② 托比将东方书法和水墨绘画大多数在白纸上进行黑色形制绘画书写的方式转换为"暗底亮色"，即其所谓的"白色书写"。

图 5-17　弗朗兹·克莱因作品

使笔和墨试图理解他们的书法，即使是那时我也知道自己是一个西方人，永远不能成为东方的书法艺术家。但正是在中国和日本，我从书法中获得力量，这种力量使我创作出新的作品。"①1934 年，托比的作品《百描》组画，即是大量获得中国书法与东方哲学的灵感所作。他的作品在表象上虽与中国书法有明显差异，但其内在是对东方书法艺术精神的把握。

另一位美国画家莫里斯·格雷夫斯（Morris Graves，1910—2001），20 年代末至 30 年代初曾三次到远东旅行，他的作品深受东方艺术的影响，有时也追随托比"白色书写"的手法，用书法风格进行绘画创作。画家弗朗兹·克莱因（Franz Kline，1910—1962）也借助中国书法而形成他独有的风格。他创作了大量黑白速写，他的作品经常出现中国的汉字或者类似汉字笔画的东西，并且全靠黑色的笔道和白色的底子作对比，通过墨道的组合产生出抽象美感，在构图与意境上与中国书法艺术有着异曲同工之妙。美国"行动绘画"和抽象表现主义的创始人之一杰克逊·波洛克（Jackson Pollock，1912—1956），其作画方法与中国书法的狂草十分相似，其特点是用颜料在画布上恣意狂涂、随性泼洒，在无意识的"自我爆发"中创造出纵横交错的抽象线性效果，在线条与绘画的关系上极尽夸张。

中国书法艺术不仅影响了美国这些抽象派画家的"书法绘画"，也浸

---

① ［英］苏立文：《东西方美术的交流》，陈瑞林译，江苏美术出版社 1998 年版，第 301—302 页。

润了欧洲一些画家的血液。保罗·克利 1916 年至 1917 年潜心研究中国文化期间，对中国美术和中国书法艺术产生了浓厚兴趣，从中感悟了文字可以造型的思想，并汲取汉字的造型元素试验创作了一些独特的文字画。其后期的画作常采用粗黑线进行勾勒，我们从中可以依稀看到中国书法的神韵。如克利自己所言："笔迹最关键的是表现而不是工整，请考虑一下中国人的做法，我们在反复练习的过程中，才能使笔迹变得更为细腻、更直观、更神韵。"[1] 他的名作《拥抱》以纯黑线条处理画面，其表现形式很似中国书法，可谓是一幅内蕴丰富的书法绘画作品，这是他对中国书法艺术研究的集中体现。

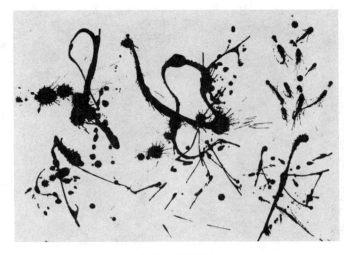

图 5-18　波洛克作品

图 5-19　克利《拥抱》

对中国艺术怀有浓厚兴趣的现代主义大师毕加索曾临摹五大册中国画，并用毛笔学齐白石的画。他曾对到访的张大千说："我最不懂的是你们中国人何以跑到巴黎来学艺术……这个世界上谈到艺术，第一是你们中国人的艺

---

[1]　参见鲍诗度：《西方现代派美术》，中国青年出版社 1993 年版，第 230 页。

图 5-20　毕加索的水墨画之一

图 5-21　亨利·米修的书法绘画

术；其次是日本的艺术，当然，日本的艺术又源自你们中国……白种人根本无艺术。"①其学习中国画线条的经历对其后期画风的形成具有决定性影响。从其 1907 年创作《阿维农少女》开始，用线造型成为其主要的用笔技巧。陈传席先生研究认为，"他（毕加索）后期形成个人特殊风格的作品几乎都是用直的、圆的或各种几何形的线条为主画出来的……若没有中国画的启发，便没有毕加索后期的成功"②。

中国绘画的线性造型也对法国画家亨利·米修产生了重大影响。米修集诗人与画家于一身，他曾游历中国，并迷恋中国文化，其作品深受中国传统文化的启示和影响，体现出深厚的"东方主义"情结。米修酷爱中国画，常读中国画论，对中国艺术之道和哲学精神都有深刻独到的见解。在米修看来，中国绘画是"卓越的线条艺术"，他发表了不少有关中国书画的文章如《运动》《线的历险》《线》《墨之戏》等，对中国画

①　包立民：《张大千艺术圈》，辽宁美术出版社 1990 年版，第 187 页。

②　陈传席：《中国艺术如何影响世界——从莫奈到毕加索》，中华书局 2017 年版，第 13 页。

以笔墨为工具、以图像写意的线性特征作了深刻揭示。从 1925 年就开始借鉴中国书法和水墨画作画，几十年挥毫不辍，练就了法国画坛独树一帜的"动作画派"，成为"欧洲的一位秘传的书法绘画大师"①。他于 1933 年游历中国，50 年代后与中国画家赵无极过从甚密，常相切磋，对中国画的线性特质有了更深刻的理解。他的作品往往借助线条神秘的魅力，借助中国艺术（汉字、书法、国画）综合融通的功效，以无形蕴有形表现生命的原始运动。米修称其画为"意象文字"（指汉字，米修论述汉字时就用了"中国意象文字"一词），实际上暗含了该画会

图 5-22　毕加索用中国毛笔作画

意取法于中国文字和书法。此后，在西方抽象主义画家中，"书法绘画"的创作方法蔚然成风。除了上述论及的画家之外，与这一派有关的画家格斯顿、戈特里布、布鲁克斯等都提到他们与东方书法艺术的朦胧关系。

四、"道"与禅学：哲思体悟闪烁东方智慧

早在 17—18 世纪，欧洲人就对传到那里的中国哲学思想产生了兴趣。历史的车轮进入 20 世纪以后，经济和社会生活中发生的一系列重大事件，令西方人深感困惑和迷茫，不少有识之士开始怀疑和检讨西方的"理性万能"观，他们纷纷将目光转向东方，以期在古老的东方文化中觅寻新的思想资源。老庄之"道"和禅宗思维，似乎不但能解决西方思想所面临的危机，而

---

① ［英］赫伯特·里德：《现代绘画简史》，上海人民美术出版社 1979 年版，第 144 页。

且也能解决西方文学艺术所面临的问题。这些学说中有思辨的深度，有对生命和宇宙奥秘的探索，这令包括艺术家在内的近代西方文人赞叹不已。

　　例如这些学说共同肯定的有着丰富生命内涵的"宁静""虚无"之境界，是一个永远值得人们思索的根本问题。绘画中如何创造"无"的境界，使静中有动，无中生有，对于西方画家来说，饶有趣味。1923 年包豪斯第一届学生作品展览会开幕式上，其主要活动家伊滕（Itten）就曾引用《道德经》上的一段，"三十辐共一毂，当其无，有车之用。埏埴以为器，当其无，有器之用。凿户牖以为室，当其无，有室之用。故有之以为利，无之以为用。"在老子看来，"有"与"无"相依相生，相互作用，伊滕引用这段话实际所欣赏的就是老子对物质空间意义的哲学认识。老子哲学中的"虚实相生""正反相成"等思想，曾经为中国艺术家开拓了特有的时空观念和艺术审美追求，20 世纪初经过西方艺术家们的内化，又将之用来作为抽象艺术的理论指导。借助于它，西方的艺术家们认识到，"虚"与"无"不仅是"实"与"有"的补充，相反，它们比"实"与"有"有着更为深刻、丰富的内涵。克利、康定斯基等一些艺术大师强调艺术摆脱传统的写实而另辟蹊径，强调艺术的抽象化，除了受西方现代哲学思潮的影响之外，实际上也从东方哲学思想中汲取了有益元素，特别是"有"和"无"、"虚"和"实"的辩证法。而马蒂斯要求创造一种"充满着平衡、纯洁、静穆的艺术"[①]，"一种艺术，对每个精神劳动者，像对艺术家一样，是一平息的手段，一精神的慰藉手段，熨平他的心灵"[②]，则可以看作是一种非常安乐的、十分中国化的艺术理想。

　　中国的禅学也为西方现代艺术家们所借鉴，这主要是由于东方禅学以提高生命境界为要义，其非物质功利的观念契合了西方艺术家和知识分子的那种渴望逃避现实的精神世界。当他们对带有神秘性的东方禅学产生浓厚兴趣之后，就把这类东方的精神修炼术运用到艺术创作中去。其突出表现就是强调"无意识"，强调创作中的自发心理和动作。抽象艺术的先驱康定斯基曾将

---

　　① ［德］瓦尔特·赫斯编著：《欧洲现代画派画论选》，宗白华译，人民美术出版社 1980 年版，第 56 页。

　　② ［德］瓦尔特·赫斯编著：《欧洲现代画派画论选》，宗白华译，人民美术出版社 1980 年版，第 57 页。

创造性艺术分为三类，其中第二类"即兴创作"指的就是"自然对象中内在的、非物质的（即精神的）本性的完全自发的、无意识的表现"。超现实主义的精神领袖安德烈·布勒东将这一类型称为"自动写作"，他认为创作的过程要不受理性克制，只让心灵自动流动，使作品内容不夹杂思想，而纯然是"心灵流动之物"。克利对此作了这样的描述："创作的欲望猛然涌起，像一团火从手传递到画布上。火焰在画布上扩散开来，像接通电路的火花一样，又回到了眼睛和心灵的根源中去。"[1]

图 5-23　波洛克的作画过程

美国抽象表现主义画派是"无意识"创作的极度发展，艺术家将创作过程本身即视作结果，认为行动就是艺术，因而也被称为"行动画派"。其中最著名的是波洛克。他作画时的经常做法是将画布放在地板上，自己拎着颜料桶往上涂抹，"我的画不是从画架上画出来的……在地板上我觉得更舒服些，这样我觉得更接近我的画，我更能成为画的一部分，因为我能绕着它走，先在四边入手，然后真正走到画中间去……我不怕反复改动或者破坏形象，因为绘画有它自己的生命，我力求让这种生命出现。只要我与画布脱离接触，其结果就会一团糟。反之，就有纯粹的和谐、融洽自然，画也就完美地出来了"[2]。波洛克的这种作画心态非常接近中国画家在创作中的心理过程。贡布里希指出："他（波洛克）可能记得中国画家的故事，他们已经使

①　[英] 苏立文：《东西方美术的交流》，陈瑞林译，江苏美术出版社 1998 年版，第 283 页。

②　转引自陈望衡：《维纳斯巡礼：西方美术史话》，武汉大学出版社 2006 年版，第 384—385 页。

用过这种不寻常的方法……波洛克的追随者并不都使用他的极端手法，但是他们都认为需要屈服于自发的冲动。像中国书法一样，这些画必须迅速完成。它们不应该事先计划，却应该跟一阵突然的自发的爆发一样。毫无疑问，艺术家和批评家在提倡这种方法时，事实上不仅受到中国美术的影响，而且总体上受到远东神秘主义的影响，特别是已经在西方以佛教的禅为名流行起来的那种神秘主义"①。贡布里希还以中国书画中的纯粹挥洒运笔作比较，认为中国艺术家很少理性干预，由于技法的娴熟，他们的创作简直就是"自动写作"。

图 5-24　怀素作画图

　　的确，西方艺术家所说的这种无意识的创作状态，在中国古代早就已经被广泛地运用于书法和绘画创作的理论和实践中了。西晋陆机在《文赋》中这样描述灵感的突然降临和迅速消失的神秘莫测："若夫应感之会，通塞之纪，来不可遏，去不可止。藏若景灭，行犹响起。方天机之骏利，夫何纷而

---

① ［英］贡布里希：《中国美术的特色》后记，见［苏］扎瓦茨卡娅：《外国学者论中国画》，高名潞等译，湖南美术出版社 1986 年版，第 26—27 页。

不理？"而创作中的那种情思涌动，常常不是意识所能控制的："虽兹物之在我，非余力之所戮。故时抚空怀而自惋，吾未识夫开塞之所由也。"① 宋代画家文同在谈到自己的墨竹时说道，原先见到竹以竹为乐，现在以竹为乐而忘我。忽然忘记了手中之笔和眼前之纸，怡然自得，茂林修竹立现眼前。石涛在其《苦瓜和尚画语录》一书中提出"一画"说，所谓懂得"一画"之理，就是悟得宇宙天地之道与自我之性本来合一的真谛。《画语录》还缀文阐述执笔写字作画时手腕自由运动的重要性，并得出结论，倘若有某种精神使画家的手腕充满活力，画出的山水便能溢出灵气。清代书法家周星莲在《临池管见》中讲的一番话几乎就是一种"自动写作"："所谓落笔先提得笔起者，总不外凌空起步、意在笔先。一到着纸，便如兔起鹘落，令人不可思议。笔机到则笔势劲、笔锋出，随倒随起，自无僵卧之病矣。古人谓心正则气定，气定则腕活，腕活则笔端，笔端则墨注，墨注则神凝，神凝则象滋，无意而皆意，不法而皆法。"② 这番话指涉的正是艺术创作中近乎迷狂的忘我境界，这与上文所描述的波洛克创作的精神状态颇有相通之处。运用像西方行动派画家那样狂野的方法来作画，中国也很早就有。如唐代画家王洽，醉酒后便将墨汁泼洒于画绢，并放歌高吟，在画绢上用毛笔，或直接用手涂抹，甚至将自身头发蘸满墨汁，在画绢上挥洒。又如怀素和尚，嗜酒成癖，广植芭蕉，以蕉叶练字。每至酒酣，兴到运笔，如骤雨旋风，飞动圆转，创"狂草"之体。类似这样的例子还可以举出很多，我们可以将之称为禅宗表现主义绘画，这与西方的行动派绘画的画法是十分接近的。当然，这里我们要说明的是，20 世纪西方文艺界对"无意识"心理状态的广泛重视，并非全然是受东方禅学的影响，这与尼采、柏格森和弗洛伊德等人的学说有关，同时也受到了印度瑜伽的启示。

综上所述，西方现代派绘画吸收中国美学元素是一个实实在在的存在，并从表现形式和哲学思想两个方面闪亮地呈现在他们的艺术创作中。当然，这两方面往往相互交织在一起，难解难分。在这些影响当中，有的是直接

---

① （西晋）陆机：《文赋》，见《陆机集》，中华书局 1982 年版，第 4 页。

② （清）周星莲：《临池管见》，见华东师范大学古籍整理研究室编：《历代书法论文选》，上海书画出版社 1979 年版，第 743 页。

的，有的则是通过不同途径间接地接受了中国的思想。但不管他们在多大程度上直接或间接地接受了中国艺术精神的影响，事实证明这样的影响是客观存在并发生了作用的。而且，更为重要的是，西方现代派绘画对于异域营养的汲取，并不是照单移植，而是通过自己的理解与消化，以一种看似相似实质"变形"了的方式将外来因素融入自身的血液，从而使其成为具有本土特色的文化因子。西方现代绘画对东方艺术精神的接受，体现了世界艺术从对话到融合的整体发展方向，在世界文化的这个大系统中，东西方之间的交流和影响必将继续和深入下去，并成为本世纪一个嘹亮的主旋律。

结　语

"东方主义"与中国美学精神的影响意义

一

在西方基于自身文明危机而寻求精神启蒙之背景下，中国文化艺术作为一种与西方相异的外来因子，凸显出了无以比拟的启发力量与镜鉴意义。尽管这种文化影响的事实是一种客观存在，然而，我们也应该看到，当时西方知识界之所以重新表现出对中国文化的肯定，其一方面是中国文化精神的某种现实，而更重要的则是基于西方自身的矛盾问题与客观需要，这其中必然掺杂着西方人的一种文化构想。因此，20世纪前期中国美学精神对西方的影响的命题，实际上即是这一时期西方知识界眼中的中国形象的命题。在此，我们不妨稍稍换一种思考方式，以西方人眼中的中国形象作为参照系，也许可以对这种文化影响有一种更为立体、更为准确的认识。

这里，我们无法回避"东方学"（Orientalism，或称"东方主义"）这一概念。自萨义德的《东方学》一书出版以来，在东西方学界，"东方学"一直是备受关注的理论领域。在《东方学》一书中，萨义德从后殖民主义立场出发，对西方中心主义的文化霸权以及西方对"东方"的曲解误读进行了解构批判。虽然今天，我们更多赋予了其作为学术研究的学科意义或是思维方式意义，但我们必须清醒地认识到，"东方"或"东方学"并不是它本来的形态，而是一个在西方人眼中的表现或形象。正如萨义德所言："东方学不只是一个在文化、学术或研究机构中所被动反映出来的政治性对象或领域；不是有关东方的文本的庞杂集合；不是对某些试图颠覆'东方'世界的邪恶的'西方'帝国主义阴谋的表述或表达……我的意思是说，东方学本身就是——而不只是表达了——现代政治/学术文化一个至关重要的组成部分，因此，与此说它与东方有关，还不如说与'我们'的世界有关。"① 换言之，东方主义本质上是西方试图制约东方而制造出的意识形态教义，其观察视角并非东方本身，而是其对立面西方，这里的"东方"只不过是西方人基于自身视点的"他者"建构。萨义德的《东方学》关注西方如何以殖民主义意识形态视角构筑了一个低劣的东方"他者"镜像，揭示了东方主义中隐藏的文化帝国主义阴谋，具有强烈的批判意义。

然而，西方对东方的知识与想象，并不仅仅是一个单一的知识体系或权力施受关系，而是一个多面复杂的综合体。事实上，在西方的文化传统中，除了后殖民主义批判的以"西方中心论"自居的傲慢偏狭的东方主义之外，还有另一种截然相反的东方主义存在——不是批判与诟齿，而是对东方的仰慕与憧憬。萨义德在《东方学》中还曾指出："东方几乎是被欧洲人凭空创造出来的地方，自古以来就代表着罗曼司、异国情调、美丽的风景、难忘的回忆、非凡的经历。"② 古希腊的东方传说就是此种东方主义的遥远记忆。就远东的中国形象而言，自 13 世纪马可·波罗用《游记》在西方人心中营筑了一个缥缈的东方梦以来，此后的数个世纪，遥远的中国异乡一直被西方所浪漫化和理想化。中国，作为一个与西方文化相对应的文化实体，作为一个遥远而神奇的"异域""他者"，成了一个神秘之象征。

西方汉学界作过回顾，如果不算那充满传奇色彩的马可·波罗的《游记》，西方首部关于中国的著作是葡萄牙传教士克鲁兹撰写的《中华博物志》，这部著作出版于 1570 年，虽是竭力写实，但也不乏美丽的颂扬。克鲁兹在遥远的东方这个梦一般的国度里生活了数年，并记下了很多见闻。书中所述虽然没有马可·波罗所经历的那么具有传奇色彩，但在好奇的西方人眼中，却也是新鲜奇异的，因为这毕竟呈现了一个与西方完全相异的世界。西方关于中国的第一部学术著作是西班牙传教士门多萨 1585 年应罗马教皇的要求

---

① [美] 萨义德：《东方学》，王宇根译，生活·读书·新知三联书店 2007 年版，第 16—17 页。

② [美] 萨义德：《东方学》，王宇根译，生活·读书·新知三联书店 2007 年版，第 1 页。

撰写的《大中华帝国志》，这部把中国描写为极其强大、发达、一体化帝国的编年史，七年内以七种欧洲主要语言出版了 46 版，可见当时欧洲对中国的极大兴趣。"门多萨神父的《大中华帝国志》第一次使中国在西方文本与文化中获得了历史化的、清晰完整的形象。它塑造了一个完美的、优越的中华帝国形象，为此后两个世纪间欧洲的'中国崇拜'提供了一个知识与价值的起点"①。16、17 世纪在华传教士向欧洲介绍的"中国图像"大多带有浓厚的理想主义色彩，从而更加激起了欧洲人的中国向往。启蒙时代西方普遍涌现的中国热潮，更是那个时代西方人追逐古老东方情趣的一种表现。启蒙运动中几乎所有杰出的大师都写过中国赞美诗，把中国和中国文化引为欧洲的榜样。如歌德在一次著名的谈话中曾经指出："在他们（即中国）那里一切都比我们这里更明朗、更纯洁，也更合乎道德……他们还有一个特点，人和大自然是生活在一起的。你经常听到金鱼在池子里跳跃，鸟儿在枝头歌唱不停，白天总是阳光灿烂，夜晚也总是月白风清……正是这种在一切方面保持严格的节制，使得中国维持到几千年之久，而且还会长存下去。"②歌德盛赞中国的道德哲学，充分肯定中国文学艺术的价值，他在晚年曾作《中德四季晨昏杂咏》一诗，其中有这样一句脍炙人口的诗句："视线所窥，永是东方。"他的这句诗代表了那个时代欧洲知识分子共同的思想感情。大思想家莱布尼茨研究《易经》及中国秩序、伦理制度，他告诫欧洲人说："我们从前谁也不相信在这世界上还有比我们伦理更完善，立身处世之道更进步的民族存在，现在从东方的中国，竟使我们觉醒了。"③他"对于儒教的赞美，有时竟超过了赞美的领域，而进到狂热之境"④。大文豪伏尔泰盛赞以儒家伦理为精神蓝本的中国人的高尚道德，并把中国元曲《赵氏孤儿》改编为《中国孤儿》，在巴黎组织公演，希望法国人能从中领会中国人的道德生活。孟德斯鸠和卢

---

① 周宁：《世界是一座桥——中西文化的交流与建构》，广西师范大学出版社 2007 年版，第 9 页。

② ［德］爱克曼：《歌德谈话录》，朱光潜译，人民文学出版社 1978 年版，第 112 页。

③ 转引自沈福伟：《中西文化交流史》，上海人民出版社 1985 年版，第 449 页。

④ ［日］五来欣造：《儒教对于德国政治思想的影响》，转引自杨焕英：《孔子思想在国外的传播与影响》，教育科学出版社 1984 年版，第 173 页。

梭在著作里也把中国视作圣地和理想国等。当然，启蒙时期西方思想文化界对中国的美化，都是他们依据耶稣会士所传播的中国知识，出于自身政治文化的实用目的而构想出来的神话，距离真实的中国很远，但它又真实地表明了，中国确实成为当时欧洲人思考的中心和兴趣指向。

二

历史的进程总是具有戏剧性。中国形象在西方达到高潮，中国的衰落却即将开始。近代以来，在西方现代化快速发展的过程中，渐次落后的中国从世界的中心逐渐被挤到世界的边缘，西方人眼中的中国形象也受到了动摇。虽然启蒙运动中所呈现的中国幻象在这一时期已逐渐褪色，然而，中国文化精神对这一时期西方的作家仍然保持着巨大的魅力。"虽然，他们当中不少人只能凭借一扇中国屏风去遥想中国风情，或一件明代瓷器去体悟中国文化意蕴，或一部《道德经》去领略中国哲学神韵，但他们都习惯于把中国想象为与西方不同的'文化构想物'，幻化为一种'他性'，以此来激发艺术灵感，滋补心灵失望，营造一个精神的和艺术的乌托邦"①。

20世纪初的西方普遍感到沮丧和绝望。"这种时刻，人们最需要通过'他性'，创造一个'非我'来发泄不满和寄托希望。富于创见的作家和思想家总是要探寻存在于自己已知领域之外的异域。长期以来，中国正是作为这样一个'他者'而出现的"②。"他们总是在自身的文化处于彷徨期，出于各自不同的需要，面对着中国，而把它设想为装满智慧，能解开人世间一切奥秘的神壶，试图叩开这智慧殿堂的大门，寻找自己心目中的回声，而中国文化的悠久性、无常形和神秘性又恰恰构成了他们反复探索的无尽的源泉和魅力"③。在所谓的西方"衰落"的思潮背景下，一度被西方淡忘的中国，重新

---

①　钱林森：《光自东方来——法国作家与中国文化》，宁夏人民出版社2004年版，第13页。

②　乐黛云：《世界文化总体对话中的中国形象》，见［美］史景迁：《文化类同与文化利用》，廖世奇等译，北京大学出版社1990年版，第8页。

③　钱林森：《法国作家与中国》，福建教育出版社1995年版，第16—17页。

唤起了人们的歆慕之情，失望于西方文明的一代求索者纷纷掉头东顾，他们冀望从古老的东方文化精神中汲取养料，开启对西方工业文明的理性反思，觅寻精神的救赎。虽然得益于中西日趋频繁的交流和接触，他们可以通过更多的出版物，或通过自己周围更多的中国人、中国弟子来获取更多的中国信息，但不少致力于追寻中国文化精神的知识先锋，已经不满足于以间接渠道获取间接信息的方式去触摸中国灵魂，而是纷纷踏上了去往中国的旅途，开辟了探索中国的新途径。这较之他们的前辈们单靠阅读就去揣度、触摸中国魂来得更为真切。如果说启蒙时期以前西方人了解中国主要是借助于耶稣会士的著作，而更多地染有浪漫的东方主义想象的成分，那么这一时期西方对于中国文化的汲取，则更多是基于一种真实认知与理解后的理性自觉。

然而，不管以何种方式接近中国，从何种角度来审视中国，他们都无一例外地把中国视为与自身相异的"他者"，都倾向于把中国想象为与西方不同的"文化构想物"，都热衷于把自己的梦想投射到中国。透过这个"他者"的视界，他们可以返观自己的文化，因此中国实际上充当了西方知识分子构建自身文化的一个不可缺少的精神参照，或是反观自身、回归自己的一面镜子。那个时代，他们之所以一往情深地表现出对中国的极大兴趣，正是出于"他者"相异性的诱惑和吸引，然而，他们并非是自身文化的逃逸者，而恰恰呈示了一种认识自我、建构自身的深层追求。从这个意义上来说，追寻作为"他者"的中国文化和美学精神，对西方知识分子来说，也许正是另一种方式的寻找自我，抑或是寻找另一种自我的方式："他者之梦，也许只是另一种形式的自我之梦，他者向我们揭示的也许正是我们自身的未知身份，是我们自身的相异性。他者吸引我们走出自我，也有可能帮助我们回归到自我，发现另一个自我。"① 对此，当代德国比较文学研究者顾彬也曾作过深刻的论述，他指出，19世纪末20世纪初，"东方对欧洲的'自我'来说是非常重要的。我们知道，如果没有'异'的存在，人们将无法认识自我，西方只有在认识东方的时候才知道他们的自我"，"西方人把视线移向东方的目的

---

① 钱林森，[法]克里斯蒂昂·莫尔威斯凯：《20世纪法国作家与中国》，南京大学出版社2001年版，第43页。

是想通过东方这个'异'来克服他们自身的异化"①。

虽然由于"他者"的观照视域以及文化差异等原因，其对中国文化的理解不可避免地带有一定的浪漫"构想"或是误读的成分，然而这丝毫不影响中国文化自身的价值。事实上，一种文化之所以能对其他文化产生影响，首先在于该文化自身的独特价值。唯其如此，它才能在文化交流碰撞中被其他民族所认同。如果中国文化艺术不具独特的精神魅力，也不可能如此吸引西方的有识之士。

三

20 世纪前期西方对中国文化的接受特征的形成，说到底是由西方文化重塑的目的性追求决定的，这种特定的目的性追求决定了中国文化对于西方的特有功能和意义。在当时的世界格局中，中国文化是以弱势文化的面貌呈现于西方面前的，这主要表现在落后的政治、经济、法律制度方面。鉴于西方的文化重塑是一种文化精神运动，他们所关注的是精神方面的需求，因此，当时西方对中国文化的过滤和利用，本质上体现了他们对中国文化艺术审美价值的追求。从这一层面上来说，这一时期中国文化对西方的影响，则主要地体现了中国美学精神对西方的影响，这种影响意义主要表现在以下三个方面。

第一，为西方呈示了一种借以克服其文明危机的文化精神。在历史发展的长河中，中西民族不同的生存环境决定了双方各相异趣的生产形式和与之相应的经济结构——中国步入近代以前一直是牢固的农业经济，而西方自古以来在经济结构上一直就具有鲜明的商业性质。这种不同的经济特点造就了中西方不同的文化形态和民族精神。农业经济是内向型经济，在这种经济模式下，人类赖以生存的基础是自然环境，从而养成中国人对自然的绝对信仰，因此，在人与自然的关系上，中国文化将人视作自然的一部分，注重人

---

① [德]顾彬：《关于"异"的研究》，曹卫东编译，北京大学出版社 1997 年版，第 47 页。

与自然的相依相生，相互共存。"天地人，万物之本也，天生之，地养之，人成之；天生之以孝悌，地养之以衣食，人成之以礼乐，三者相为手足，合以成体，不可一无也"①。中国儒家哲学追求"以天合人"，其内核在于探究人的生命与生存之本真之道；道家提出"以人合天"，认为"人法地，地法天，天法道，道法自然"，则更多表现出人与自然的回归融合。这种"天人合一"的自然观使中国文化更加重视人的精神修养与生命方式，对于实现人与自然、人与社会的和谐具有积极意义。而以商业与航海为支柱的商业文明则是外向型经济，具有鲜明的开拓性与冒险性，其容易使人感到大自然的恐怖与神秘。由此，西方文化所呈现的人与自然的关系则主要是一种割裂与对抗关系，人要求得自身的生存与发展，必须与自然进行顽强的抗争与征服，人由此成为自然的主人和支配者。反映在生命方式上，商业竞争使西方更看重物质财富的占有而忽视内在精神。20世纪初，随着西方物质财富空前发展而导致的社会危机的爆发，长期以来人与自然的割裂、物质与精神的分离最终付出了沉痛代价。出于精神救赎之初衷，西方知识界有识之士纷纷"东行天边外"，在作为中国文化精神载体的中国哲学和文化艺术中觅寻到了心灵慰藉之甘泉。如同有些研究者所说，"中国在18世纪伏尔泰时代，已是启蒙思想家们推崇备至的政治乌托邦，在19世纪，中国是唯美主义诗人们心驰神往的艺术乌托邦，那么我们可以说，到了20世纪，中国成了东游的一代梦寐追寻的精神家园"②。

第二，推助了西方文艺美学观念由"写实"向"写意"的现代转型。由于中西文化和思维方式迥异，导致在各自土壤中孕育发展起来的中西方艺术在美学观念上存在显著区别。即西方艺术注重美与真的统一，以写实见长；而中国艺术则注重美与善的统一，以写意取胜。中国艺术的写意性观念，在创作思想上注重"缘物寄情、物我交融""外师造化，中得心源"；在表现形式上强调"以形传神""形神兼备"；在审美体验上妙在"亦真亦幻""似与不似之间"。写意，犹如老子之"道"，构筑了中国艺术之基石，创造了"天

---

① 苏舆：《春秋繁露义证》，中华书局1992年版，第168页。
② 钱林森，[法]克里斯蒂昂·莫尔威斯凯：《20世纪法国作家与中国》，南京大学出版社2001年版，第3页。

人合一"的至高境界，是贯穿于整个中国艺术领域的美学思想，酿就了中国文化的灵魂和精髓。19 世纪后半叶以来，由于政治、经济等原因，西方艺术家们早已充满了革新传统的愿望，并从内部孕育着对自身的超越。历史的车轮进入 20 世纪，他们掉头东顾，惊讶地从古老的东方艺术中发现了反对写实主义艺术的法宝。在戏剧领域，梅兰芳的访美、访苏演出，让西方观众进一步领略到了中国戏曲的虚拟化、程式化表现手法所带来的韵外之致，并促进了他们对这种东方艺术表现手法的美学接受。布莱希特更是慧眼识珠，敏锐地借以为己所用，使其"间离效果"思想火花不断迸发，创造了具有划时代意义的叙述剧理论体系，开辟了西方崭新的戏剧时代。在布莱希特潜移默化的影响下，20 世纪的西方戏剧日益从写实朝着写意的方向发展。在绘画领域，以敦煌壁画为代表的东方艺术以各种形式闯入了西方世界，这些艺术品所呈示的艺术观念陌生新奇，与西方传统美学观念迥异其趣，成为西方美术现代转型的有力推助器。随着东西方文化交流的进一步扩大，二三十年代中国不少著名艺术大师开始在西方开办画展，把东方绘画艺术的写意观念进一步传达给了西方世界。19 世纪中叶以降，西方绘画不断从写实转向写意，在美学观念上实现了由传统向现代的转型，其中固然有其内在的社会、经济和文化的原因，如西方现代哲学思想的影响，摄影的冲击和挑战等，但以中国美术为代表的东方艺术精神无疑在其中起到了重要的启示与推助作用。

第三，中国古诗与诗学传统对英美意象派新诗的形成性影响。中国古诗的独特韵致与美学趣味为意象派诗人所接受，对意象派的形成和发展起了至关重要的影响，进而开创了美国诗歌的新纪元。意象派作为一个文学流派虽然存在的时间不长，但它却释放出了巨大能量，深刻地影响着诗的世界，它像一块跳板一样使诗歌跃入了现代时代。从这个意义上来说，中国古诗和诗学对意象派的影响，是具有划时代意义的，其为世界诗歌的发展作出了重要贡献。

当然，在上述这些影响方面，有些是具有一定的或然性的。如：如果布莱希特不是有缘于 1935 年在莫斯科亲眼目睹梅兰芳的演出，其戏剧理论中的核心概念"间离效果"的论文《中国戏剧表演艺术中的间离效果》就不会问世；如果不是美国东方学家费诺罗萨的遗孀将他生前研读中国古诗的笔记交给庞德，中国诗歌对庞德及意象派影响的发生就难以想象。然而，偶然性中含有必然性，只要中国文化艺术中含有可以满足西方某种需要的因子，并且西方艺术家也已经充分认识到这种需要的时候，也即艺术家朝着特定方向探索的时候，影响的发生就是自然的了。

四

20 世纪前期西方对中国文化精神的接受过程，对于新时代中外文化交流的健康发展有着重要的启迪意义。这主要可从以下两个层面来看。

一是要大胆"拿来"，但必须以"中国视角"遴选世界优秀文化，并辅之以创造性转化，力求为我所用。回顾 20 世纪前期西方知识界对中国美学精神的接受历史，我们可以看到，这里并不存在一个绝对的"标准"问题，"他们所摒弃的可能是我们完全无法逾越的历史过程；他们所欣赏的又可能是我们自身所强烈批判的"[①]。他们热心于中国文化的采撷，热心于"他者"精神的寻觅，其根本坐标就是自身的实际需要。当时西方的知识界倾心于中国的道家思想，是出于对西方社会主体操纵理性的强烈检讨，是希望借中国的道家思想来克服社会的异化危机；意象派诗人将目光转向中国古典诗歌，其根本目的就是要脱离英国传统诗歌的束缚，寻找新的模式和可以抗衡的力量，从而形成美国诗歌的本土特色；布莱希特之所以对中国戏剧产生兴趣，正是因为和他提倡的"间离效果"不谋而合，可资借鉴；现代派艺术家们不约而同地从中国绘画艺术中汲取养料，是因为中国绘画的美学精神和他们的理论主张有着契合之处。尤为重要的是，他们在接受中国文化的过程中，并没有采取照单移植的方式，而是面向本土，充分发挥创造力和想象力，不断融入自己的理解，以符合自身的实际需求，这是一个发现—学习—借鉴—超越的过程。

---

① 李平：《西方人眼中的东方文学艺术》，上海教育出版社 2004 年版，第 253 页。

　　回首今天国内的情况，情况则可能相反。一些所谓现代的、先锋的批评家和艺术家为了标新立异，完全不顾本土文化的实际，或是一味地倒向西方后现代理论话语，或是狂热地追随着西方现代艺术的脚步，盲目轻率地搬来却又不知置于何处，这是在"拿来"问题上缺乏反思和缺少理性的表现。事实上，对异质文化的接受受制于接受主体的深层文化结构，如果脱离本土文化语境的接受土壤而单向度膜拜、移植异质文化，则会在主体的缺失中滑向"边缘焦虑"之窘境。"每一个民族的审美意识都是在历史的长河中沉淀下来、积累起来的，而作为这种审美意识理论形态之表现的美学思想，也是和本民族的传统分不开的。它只有根据本民族的特点和发展的特殊规律，来学习和接受外来的东西，从而把外来的东西变成自己的血肉之躯"[①]。蒋孔阳先生的这席话是很值得我们深思的。

　　二是要主动"送去"，要注重挑选中国文化的精粹，加强翻译和域外输送，促进中国文化走向世界。从 20 世纪前期中西文化交流的实际来看，中国文化对西方产生的重大影响主要源于两个途径，其一是西方主动"来拿"的，其二是我们主动"送去"的，当然主要还是西方主动"来拿"的。然而，纵观当代中西文化交流的情形是：西方人已不怎么积极"来拿"，与之相反的是，他们主动"送来"的则很多，而我们送给西方的则远远不够，甚至少而又少，这对当今中外文化交流的健康发展是极为不利的。季羡林先生就认为，当今中国人对西方文化的了解已经非常多，而西方人对中国文化的了解则甚少，有些西方人对中国更是懵懂无知，甚至还停留在"裹小脚""吸鸦片"的时代。因此，我们不能把我们优秀的文化藏在深闺，如何从"自在"走向"自为"，由"他性"变为"我性"，这是我们必须面对的课题。

　　在今天的情况下，我们认为，既然西方人不愿"来拿"，那么我们就要想办法"送去"。当然，由于东西方思维模式及语言等方面的差异，要能把中国文化的精髓准确地翻译出去，实在是一个非常艰巨的任务。当然，我们在主动"送去"的同时，还应在如何促进中西文化有机融合方面多加理性反思。对此，宗白华的一番话我们颇为赞同："将来世界新文化，一定是融合

---

　　① 蒋孔阳：《美学新论》，人民文学出版社 2006 年版，第 506 页。

两种文化优点而加以新的创造的。这融合东西文化的事业，以中国人做相宜，因为中国人吸收西方文化，以融合东方，比之欧洲人来采撷东方文化，以融合西方，较为容易，以中国文字语言艰难的缘故。中国人天资本极聪颖，中国学者，心胸思想，本极宏大，若再养成积极创造的精神，不流入消极悲观，一定有伟大的将来，于世界文化上一定有绝大的贡献。"①

有着 5000 多年历史的中华传统文化是中华民族的精神血脉，它宛若一条璀璨的星河，对西方文化乃至世界文化的发展起到了重要的涵养作用。即使近代以来，中国的社会发展一度落后于西方且在被动挨打的情况下，中国文化仍然昭示着其蓬勃的生命力，对西方社会精神家园的重塑以及西方文化的现代性发展产生了重要影响。我们审慎体察 20 世纪前期"西学东渐"滚滚大潮中"中学西传"的另一向道，系统把握这一阶段作为中国文化重要内核的中国美学精神对西方的贡献，能够进一步坚定自身的文化自信，增强文化自觉。

只有民族的，才是世界的。在新时代中国特色社会主义先进文化建设的伟大征程中，我们要大力弘扬优秀传统文化，既要薪火相传，代代守护，同时也要与时俱进，推陈出新。唯其如此，我们的民族文化才能永葆生机和活力，也才能跨越时空，富有永恒魅力，对人类文明作出新的更大的贡献！

---

① 胡经之:《东方美学对西方的影响丛书》序，见陈伟:《西方人眼中的东方戏剧艺术》，上海教育出版社 2004 年版，第 10—11 页。

参考文献

中文部分

一、著作

包立民：《张大千艺术圈》，辽宁美术出版社 1990 年版。

鲍诗度：《西方现代派美术》，中国青年出版社 1993 年版。

陈传席：《中国绘画美学史》，人民美术出版社 2002 年版。

陈传席：《中国艺术如何影响世界——从莫奈到毕加索》，中华书局 2017年版。

陈辽等：《地球两面的文学——中美当代文学及其比较》，南京大学出版社 1993 年版。

陈铨：《中德文学研究》，辽宁教育出版社 1997 年版。

岑其：《艺术人生——走近大师刘海粟》，西泠印社出版社 2006 年版。

陈世雄：《三角对话：斯坦尼、布莱希特与中国戏剧》，厦门大学出版社2003 年版。

陈伟、王捷：《东方美学对西方的影响》，学林出版社 1999 年版。

陈伟：《西方人眼中的东方戏剧艺术》，上海教育出版社 2004 年版。

陈伟：《文艺美学的理论与历史》，上海三联书店 2006 年版。

曹卫东：《中国文学在德国》，花城出版社 2002 年版。

陈望衡：《维纳斯巡礼：西方美术史话》，武汉大学出版社 2006 年版。

蔡仲德：《中国音乐美学史资料注释》，人民音乐出版社 1982 年版。

都文伟：《百老汇的中国题材与中国戏剧》，上海三联书店 2002 年版。

冯达甫：《老子译注》，上海古籍出版社 2006 年版。

傅璇琮：《中国古典散文精选注译》（序跋卷），清华大学出版社 2009 年版。

冯羽：《林语堂与世界文化》，江苏文艺出版社 2005 年版。

戈宝权：《〈阿Q正传〉在国外》，人民文学出版社 1981 年版。

耿幼壮：《破碎的痕迹——重读西方艺术史》，中国人民大学出版社 2005 年版。

郭绍虞：《中国历代文论选》（1—4 册），上海古籍出版社 2001 年版。

黄爱华：《20 世纪中外戏剧比较论稿》，浙江大学出版社 2006 年版。

徽班进京 200 周年纪念委员会办公室学术评论组：《争取京剧艺术的新繁荣：纪念徽班进京二百周年振兴京剧学术讨论会文集》，中国戏剧出版社 1992 年版。

华东师范大学古籍整理研究室：《历代书法论文选》，上海书画出版社 1979 年版。

黄晋凯等：《象征主义·意象派》，中国人民大学出版社 1989 年版。

胡经之：《中国古代美学丛编》，中华书局 1988 年版。

黄鸣奋：《英语世界中国古典文学之传播》，学林出版社 1997 年版。

黄兴涛：《辜鸿铭文集》，海南出版社 1996 年版。

蒋孔阳：《美学新论》，人民文学出版社 2006 年版。

蒋彝：《中国书法》，上海书画出版社 1986 年版。

孔新苗：《中西绘画比较》，湖南美术出版社 2005 年版。

罗大冈：《论罗曼·罗兰》，上海文艺出版社 1979 年版。

刘海平、朱栋霖：《中美文化在戏剧中交流——奥尼尔与中国》，南京大学出版社 1988 年版。

李明滨：《中国文学在俄苏》，花城出版社 1990 年版。

吕澎：《欧洲现代绘画美学》，岭南美术出版社 1989 年版。

李平：《西方人眼中的东方文学艺术》，上海教育出版社 2004 年版。

梁启超：《梁启超游记——欧游心影录新大陆游记》，东方出版社 2012 年版。

刘七一：《立体主义绘画史》，华东师范大学出版社 2004 年版。

刘硕良：《诺贝尔文学奖作家传略》，漓江出版社 2013 年版。

梁漱溟：《东西文化及其哲学》，商务印书馆 1923 年版。

刘述先：《文化哲学》，黑龙江教育出版社 1988 年版。

流沙河：《十二象》，生活·读书·新知三联书店 1987 年版。

李文方：《世界摄影史》，黑龙江人民出版社 2004 年版。

龙文佩：《尤金·奥尼尔评论集》，上海外语教育出版社 1988 年版。

刘岩：《中国文化对美国文学的影响》，河北人民出版社 1999 年版。

刘燕：《艾略特》，四川人民出版社 2001 年版。

李岫、秦林芳：《20 世纪中外文学交流史》，河北教育出版社 2001 年版。

刘阳：《米修：对中国智慧的追寻》，南京大学出版社 2007 年版。

李仲明：《京剧大师梅兰芳》，民主与建设出版社 2012 年版。

马琳：《海德格尔论东西方对话》，中国人民大学出版社 2010 年版。

梅兰芳：《舞台生活四十年》，中国戏剧出版社 1961 年版。

梅绍武：《我的父亲梅兰芳》，中华书局 2006 年版。

牛国玲：《中外戏剧美学比较简论》，中国戏剧出版社 1994 年版。

蓬莱：《古代画论》，上海书店出版社 1999 年版。

钱林森：《中国文学在法国》，花城出版社 1990 年版。

钱林森：《法国作家与中国》，福建教育出版社 1995 年版。

钱林森：《文化：中西对话中的差异与共存》，南京大学出版社 1999 年版。

钱林森，〔法〕克里斯蒂昂·莫尔威斯凯：《20 世纪法国作家与中国》，南京大学出版社 2001 年版。

钱林森：《光自东方来——法国作家与中国文化》，宁夏人民出版社 2004 年版。

钱林森：《法国汉学家论中国文学：古典戏剧和小说》，外语教学与研究出版社 2007 年版。

钱穆：《中国思想史》，兰台出版社 2001 年版。

齐如山：《梅兰芳游美记》，岳麓书社 1985 年版。

祁志祥：《中国美学通史》，人民出版社 2008 年版。

荣广润等：《地球村中的戏剧互动》，上海三联书店 2007 年版。

任继愈：《中国道教史》，上海人民出版社 1990 年版。

宋柏年：《中国古典文学在国外》，北京语言学院出版社 1994 年版。

邵大箴：《西方现代美术思潮》，四川美术出版社 1990 年版。

苏国勋：《理性化及其限制——韦伯思想引论》，上海人民出版社 1988 年版。

沈福伟：《中西文化交流史》，上海人民出版社 1985 年版。

施建业：《中国艺术在世界的传播与影响》，黄河出版社 1993 年版。

苏舆：《春秋繁露义证》，中华书局 1992 年版。

沈尹默：《沈尹默论书丛稿》，生活·读书·新知三联书店 1981 年版。

童道明：《他山集——戏剧流派·假定性及其他》，中国戏剧出版社 1983 年版。

童道明：《梅耶荷德论集》，华东师范大学出版社 1994 年版。

童炜钢：《西方人眼中的东方绘画艺术》，上海教育出版社 2004 年版。

王传杰：《野兽主义与现代表现主义绘画》，江西美术出版社 2008 年版。

王才勇：《中西语境中的文化述微》，上海人民出版社 2004 年版。

王才勇：《印象派与东亚美术》，江苏人民出版社 2008 年版。

吴戈：《中美戏剧交流的文化解读》，云南大学出版社 2006 年版。

吴戈：《戏剧本质新论》，云南大学出版社 2012 年版。

王丽娜：《中国古典小说戏曲名著在国外》，学林出版社 1988 年版。

汪介之、陈建华：《悠远的回响——俄罗斯作家与中国文化》，宁夏人民出版社 2002 年版。

卫茂平：《中国对德国文学影响史述》，上海外语教育出版社 1996 年版。

卫茂平等：《异域的召唤——德国作家与中国文化》，宁夏人民出版社 2002 年版。

王宁等：《中国文化对欧洲的影响》，河北人民出版社 1999 年版。

温儒敏、李细尧：《寻求跨中西文化的共同文学规律——叶维廉比较文学论文选》，北京大学出版社 1987 年版。

王镛:《中外美术交流史》,湖南教育出版社 1993 年版。

汪义群:《奥尼尔研究》,上海外语教育出版社 2006 年版。

许明龙:《欧洲 18 世纪"中国热"》,山西教育出版社 1999 年版。

许庆龙、劳斌:《梅兰芳》,中国国际广播出版社 1996 年版。

殷国明:《20 世纪中西文艺交流史论》,华东师范大学出版社 1999 年版。

乐黛云,[法]勒·比雄:《独角兽与龙——在寻找中西文化普遍性中的误读》,北京大学出版社 1995 年版。

乐黛云:《比较文学与比较文化十讲》,复旦大学出版社 2004 年版。

杨焕英:《孔子思想在国外的传播与影响》,教育科学出版社 1984 年版。

余匡复:《布莱希特论》,上海外语教育出版社 2002 年版。

杨柳桥《庄子译注》,上海古籍出版社 2006 年版。

袁宣萍:《十七至十八世纪欧洲的中国风设计》,文物出版社 2006 年版。

叶维廉:《比较诗学》,东大图书公司 1983 年版。

叶维廉:《中国诗学》,生活·读书·新知三联书店 1992 年版。

宗白华:《美学散步》,上海人民出版社 1981 年版。

郑大华:《民国思想史论》,社会科学文献出版社 2006 年版。

周发祥、李岫:《中外文学交流史》,湖南教育出版社 1999 年版。

朱光潜:《西方美学史》,人民文学出版社 1979 年版。

张国刚:《德国的汉学研究》,中华书局 1994 年版。

张国刚、吴莉苇:《启蒙时代欧洲的中国观》,上海古籍出版社 2006 年版。

中国社会科学院:《欧美古典作家论现实主义和浪漫主义》,中国社会科学出版社 1980 年版。

中国戏剧出版社编辑部:《论布莱希特戏剧艺术》,中国戏剧出版社 1984 年版。

张弘:《中国文学在英国》,花城出版社 1992 年版。

张弘等:《跨越太平洋的雨虹——美国作家与中国文化》,宁夏人民出版社 2002 年版。

张弘、余匡复:《黑塞与东西方文化的整合》,华东师范大学出版社 2010

年版。

朱徽：《中美诗缘》，四川人民出版社 2001 年版。

周积寅：《中国画论辑要》，江苏美术出版社 1985 年版。

张黎：《布莱希特研究》，中国社会科学出版社 1984 年版。

周宁：《世界是一座桥：中西文化的交流与建构》，广西师范大学出版社 2007 年版。

张佩芬：《黑塞研究》，上海外语教育出版社 2006 年版。

朱谦之：《中国哲学对欧洲的影响》，河北人民出版社 1999 年版。

朱维之、方平等：《比较文学论文集》，南开大学出版社 1984 年版。

中外关系史学会：《中外关系史译丛》，上海译文出版社 1984 年版。

张星烺：《中西交通史料汇编》，中华书局 1977 年版。

赵毅衡：《远游的诗神》，四川人民出版社 1985 年版。

赵毅衡：《诗神远游：中国如何改变了现代诗》，上海译文出版社 2003 年版。

周一良：《中外文化交流史》，河南人民出版社 1987 年版。

[波] 塔塔尔凯维奇：《古代美学》，理然译，广西人民出版社 1990 年版。

[德] 爱克曼：《歌德谈话录》，朱光潜译，人民文学出版社 1978 年版。

[德] 布莱希特：《布莱希特论戏剧》，丁扬忠等译，中国戏剧出版社 1990 年版。

[德] 顾彬：《关于"异"的研究》，曹卫东编译，北京大学出版社 1997 年版。

[德] 海德格尔：《海德格尔选集》，孙周兴译，上海三联书店 1996 年版。

[德] 黑塞：《黑塞之中国》，[德] 孚克·米歇尔斯编选，谢莹莹译，人民文学出版社 2001 年版。

[德] 利奇温：《十八世纪中国与欧洲文化的接触》，朱杰勤译，商务印书馆 1981 年版。

[德] 马克思、恩格斯：《马克思恩格斯论文学与艺术》，陆梅林辑注，人民文学出版社 1982 年版。

[德] 斯宾格勒：《西方的没落》，齐世荣等译，商务印书馆 1963 年版。

［德］斯宾格勒:《西方的没落》，陈晓林译，黑龙江教育出版社 1988 年版。

［德］瓦尔特·赫斯:《欧洲现代画派画论选》，宗白华译，人民美术出版社 1980 年版。

［德］卫礼贤:《东方之光——卫礼贤论中国文化》，蒋锐编译，外语教学与研究出版社 2007 年版。

［法］艾田蒲:《中国之欧洲》，许均、钱林森译，广西师范大学出版社 2008 年版。

［法］丹纳:《艺术哲学》，傅雷译，人民文学出版社 1963 年版。

［法］亨利·柯蒂埃:《18 世纪法国视野里的中国》，唐玉清译，上海书店出版社 2006 年版。

［美］阿恩海姆等:《艺术的心理世界》，周宪译，中国人民大学出版社 2003 年版。

［美］哈罗德·布鲁姆:《影响的焦虑》，徐文博译，江苏教育出版社 2006 年版。

［美］J.J.克拉克:《东方启蒙:东西方思想的遭遇》，于闽梅、曾祥波译，上海人民出版社 2011 年版。

［美］卡特:《中国印刷术的发明和它的西传》，罗泽炎译，商务印书馆 1957 年版。

［美］史景迁:《文化类同与文化利用》，廖世奇等译，北京大学出版社 1990 年版。

［美］萨义德:《东方学》，王宇根译，生活·读书·新知三联书店 2007 年版。

［美］韦勒克、沃伦:《文学理论》，刘象愚等译，生活·读书·新知三联书店 1984 年版。

［美］韦勒克:《现代文学批评史》，章安琪、杨恒达译，中国人民大学出版社 1991 年版。

［美］詹姆斯·罗宾森:《尤金·奥尼尔和东方思想》，郑柏鸣译，辽宁教育出版社 1997 年版。

[瑞士] 荣格:《心理学与文学》，冯川、苏克译，生活·读书·新知三联书店 1987 年版。

[苏] K.鲁德尼茨基:《梅耶荷德传》，童道明、郝一星译，中国戏剧出版社 1987 年版。

[苏] 梅耶荷德:《梅耶荷德谈话录》，[苏] A.格拉特柯夫辑录，童道明译，中国戏剧出版社 1986 年版。

[苏] 帕马尔科夫等:《论梅耶荷德戏剧艺术》，童道明等译，文化艺术出版社 1987 年版。

[苏] 扎瓦茨卡娅等:《外国学者论中国画》，高名潞等译，湖南美术出版社 1986 年版。

[英] 艾略特:《艾略特文学论文集》，李赋宁译注，百花洲文艺出版社 1994 年版。

[英] 比尼恩:《亚洲艺术中人的精神》，孙乃修译，辽宁人民出版社 2000 年版。

[英] 贡布里希:《艺术发展史》，范景中译，天津人民美术出版社 1998 年版。

[英] 赫伯特·里德:《现代绘画简史》，刘萍君译，上海人民美术出版社 1979 年版。

[英] 赫德逊:《欧洲与中国》，王遵仲等译，中华书局 1995 年版。

[英] 罗素:《中国问题》，秦悦译，学林出版社 1996 年版。

[英] 马黎·格哈杜斯等:《立体派与未来派绘画》，徐云、江一鸥译，漓江出版社 1986 年版。

[英] 苏立文:《东西方美术的交流》，陈瑞林译，江苏美术出版社 1998 年版。

二、论文

程抱一:《和米修晤谈记》，《外国文学研究》1982 年第 4 期。

陈世雄:《布莱希特与中国传统文化》，《福建艺术》2000 年第 6 期。

陈伟、陈正勇：《中国漆器艺术对 18 世纪法国宫廷艺术的影响》，《江西社会科学》2008 年第 10 期。

冯建民：《论现代派的艺术特征》，《文艺研究》1982 年第 3 期。

葛雷：《克洛岱与法国文坛的中国热》，《法国研究》1986 年第 2 期。

洪振国：《浅谈庞德的"表意法"》，《五邑大学学报》1990 年第 2 期。

君实译：《新欧洲文明思潮之归趋及基础》，《东方杂志》第十六卷第五号。

林可济：《海德格尔何以赞赏老庄哲学》，《中共福建省委党校学报》2004 年第 3 期。

吕文斌：《T. S. 艾略特与意象派》，《外国文学研究》1996 年第 2 期。

童道明：《〈丝绸之路〉与〈道德经〉》，《文艺报》1987 年 4 月 18 日。

维之：《自由意志问题新解》，《南通大学学报》2013 年第 5 期。

殷斌：《论中国文化对庞德的影响》，《重庆师院学报》1994 年第 2 期。

余中先：《克洛岱尔与中国传统文化》，《世界文学》1995 年第 3 期。

周聪贤：《意象派诗歌在英美的渊源与终结》，《贵州大学学报》2005 年第 1 期。

浙江省文物管理委员会：《吴兴钱山漾遗址第一、二次发掘报告》，《考古学报》1960 年第 2 期。

张佩芬：《从〈席特哈尔塔〉看黑塞的东方思想》，《外国文学评论》1987 年第 3 期。

赵毅衡：《意象派与中国古典诗歌》，《外国文学研究》1979 年第 4 期。

赵毅衡：《关于中国古典诗歌对美国新诗运动影响的几点刍议》，《文艺理论研究》1983 年第 4 期。

张子清：《美国现代派诗歌杰作——〈诗章〉》，《中国文学研究》1998 年第 1 期。

［美］费诺罗萨：《作为诗歌手段的中国文字》，庞德编，赵毅衡译，《诗探索》1994 年第 3 期。

［美］杰夫·特威切尔：《庞德的〈华夏集〉和意象派诗》，张子清译，《外国文学评论》1992 年第 1 期。

［美］庞德：《作为诗歌手段的中国文字》跋，赵毅衡译，《诗探索》

1994 年第 3 期。

[苏] 梅耶荷德:《梅耶荷德论演技》,孙德馨译,《外国戏剧资料》1979年第 3 期。

[日] 内崎:《东西两洋文化之比较观),《东方杂志》第十八卷第九号。

[瑞典] 拉尔斯·克莱贝尔格:《艺术的强大动力》,李小蒸译,《中华戏曲》1993 年第 14 期。

三、文学作品

孙凤城:《二十世纪德语作家散文精华》,作家出版社 1990 年版。

袁可嘉:《外国现代派作品选》(1—4 册),上海文艺出版社 1980 年版。

[德] 布莱希特:《布莱希特戏剧选》(上、下),高士彦、高年生等译,人民文学出版社 1980 年版。

[德] 布莱希特:《布莱希特诗选》,阳天译,湖南人民出版社 1987 年版。

[德] 德布林:《王伦三跳》,[英] C. D. 戈德温英译,王田汉译,天地出版社 2017 年版。

[德] 海德格尔:《海德格尔选集》,孙周兴选编,上海三联书店 1996年版。

[德] 黑塞:《黑塞抒情诗选》,钱春绮译,百花文艺出版社 1989 年版。

[德] 黑塞:《梦系青春:青年辛克莱寻找"夏娃"的故事》,王卫新译,同济大学出版社 1989 年版。

[德] 黑塞:《玻璃球游戏》,张佩芬译,上海译文出版社 1992 年版。

[德] 黑塞:《荒原狼》,赵登荣、倪诚恩译,上海译文出版社 1992 年版。

[德] 黑塞:《纳尔齐斯与歌尔德蒙》,杨武能译,上海译文出版社 1992年版。

[德] 黑塞:《朝圣者之歌:黑塞诗歌散文集》,谢莹莹编,中国广播电视出版社 2000 年版。

[德] 黑塞:《婚约:黑塞中短篇小说选》,张佩芬、王克澄等译,上海译文出版社 2006 年版。

［德］黑塞:《东方之旅》，蔡进松译，上海三联书店 2013 年版。

［法］克洛岱尔:《缎子鞋》，余中先译，安徽文艺出版社 1992 年版。

［法］克洛岱尔:《认识东方》，徐知免译，上海人民出版社 2007 年版。

［法］圣－琼·佩斯:《圣－琼·佩斯诗选》，叶汝琏译，吉林出版集团有限责任公司 2008 年版。

［美］尤金·奥尼尔:《奥尼尔文集》（1—6 卷），郭继德编，人民文学出版社 2006 年版。

［英］艾略特:《艾略特诗选》，赵萝蕤等译，山东大学出版社 1999 年版。

［英］彼得·琼斯:《意象派诗选》，裘小龙译，漓江出版社 1986 年版。

外文部分

Ascough and Lowell, *Fir-Flower Tablets*, Boston and New York: Houghton Mifflin Company, 1921.

Arthur E. Christy, *The Asian Legacy and American Life*, New York: The John Day Company, 1945.

A. C. Scott, *Mei Lan-fang, The Life and Times of a Peking Actor*, Hong Kong: Hong Kong University Press, 1971.

Barret H. Clark，*Eugene O'neill: The Man and His Plays*, New York: Dover, 1947.

Babette Deutsch, *Poetry in Our Time*, New York: Anchor Books, 1963.

Ezra Pound, *ABC of Reading*, Boston: George Roudedge Limited, 1934.

Ezra Pound, *A Memoir of Gaudier-Brzeska*, New York: New Directions, 1970.

Ezra Pound, *The Cantos*, London: Faber and Faber Limited, 1975.

Elizabeth Croll, *Wise Daughters from Foreign Lands: European Women Writers in China*, London: Pandora, 1989.

Hyatt Waggoner, *American Poets*, New York: Dell Publishing Co., Inc, 1968.

Ingrid Schuster, *China und Japan in der deutschen Literatur 1890—1925*, Bern: Francke, 1977.

Louis Sheaffer, *O' Neill: Son and Playwright*, Boston: Ams Pr Inc, 1973.

Marcus Cunliffe, *The Literature of the Unite States*, Hong Kong: World Today Press, 1975.

Spengler, *Der Untergang des Abendlandes, Umrisse einer Morphologie der Weltgeschichte*, Munich: Beck Verlag, 1972.

T. S. Eliot, *Ezra Pound: Selected Poems*, London: Faber and Faber Limited, 1934.

Waley, *A Hundred And Senventy Chinese Poems*, New York: Alfred A. Knopf, Inc, 1919.

Wai-lim Yip, *Ezra Pound' Cachay*, Princeton: Princeton University Press, 1969.

后　记

　　承蒙人民出版社厚爱，《20世纪前期中国美学精神对西方的影响》行将付梓，心中有一种久违的释然。

　　我与比较美学的结缘是在2008年。当年，我有幸考入上海师范大学，师从陈伟教授攻读博士学位。陈伟教授数十年来一直致力于中国古代美学的当代价值与世界影响的研究，并在中西美学的比较研究领域成就令人瞩目。赴沪求学之时，正值陈伟教授主持的国家项目"中国艺术精神对西方的影响"获得国家社科基金项目立项，我顺理成章地加入该项目的研究团队。学习期间，和导师合作撰写了《比较美学原理》一书，接受了比较美学学理方法的系统训练。

　　通过参与项目研究，我深刻感受到，中国美学星河璀璨，对于西方乃至世界的影响重大而深远，远超目前的研究所及。基于先期的研究基础，我决定将中西美学的跨文化比较作为自己的研究方向，并经导师指点，将博士论文选题定为"20世纪前期中国文艺美学对西方的影响"。之所以选取20世纪前期这一时间段，是因为以往学界的研究焦点大多集中于这一时期的"西学东渐"，而对于其间客观存在的"东学西传"另一向道则研究不够，我拟通过本课题的研究系统把握该特定历史时期中国审美文化对西方文化艺术的现代性影响。虽心存良愿，但由于时间和学力所限，很多问题在当时并未得到较好的探讨。

　　求学生涯虽告一段落，但我对这一课题的思考却并未止步。经过两年的沉淀，2013年我以选题"20世纪前期中国美学精神对西方的影响研究"申请了国家社科基金项目，开启了进一步的拓展研究。原本以为有前期的基础，接下来的研究应是驾轻就熟，然而真正做起来却绝非想象中那么容易。

从结构理路的调整到文献史料的深挖，从个案材料的考订到行文论述的完善，每一环节都颇费心力。加之于公于私事务繁杂，寒来暑往，断断续续，历时四年多，方算完稿。2018 年 5 月成果提交送审，最终以良好的等级予以结项。专家评委的肯定，于我而言，是一种鼓励，更是一种鞭策。

在本书即将面世之际，我首先要感谢我的恩师陈伟先生。没有先生当年的悉心指导与无私帮助，很难想象我会有今天的收获。师从先生得到的学理训练与学养积累，将成为我终身受益之资源。

在本书的写作中，我参阅了大量文献典籍，它们或在学术思想、或在文献史料方面对本书的研究起了不同程度的启发和借鉴作用。在此，谨对相关文献的作者致以由衷的感谢！

人民出版社责任编辑陈建萍精心编辑校稿，为本书的质量保障付出了大量辛劳，谨致以诚挚的谢忱！

由于本人学力所限，疏漏之处在所难免，敬请方家批评指正。

邵志华